高职高专汽车专业“十三五”规划教材

汽车估损与审核

主　编　朱兴隆　张红伟

副主编　张树玲　黄玉娟　毛　峰

　　　　刘海艳　张永忠

二维码总目录

机 械 工 业 出 版 社

《汽车估损与审核》从损失确定与审核、赔款理算、赔案审核与归档、保险欺诈与反欺诈四个方面，结合保险公司真实案例进行讲解，符合保险企业工作流程。学生在赔案处理的项目实践中学习，更容易掌握工作技能，可帮助其轻松进入岗位角色。

本书可作为职业院校汽车服务与营销、汽车运用技术等专业汽车保险与理赔及相关课程的教材，也可作为汽车保险从业人员的岗位培训教材或自学用书。

图书在版编目（CIP）数据

汽车估损与审核/朱兴隆，张红伟主编．—北京：机械工业出版社，2016.10

高职高专汽车专业“十三五”规划教材

ISBN 978-7-111-55013-6

Ⅰ.①汽… Ⅱ.①朱…②张… Ⅲ.①汽车-损伤-鉴定-高等职业教育-教材②汽车-评估-高等职业教育-教材 Ⅳ.①U472

中国版本图书馆 CIP 数据核字（2016）第 238151 号

机械工业出版社（北京市百万庄大街 22 号 邮政编码 100037）

策划编辑：齐福江 责任编辑：齐福江

责任校对：陈 越 封面设计：陈 沛

责任印制：李 飞

北京云浩印刷有限责任公司印刷

2017 年 1 月第 1 版第 1 次印刷

184mm×260mm · 12.75 印张 · 307 千字

0001—3000 册

标准书号：ISBN 978-7-111-55013-6

定价：42.00 元

凡购本书，如有缺页、倒页、脱页，由本社发行部调换

电话服务

服务咨询热线：010-88379833

读者购书热线：010-88379649

网络服务

机 工 官 网：www.cmpbook.com

机 工 官 博：weibo.com/cmp1952

教育服务网：www.cmpedu.com

金 书 网：www.golden-book.com

前言

近年来我国汽车产业发展迅速，产销均位居世界首位。汽车消费的增长带来道路交通事故不断攀升，造成大量人身伤亡和财产损失。汽车保险市场的业务量越来越大，对汽车保险、理赔从业人员的需求越来越多，同时也要求从业人员的业务越来越规范。

《汽车估损与审核》由校企联合编写。汽车保险公司的优秀从业者、资深培训师把握汽车事故估损与审核的业务流程和业务规范，中高职汽车保险专业教师把握编写体系，充分体现了校企两方面编写人员的教学经验和实践心得。书中介绍了汽车事故估损与审核的相关知识，注重业务操作，从实用角度出发，理论联系实际，主要包括损失确定与审核、赔款理算、赔案审核与归档、保险欺诈与反欺诈四个主要方面的内容。

本书在编写过程中充分考虑理实一体化教学的要求，采用由浅入深、由易到难的渐进方式编写；在讲授工作流程的同时，将所涉及的相关知识、作业规范、岗位技能要求、各环节的综合素质要求、问题表现与解决方案嵌入其中，并结合保险公司真实案例进行讲解，随着赔案处理流程讲述重点知识。学生在审核赔付项目实践中依照企业工作流程进行学习，更容易掌握工作技能。通过对本书的学习，读者可透过现象看本质，了解核保岗位定位。

本书在深圳富邦教育管理有限公司统一组织下编写完成，由朱兴隆、张红伟任主编，张树玲、黄玉娟、毛峰、刘海艳、张永忠任副主编，参编人员有黄友国、施青菊、李春仪、徐莹莹、陈国熹、马莉、国海明。

本书在编写过程中得到了国内多家财产保险公司、保险公估集团的鼎力支持，在此表示衷心的感谢。

由于编者水平有限，书中不妥之处在所难免，恳请专家和读者不吝赐教。

编　者

目录

学习情境一 损失确定与审核（核价核损）

在保险理赔环节中，核价核损工作是整个理赔工作的核心环节之一。核价核损人员负责在系统内审核查勘定损报告及相关资料，对事故的真实性、保险责任和事故损失的正确性及准确性负责；参与疑难案件、重大案件、人伤案件的调查处理工作；负责案件损失情况的统计和分析工作，及时掌握查勘定损人员处理赔案的质量和时效以及工作技能。为了更好地保证案件质量和时效，通常保险公司将这个案件损失金额审核岗位分为核价与核损两个。

核价岗：主要负责配件的询报价工作；常见车型配件价格本地化维护；建立配件价格信息采集渠道及供货渠道；审核查勘、定损人员上报的超本地化价格的案件。

核损岗：主要负责审核案件真实性；审核定损项目及维修工时；审核查勘、定损上报的案件相关信息；对查勘、定损人员进行管理和技术支持。

【知识目标】

1）学习核价核损岗位的重要性及其意义。

2）学习损失项目维修更换标准依据。

3）学习保险事故车损及其他财产案件审核的流程与内容。

4）学习保险事故涉及人伤案件的审核流程与内容。

【能力目标】

1）能够按照损失鉴定工作的标准流程，对查勘、定损岗位上传的案件进行定性（保险责任）分析和定量（损失金额）分析，能够正确妥善处理损失咨询与争议。

2）能够按照车辆损失维修更换标准对损失案件情况进行合理的审核和确定。

3）根据案情分析为制定合理的管控制度、流程及培训方案提供依据。

4）能够制定《本地汽车维修工时费定额标准》《施救费相关标准》，收集完善《高速公路损失赔偿标准》《公路及其附属设施赔偿标准》等交通事故导致的常见物损标准以及交通事故涉及人员伤害所造成的医疗费用的赔偿标准和依据。

【工作流程】

核价核损流程如图 1-1 所示。

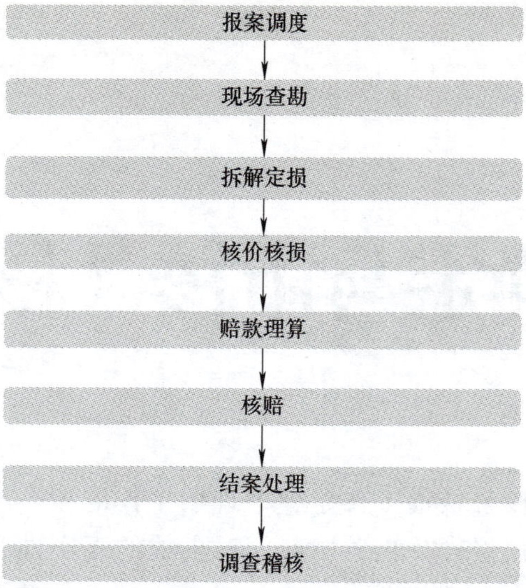

图 1-1　岗位流程图

任务一　交通事故及车辆损坏分析

【情境案例】

2013 年 2 月 19 日 × 时，小王开着一辆奥迪在光明新区根玉路由东往西方向行驶至光明新区根玉路艺和厂路段，由于驾驶操作不慎，车身左侧同路中央的路肩发生碰撞，造成奥迪车部分损坏的道路交通事故。小王未按操作规范安全驾驶，负事故的全部责任。这样的碰撞会造成肇事车辆哪些部件受到什么程度的损坏?

【学习内容】

1）在事故中对车辆损坏程度影响较大的几种因素包括：车辆的结构、大小、形状和重量，被撞物体的大小、形状、刚度和速度，碰撞时的车速，碰撞的位置和角度，车辆中的乘员或货物的重量和分布情况。

2）车辆事故可分为正面碰撞、侧面碰撞、尾部碰撞和翻车等几种类型，各种碰撞类型对车辆造成的损伤情况有较大的差别。

3）碰撞力越大，对车辆的损坏就越大，碰撞力的方向对事故车的损坏程度也有很大的影响，可以将碰撞力沿着车辆的 X 轴、Y 轴和 Z 轴三个方向分解成三个分力。X 轴方向的分力使车辆横向产生挤压和弯曲变形，Y 轴方向的分力使车辆纵向产生挤压变形，Z 轴方向的分力使车辆产生向上或向下的拱曲或凹陷变形。

4）穿过车辆质心的碰撞力不会使车辆产生旋转，碰撞力完全由车辆吸收，对车辆产生较大的损坏。大部分情况下，碰撞力不会刚好穿过质心，会使车辆产生旋转，旋转角度的大小取决于力矩的大小。车辆旋转有利于缓冲部分碰撞力减少对车辆本身造成的损坏，但可能会导致二次碰撞。

5）车身结构是影响事故车损坏情况的重要内在因素，承载式和非承载式车身结构对碰撞力的吸收和传递方式有很大的差别，在类似的事故中损坏情况也可能大不相同。

6）承载式车身，车辆在发生碰撞时主要由车身吸收碰撞能量，车身因吸收碰撞能量而发生褶皱、弯曲等多种变形。在较严重的事故中，碰撞力可能会穿过结构件，从而使更大范围的车身构件参与吸收能量，产生变形。碰撞力会以“锥体”模式波及距离碰撞点很远的车身部件，从而造成二次损坏。

7）承载式车身在事故中的变形顺序一般是弯曲变形、褶皱变形、扩宽变形、扭曲变形。在一次事故中以上变形可能同时存在。车身修复顺序应遵循“后进先出”的规则。即后产生的间接损坏先修复。

8）非承载式车身在发生碰撞时，车身板件的损坏形式与承载式车辆基本类似。作为承载件的车架可能会在严重的碰撞或倾翻事故中会发生比较明显的变形，最常见的变形形式有歪曲、凹曲、皱褶、菱形和扭曲等，这几种损伤往往会在事故车上同时存在。

9）发动机、变速器、动力传动系统、悬架系统、制动系统、转向系统等车辆部件的损坏原因相对复杂一些，它们可能是在事故中损坏的，也可能是正常磨损或不当使用造成的。在估损时应当仔细辨别损坏原因，确认其修复费用是否属于保险理赔范围。

【学习目标】

1）了解和掌握影响交通事故车的损坏程度的因素。
2）根据碰撞造成的变形对事故进行分析。
3）掌握诊断车身碰撞损伤的方法。

【相关知识】

一、常见的碰撞类型

汽车碰撞事故是指汽车与汽车或汽车与物体之间发生互相碰撞，从而造成车辆损坏、被撞物损坏甚至人员伤亡等各种损失的事故。汽车碰撞有三种形式，即弹性碰撞、非弹性碰撞和塑性碰撞。一些试验结果表明，汽车以 5 km/h 以下的速度对墙壁冲撞，汽车会完全地弹回，而不受任何损坏，这种情况可近似地看成是弹性碰撞；如果汽车以 60 km/h 以上的速度向墙壁冲撞，汽车前部会永久变形损坏，这种情况则可近似地看成是塑性碰撞。

按照碰撞方向和事故所导致的后果，可将车辆事故分为正面碰撞、侧面碰撞、尾部碰撞和翻车等几种类型。下面以轿车为例说明常见的几种事故及其损坏情况，见表 1-1。

表 1-1 常见的几种事故及损坏情况

碰撞形态	碰撞方向及碰撞后果	车辆的主要变形和损坏部位
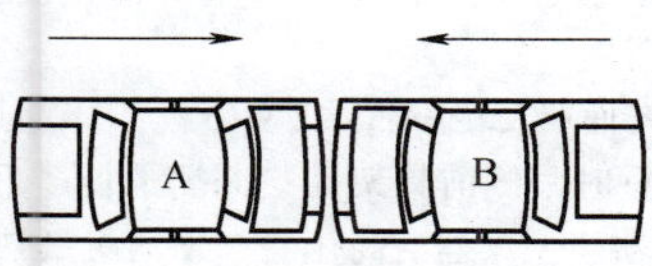	两车正面碰撞 A、B 两车前部受损	保险杠面罩及保险杠、格栅、两侧前照灯、空调电子扇、空调冷凝器、发动机散热器及其支架等，严重时损坏部位会扩大至发动机室盖、翼子板、纵梁、前悬架机构，甚至导致安全气囊膨开

（续）

碰撞形态	碰撞方向及碰撞后果	车辆的主要变形和损坏部位
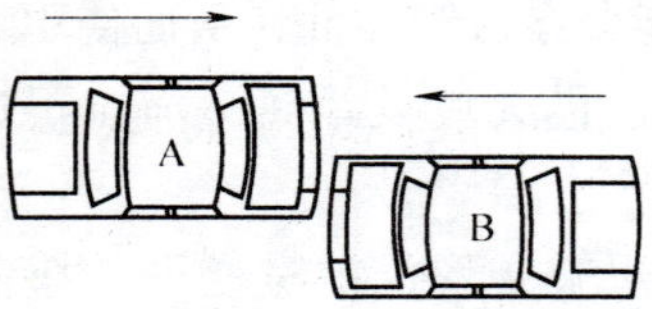	两车正面一侧碰撞 A、B两车前部的一侧受损	保险杠面罩及保险杠、格栅、一侧前照灯、一侧翼子板。严重时损坏部位会扩大到空调冷凝器、发动机散热器及其支架、发动机室盖、一侧纵梁、一侧悬架机构、一侧安全气囊膨开
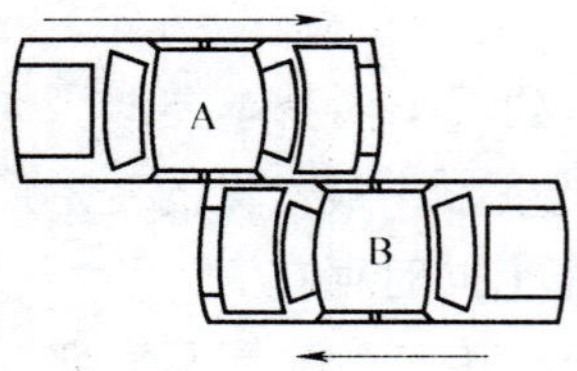	两车正面一侧刮碰 A、B两车均为正面、一侧面受损	一侧的后视镜、前后门、前后翼子板刮伤，严重时前风窗玻璃破碎和框架变形、一侧包角、前门立柱、前照灯等损坏
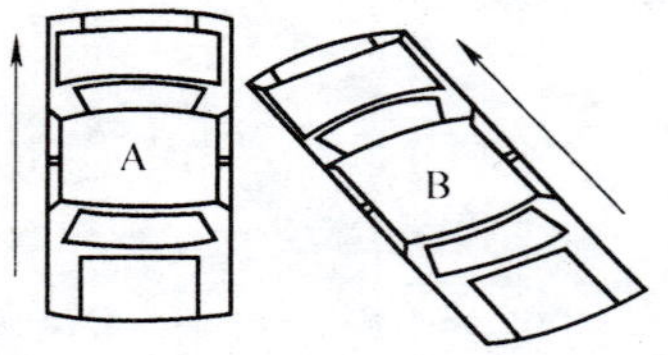	斜角侧面碰撞发动机室位置 A车为侧面碰撞受损，B车为前部碰撞受损	A车一侧前翼子板、前悬架机构、侧面转向灯等损坏，严重时一侧前翼子板报废，发动机室盖翘曲变形、前门立柱变形、发动机移位等 B车前保险杠面罩及转角部、前翼子板、一侧前照灯等损坏，严重时一侧翼子板将严重损坏，并会导致一侧前悬架、轮胎、空调冷凝器、干燥器、高压管、发动机散热器及其支架等部件受损，安全气囊膨开、发动机室变形
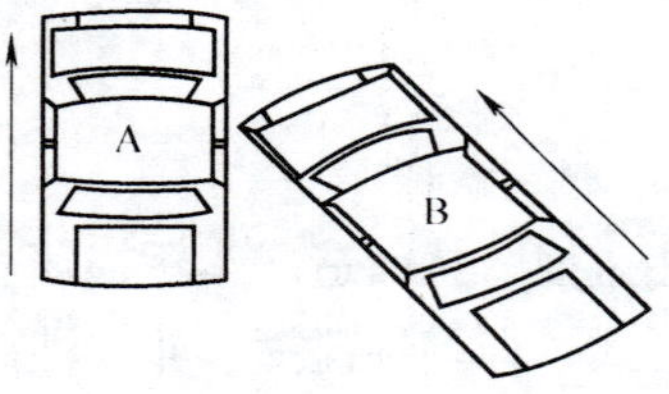	两车斜角侧面碰撞前门位置 A车为侧面碰撞受损，B车为前部碰撞受损	A车前门、前柱、中柱、后门轻微变形，门窗玻璃破损，严重时损坏程度会扩大至仪表板，门槛板、车顶板、一侧翼子板和一侧前悬架机构 B车前保险杠面罩及转角部、前翼子板、一侧前照灯等损坏，严重时损坏范围会扩大至空调冷凝器、干燥器、发动机散热器及其支架、高压管、发动机室盖变形，安全气囊膨开
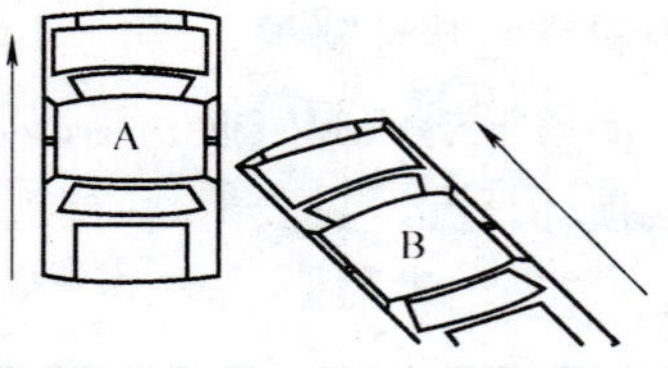	两车斜角侧面碰撞后门位置 A车为侧面碰撞受损，B车为前部碰撞受损	A车后门、中柱变形、门窗玻璃破损，严重时前后门不能开启、后侧围变形、前后门框、门槛板变形等 B车前保险杠面罩及转角部、前翼子板、一侧前照灯等损坏，严重时损坏范围会扩大至一侧前悬架、一侧翼子板、空调冷凝器、干燥器、高压管、发动机散热器及其支架、发动机室盖等部件受损，安全气囊膨开
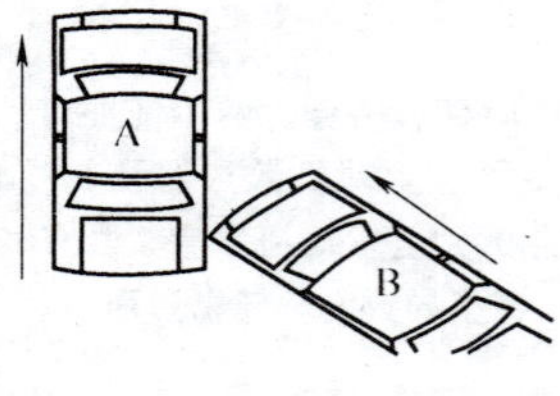	两车斜角侧面碰撞行李箱位置 A车为侧面碰撞受损，B车为前部碰撞受损	A车后侧围变形，严重时后侧围板严重损坏，后门框、后窗框、后柱、后轮及后悬架等部件受损，行李箱盖变形等 B车前保险杠面罩及转角部、前翼子板、一侧前照灯等损坏，严重时一侧前悬架和一侧翼子板严重损坏，空调冷凝器、干燥器、高压管、发动机散热器及其支架、发动机室盖等部件受损，安全气囊膨开

（续）

碰撞形态	碰撞方向及碰撞后果	车辆的主要变形和损坏部位
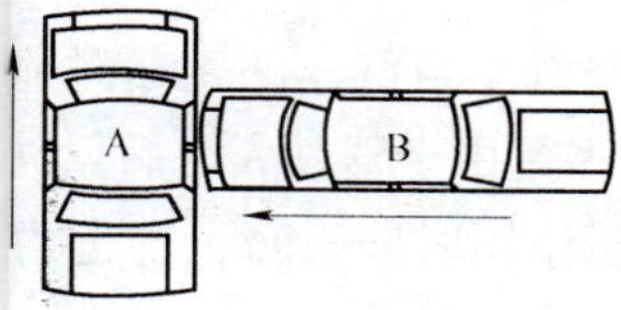	两车垂直角度碰撞 A车是侧面受损，B车是正面受损	A车中柱呈凹陷变形，前后车门框及门槛板变形，前后车门翘曲变形，严重时损坏会扩大至车底板、车顶板甚至车身整体变形、轴距缩短、门窗玻璃破碎等 B车保险杠面罩及保险杠、格栅、两侧前照灯损坏等。严重时损坏范围会扩大至发动机散热器及其支架、空调冷凝器、高压管、发动机室盖、翼子板、纵梁等，甚至发动机后移，安全气囊膨开
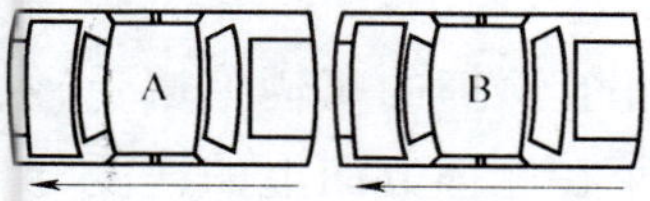	两车正面追尾碰撞 A车为后部碰撞受损，B车为前部碰撞受损	A车后保险杠面罩及保险杠，后车身板、行李箱盖等变形，两侧尾灯损坏，严重时会导致两侧围板变形，行李箱底板变形、后悬架机构位置变形等 B车保险杠面罩及保险杠、格栅、两侧前照灯损坏等。严重时会导致发动机散热器及其支架、空调冷凝器和相关部件损坏，发动机室盖、翼子板变形，发动机后移，纵梁损坏等
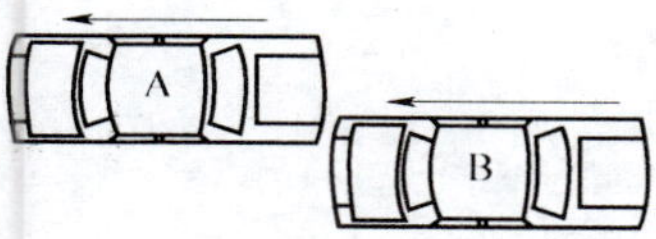	两车正面一侧追尾碰撞 A车是尾部一侧受损，B车是前部一侧受损	A车尾部一侧保险杠面罩及保险杠，一侧尾灯、侧围板变形，严重时损坏范围会扩大至行李箱盖、行李箱底板等 B车保险杠面罩及保险杠、格栅、一侧前照灯、翼子板损坏。严重时会导致散热器及其支架、空调冷凝器、发动机室盖，一侧翼子板和悬架机构损坏，甚至一侧安全气囊膨开
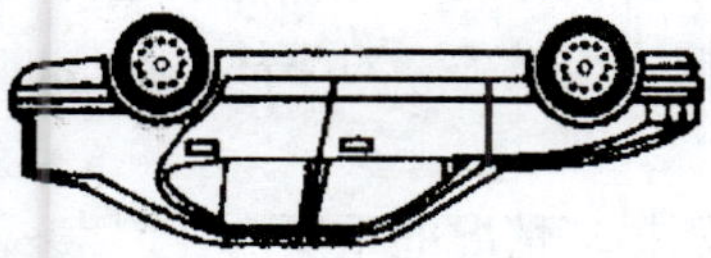	翻车，汽车顶部全面触地 易造成车身整体变形，局部严重损坏	顶板横梁、纵梁变形、顶板塌陷、车身前柱、中柱、后柱均会变形，翻滚过程中可能会造成车身侧面损坏，如车门、翼子板、后侧围板等。严重时会使整体车身变形
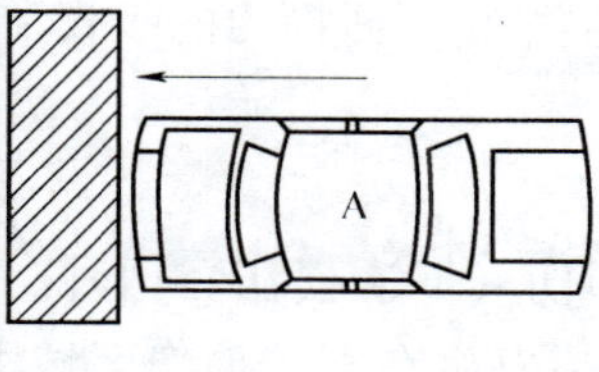	汽车正面与面积较大的物体碰撞 碰撞面积较大，损坏程度相对小一些	保险杠面罩及保险杠、格栅、两侧翼子板轻微变形，严重时两侧翼子板会严重变形，前照灯、空调冷凝器、发动机散热器及其支架、发动机室盖甚至车门、风窗玻璃、纵梁会损坏，安全气囊会膨开
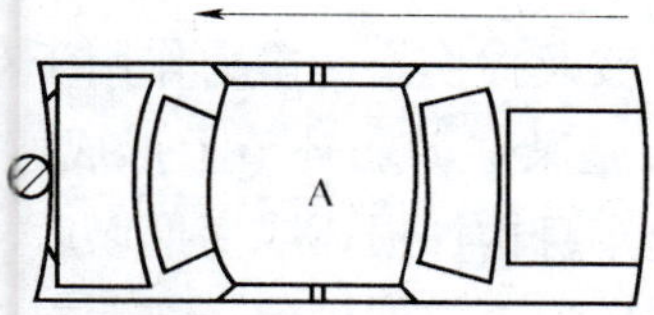	汽车正面与面积较小的物体碰撞 碰撞面积较小，损坏程度相对大	保险杠面罩及保险杠、格栅、空调冷凝器、发动机散热器及其支架、发动机室盖损坏，严重时两侧翼子板严重变形，前悬架机构，甚至扩大到后悬架机构受损

车辆在不同的事故中受到的损伤是不一样的。因此，了解车辆事故类型对事故查勘和车辆定损具有重要意义。其实，在实际生活中我们几乎看不到两起一模一样的车辆事故，碰撞

事故可能还有许多其他的形式和组合，如车辆在一次事故中发生多次碰撞或多车连环相撞等。查勘定损要想做出精确的定损，需要搞清楚事故的前因后果，尽量获取更多的事故现场信息和车辆信息，必要时甚至要借助科学的测量手段。

二、不同方位汽车碰撞的基础理论

1）正面碰撞，包括汽车与汽车或汽车与刚性墙体的碰撞。汽车与汽车的正面碰撞多是由于超车、弯道行驶、疲劳驾驶等造成的，与刚性墙体的碰撞多是由于驾驶人酒后驾驶、突发疾病或夜晚视线不清等情况造成的。汽车正面碰撞时，相互作用时间极短，冲击力却很大，常伴随有人员的伤亡和车体塑性变形。

2）侧面碰撞，包括直角侧面碰撞和斜碰撞。斜碰撞形成情况：碰撞车在超越中心线或返回本车道的过程中形成碰撞；碰撞车的驾驶人总是力图摆脱事故发生而急剧打转向盘形成碰撞；在左转或右转过程中形成碰撞。

直角侧面碰撞的特点：由于被撞车多数是在行驶状态，相互碰撞的车辆除遭受碰撞力外，还受摩擦力作用，碰撞车容易出现弯曲式变形；被碰撞车在碰撞方向上的速度分量是零；被碰撞车在行驶状态比静止状态的变形量大。

3）追尾碰撞，产生原因包括：天气，如雨、雪导致路滑，雾导致能见度低；驾驶人违章，如超速行驶或紧急变道；汽车自身原因，如制动失灵；行驶时与前车之间的距离太近。

【工作实施】

一、车身碰撞损伤的诊断

在事故中，车辆的直接损坏是由碰撞力引起的。碰撞力的大小和方向不同，对事故车造成的损坏也不同。碰撞力越大，对车辆的损坏就越大，这是不言而喻的。车辆与被撞物的相对速度越大、被撞物的刚度越大、接触面积越小，产生的碰撞力就越大，对事故车造成的损坏就越大。

除了碰撞力和碰撞部位等外在因素，车身结构是影响车辆损坏情况的重要内在因素。车辆发生碰撞事故时，在碰撞冲击力传递过程中，汽车的焊缝（刚性连接点）、结构件、钣金件都可能吸收能量变形，从而导致汽车的结构变形。不同的车辆结构对碰撞力的吸收和传递方式有很大的差别，在类似的事故中损坏情况也可能大不相同。

碰撞损伤类型：

（1）按碰撞损伤行为 分直接损伤（一次损伤）和间接损伤（二次损伤）两种。直接损伤是指车身与其他物体直接接触而导致的损伤，间接损伤是指发生在直接损伤区域之外，并离碰撞点有一定距离的损伤。

间接损伤有波及损伤、诱发性损伤和惯性损伤三种形式。波及损伤指冲击力作用于车身上并分解后，分力在通过车身构件过程中形成的损伤，其特征是某些薄弱环节上形成弯曲、扭曲、剪切、折叠为主要形态的损坏；诱发性损伤是指一部分车身构件损坏或变形以后，同时引起与其相邻或装配在一起的其他构件的变形，即关联件的压迫、拉伸导致；惯性损伤是指汽车运动状态发生急剧变化，在强大惯性力作用下而导致的损伤，如车辆因碰撞突然停止时，悬架、车桥、发动机和变速器的固定点因惯性力造成的损伤。

间接损伤的特点：碰撞力从碰撞接触区域向后传递，引起毗邻钣件、结构件变形损伤；

损伤的长度取决于碰撞力的大小、作用方向以及吸收碰撞能的各个结构件的强度；损伤有时不易发觉。

(2) 按车身损伤结果 分左右弯曲、上下弯曲、褶皱或压溃、菱形和扭曲。

1）左右弯曲。由侧面碰撞引起，造成车架或承载式车身侧向弯曲变形。

2）上下弯曲。由正面碰撞或追尾碰撞引起，造成车架或承载式车身前部或后部发生上下弯曲变形，结构上有前倾、后倾现象，可能发生在车辆的一侧，也可能是两侧。

3）褶皱损伤。碰撞发生后，车架或车上某些零部件的尺寸与厂家提供的技术资料不符，即微小的弯曲。

4）压溃损伤。车身钣件或一些零部件折断。

5）菱形损伤。车架对角方向受到来自前方或后方的撞击时，其一侧车架向后或向前移动，引起车架错位使其成为一个接近菱形的形状。

6）扭曲变形。车辆的一角比正常高而另一角比正常低的损伤。对非承载式车身一般指车架的一端垂直向上变形，另一端垂直向下变形；对承载式车身是指前部和后部车身发生相反的凹陷。

二、承载式车身的变形倾向

根据锥体理论可以看出，承载式车辆在发生碰撞时，碰撞力可能会波及距离碰撞点很远的车身部件上，从而造成二次损坏。通常，二次损坏多发生在车身内部结构件或碰撞点对侧车身上。因此，在对承载式车身进行定损时，不能只看碰撞点周边的损坏，全面查看非常重要。

前部发生碰撞时，碰撞力主要被前段车身和前部吸能区吸收；后部发生碰撞时，碰撞力主要被后段车身和后部吸能区吸收；侧面发生碰撞时，碰撞力主要由门槛板、车顶侧梁、中立柱和车门吸收。

1. 车身前部变形的倾向

车身前部损坏通常是车辆正向行驶时与另一辆汽车或物体发生正面碰撞造成的。碰撞力的大小取决于车辆的重量、速度、接触面积和被撞物的情况。如果是轻微碰撞，前保险杠会受到向后挤压，可能会使前纵梁、保险杠托架或支架、前翼子板、散热器及其支架、发动机室盖锁支架产生弯曲变形，如果是比较严重的碰撞，将会使前翼子板向后挤压前车门，发动机室盖链向上翘起，前纵梁也可能产生褶皱，并挤压前悬架横梁，导致横梁弯曲。甚至可能会使前翼子板裙板和车身前柱（尤其是前车门上部铰链安装部位）弯曲，这将导致前车门下垂。另外，前悬架摆臂也可能会弯曲，减振器可能会损坏，前围板和前底板也可能受损，发动机支撑错位，空调通风装置受损，前风窗玻璃破碎，车轮定位参数遭到破坏。

如果车辆的前部以某个角度发生碰撞，前纵梁的连接点就成为一个转动轴，从而在水平和垂直方向都产生弯曲。由于左、右前纵梁是通过横梁连在一起的，碰撞力会通过横梁传递到另一侧前纵梁，致使其产生变形。在估损时，对侧纵梁的变形往往容易忽略。

2. 车身后部变形倾向

当车辆在倒车时发生碰撞或发生追尾事故时，会造成车身后部的变形，其变形规律和变形倾向与车身前部大致相同。只是由于车身后部刚度相对较弱，在相同的撞击力下，后部变形相对大一些。但后部没有动力总成、空调系统等重要部件，损失相对低一些。

如果是轻微的后部碰撞，可能会引起后保险杠、后面板、行李箱盖和行李箱底板、后侧围板变形。如果是比较严重的碰撞，可能会将后侧围板挤压到车顶板的底部，甚至会造成车身中柱弯曲。大部分冲击能量通过这些部件以及后纵梁的变形而被吸收。需要特别注意的是，现代乘用车的燃油箱大多位于后排座椅下面，在发生较严重追尾事故时，可能会使燃油箱产生裂纹而造成汽油泄漏，汽车极易燃烧，碰撞火星或静电火花都有可能造成严重的火灾，因此，在查勘汽油泄漏的事故时一定要十分小心。

3. 车身侧面变形倾向

承载式车身侧面在抵抗碰撞方面相对比较薄弱。一旦侧面被撞，可能会导致车门、门槛板、中柱、前翼子板以及后侧围板变形，严重时甚至会导致底板变形。如果是前翼子板部位遭到侧面碰撞，前轮往往会向内挤压，从而影响前悬架横梁和前纵梁。如果碰撞比较严重，悬架系统的零部件可能会损坏，前轮定位参数遭到破坏，轴距发生变化，甚至会使转向机构损坏。如果车辆的前翼子板或后侧围板部位遭到较强的垂直碰撞，冲击波会传递到车辆的另一侧，从而造成对面板件的变形。如果是车辆中间部位遭到侧面碰撞，那么主要是车门总成、门槛板、门柱、车身底板受损，严重时冲击波可能会使对面车门部位产生变形。

4. 车身顶部变形倾向

车身顶部在事故中受损的概率比其他部位相对低一点。在车辆前部、后部或侧面碰撞中，只有当事故比较严重时，碰撞力才可能传递到车身顶部，造成顶部梁和面板受损。此外，在翻车事故中，车身顶板可能会受到损失。还有一种不太常见的事故是由高处掉下的物体直接砸在车顶板上，造成顶板凹陷。

5. 承载式车身碰撞变形顺序

承载式车身在发生前部或后部碰撞时，碰撞力将从碰撞点开始，沿着车身构件向外传播，从而造成更大面积的损坏。一般来说，车身发生变形的顺序，最先为弯曲变形，接着发展为褶皱变形，然后进展为扩宽变形，最后造成扭曲变形。

（1）弯曲变形　在碰撞发生的一瞬间，碰撞力达到最大，它首先会对构件产生挤压作用，使构件中部产生弯曲变形。但由于金属构件具有弹性，在碰撞力消失后可能会部分或全部恢复原状。在事故查勘时，如果发现测量的高度值超出允许范围，通常表示产生了弯曲变形。

（2）褶皱变形　随着碰撞的进一步延续，碰撞点处会出现明显的褶皱，从而进一步吸收碰撞能量，以保护乘员室的安全。由于碰撞力沿着车身传递，远离碰撞点的部位也可能发生褶皱、撕裂或拉松。在事故查勘时，如果发现测量的长度值超出允许范围，通常表示发生了褶皱变形。

（3）扩宽变形　对于设计良好的承载式车身结构，乘员室在事故中的变形量会很小，即使产生变形，也是使乘员室的构件向外鼓，而不是侵入室内，以保护乘员安全。这就是所谓的扩宽变形。在事故查勘时，如果发现测量的宽度值超出允许范围，通常表示发生了扩宽变形。

（4）扭曲变形　如前所述，碰撞点通常不是在车辆正中，碰撞力产生的力矩会使车身产生扭曲变形。即使碰撞发生在车辆正中，二次碰撞也可能会使车身产生扭曲变形。扭曲变形通常是最后发生的一种变形形式。在事故查勘时，如果发现测量的高度和宽度值都不在允许范围内，通常表示发生了扭曲变形。

虽然承载式车身与非承载式车身在碰撞事故中的损坏形式很相似，但是承载式车身的损坏往往更复杂。另外，承载式轿车在严重的碰撞中通常不会产生菱形损坏。

无论是哪种车身结构，事故车的车身修复顺序都遵循“后进先出”的规则，也就是说，后产生的损坏（间接损坏）先修复。

三、非承载（车架式）车身的变形倾向

当非承载式车辆发生碰撞时，其车身板件的损坏形式与承载式车辆基本类似。所不同的是其车架作为承载件，可能会在严重的碰撞或倾翻事故中发生比较明显的变形，从而严重影响整车的操纵性能。车架最常见的损伤有歪曲、凹陷、褶皱、挤压、菱形和扭曲等，这几种损伤往往会在事故车上同时存在，在进行损伤鉴定时应仔细检查，逐一确认。

1）歪曲：通常在侧面碰撞中出现，一般通过查看车架纵梁的一侧是否向内或向外弯曲即可确定车架是否产生了歪曲变形。在事故查勘中，如果发现车门的长边缝隙变大而短边出现褶皱，或者发动机室盖或行李箱盖的边缝变大或变小，就应当注意进一步查看车架是否产生了歪曲变形。

2）凹陷：通常在前部或后部正碰中出现。车架的凹陷变形常见于车架的前部和后部，有时是一侧凹陷，有时是两侧凹陷。应当注意进一步查看车架是否发生了凹陷变形。

3）挤压：一般伴随着褶皱变形，车身结构板前部和后风窗后部区域在前、后正碰中比较容易出现挤压变形。在事故查勘中，如果发现发动机室盖、翼子板或车架纵梁有褶皱变形，轮罩上部的车架被抬高，就应当注意进一步查看车架是否发生了挤压变形。

4）菱形：通常在车辆的一角发生剧烈碰撞时出现。菱形损坏使整个车架都发生了移位变形，对车辆的操纵性能影响很大。在事故查勘中，如果发现发动机室盖或行李箱盖的边缝不齐，乘员室或行李箱地板出现褶皱，就应当注意进一步查看车架是否发生了菱形损坏。

5）扭曲：通常在后部边角碰撞或翻滚事故中出现，如果车辆经常高速通过减速带或马路牙，也可能会导致车架产生扭曲变形。在事故查勘时如果发现车辆的一角下垂，就应当注意进一步查看车架是否产生了扭曲变形。

与承载式车身一样，很多事故中车架会出现多种变形。除了直接碰撞导致的变形，车架还可能会因惯性力作用产生二次变形。在损伤鉴定中，通过比较车身门槛板与前后车架之间的间隙情况，或者比较前翼子板与轮毂前后部的间隙情况，可以初步判断车架是否有变形。

车架损伤形式和损伤程度因碰撞力的大小、方向以及碰撞位置的不同而不同。因此，在事故查勘中应当收集尽可能多的信息，由此推断出事故发生的过程，这对于判断车架损伤情况十分重要。当然，最精确的损伤鉴定方法是科学的测量，例如，根据汽车生产厂车身修复手册测量关键的定位孔之间的距离，可以判断车架的变形情况。

四、车架和车身的损伤分析

车架和车身的损伤，通常情况下，是因为碰撞、翻覆等事故，使局部受到较大的载荷作用后造成的弯曲、扭转、凹陷等损伤。

（1）受力与变形　当受外力冲击作用时，底架易在曲线部分和弯折处受损。结构不同，冲击部位和冲击力不同，造成的损伤情况也就各不相同。

1）前侧中间处受外力所造成的损伤，通常容易使左右罩板向内侧拉伸。应重点检查：左右罩板配合处附近；前横梁与左右侧梁的装配连接处附近。

2）前方受力或左侧端部受力，外力从左右罩板向前悬架安装处附近传播；受力方向与车辆中心线成一定角度，外力分两个分力向车身各部分传播，因而罩板根部和前窗侧柱受

损；车身中央处受到垂直方向外力作用。通常应检查：前窗侧柱上下安装处；侧窗中柱上下安装处；侧窗后柱变形情况；车顶和顶框的变形等。

3）车身后部受到外力时的损伤情况与前部大致相同，应充分考虑结构特点予以分析。

（2）车架损坏的形式　歪斜、边梁下垂、弯皱、菱形损坏和扭曲损坏。

1）歪斜：碰撞时，车架的前部、中部或后边梁会向左或向右弯曲，发生歪斜损坏。

2）边梁下垂：当左右边梁受冲击产生弯曲变形时导致边梁下垂，发动机和车身的重量也迫使边梁下垂。当出现下垂现象时，车架边梁上的折痕一般处于边梁上部。当车架受到一个很大的冲击时，边梁会在其他区域或控制点发生弯曲变形。

3）弯皱：弯皱损坏一般发生在前横梁之后或后轴上部的车架区域。在发生弯皱损坏时，边梁下部产生折痕，而下垂折痕在上部产生。

4）菱形损坏：当汽车边梁的角部受到猛烈撞击时，边梁后移，造成边梁和横梁之间的角度产生变化，引起车架或车身歪斜，使其形成一个接近平行四边形的形状。

5）扭曲损坏：一般发生在承受很大载荷的车架受到撞击的情况下，这种碰撞使得车架发生翻转，边梁扭曲，超出了水平面。

当一辆车发生事故时，一般应该对其车身、车架进行检查，确定受到的损坏程度。当汽车前部受到撞击时，不管它是传统结构的车架还是整体式结构的车架，车架受损的顺序大致为“首先是歪斜损坏，然后是下垂、弯皱、菱形和扭曲损坏”。

不管受到冲击的程度如何，当车架受到冲击时，总能检查到一定的歪斜破坏。当车辆受到更严重的撞击时，就会发生下垂。如果歪斜超过13mm或下垂超过9mm，就会发生弯皱破坏。在某些类型的车架上，当受到严重的碰撞时会发生菱形和扭曲破坏的情况。整体式车身具有抵抗菱形和扭曲破坏的能力。

传统结构车架的车辆在后部发生碰撞时可能会出现以下情况：弯皱、歪斜、下垂，也可能出现扭曲的情况。但是当弯皱、歪斜和下垂的损坏被修理之后，扭曲现象也会得到改正。车架的后面部分有较好的弹性，因此它能吸收车架受到的严重的冲击，而不会使车架的中心部分受到菱形破坏。

整体式结构的车辆后部受撞击时，破坏发生顺序和前部受到撞击时发生的顺序一样。

【实操练习】

根据实际工作岗位，确定实训步骤，见表1-2。

表1-2　实训步骤

步　骤	内　容
第一步骤	M-AI模块操作讲解 多媒体（机房）课堂讲解 Flash实训指导模块引导
第二步骤	M-AI模块实操练习 多媒体（机房）操作练习
第三步骤	碰撞类型分析 根据案例图片，判断事故碰撞类型，该碰撞可能造成损坏的部位。并阐述碰撞类型造成损失的特点原因

（续）

<table>
<tr><th>步骤</th><th colspan="2">内容</th></tr>
<tr>
<td rowspan="2">
与物体正面碰撞
保险杠面罩及保险杠、格栅、两侧翼子板轻微变形，严重时两侧翼子板会严重变形，前照灯、空调冷凝器、发动机散热器及其支架、发动机室盖甚至车门、风窗玻璃、纵梁会损坏，安全气囊会膨开</td>
<td rowspan="2">
两车斜角侧面碰撞前门位置
A 车为侧面碰撞受损、B 车为前部碰撞受损
A 车为侧面碰撞受损 A 车前门、前柱、中柱、后门轻微变形、门窗玻璃破损
B 车前保险杠面罩及转角部、前翼子板、一侧前照灯等损坏</td>
<td>
与物体侧面碰撞，可造成车辆侧面受损</td>
</tr>
<tr>
<td>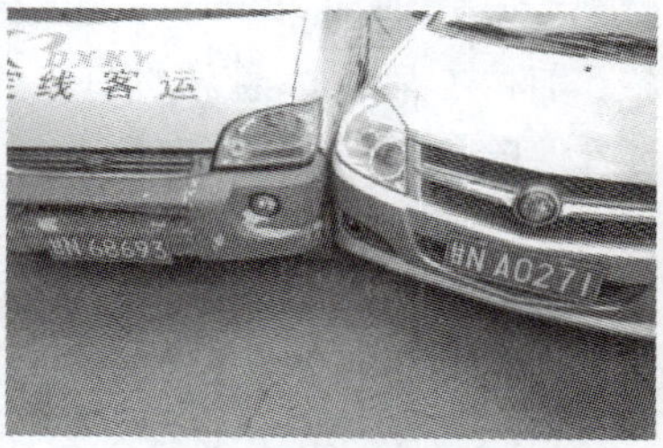
两车斜碰撞，会造成哪些损坏</td>
</tr>
</table>

任务二　事故车辆碰撞损坏的修复工艺

【情境案例】

2013 年 2 月 19 日 × 时，小王开着一辆奥迪在光明新区根玉路由东往西方向行驶至光明新区根玉路艺和厂路段，由于驾驶操作不慎，车身左侧同路中央的路肩发生碰撞，造成奥迪车部分损坏的道路交通事故。小王未按操作规范安全驾驶，负事故的全部责任。查勘员现场查勘后，要求小王开车到维修厂向保险公司定损，定损员接到定损调度后到维修厂对该车本次损失进行拍摄和损失确定。请问定损员怎样对该事故车辆损失制订一个合理的维修方案？

【学习内容】

1）学习汽车部件的材质组成。

2）学习汽车各部件损伤修复的工艺方法。

【学习目标】

1）能够了解车身损坏的维修工艺流程。

2）能够严格按照规定的修理工艺确定工时费。

【相关知识】

一、汽车制造材料

事故车辆定损从业人员，应该了解掌握汽车各种零部件所使用的材质和材质属性等知识，这也是做好定损工作的基本前提。掌握了这方面的专业知识，在定损评估时才能对损坏的零部件修复估价做到有据可依。一辆汽车由上万个零部件组成，涉及钢铁、化工、石油、玻璃、皮革、电子、纺织、稀有金属等行业。现代汽车所用材料主要有钢材、稀有金属、塑料（热塑性塑料、热固性塑料）、玻璃、尼龙、纸制品、油料、铸铁、铸铝、铝镁合金、高强度低碳合金钢和复合材料等。

1. 钢材

钢材是生产汽车最基本的材料，用钢材制作的汽车零部件主要有车身壳体、发动机主要零部件（如气缸体、曲轴、连杆、凸轮轴、飞轮等）、变速器主要零部件（如变速器箱体、变速器第一轴和第二轴、变速器齿轮、变速器输入轴及拨叉等）、底盘主要零部件（如车架、前桥、后桥、悬架部件、传动系统零部件及制动系统零部件等），还有客货车厢、汽车前后保险杠等其他零部件。

在汽车上应用的钢材种类主要如下：

1）高强度低合金钢。用高强度低合金钢制造的汽车零部件主要有车身壳体结构部件，如A柱、B柱、C柱、上边梁、门槛等部件。

2）铸钢。用铸钢材质制作的零部件主要有发动机缸体、变速器壳体、飞轮壳、大型货车后桥等部件。

3）1F钢与低碳钢。1F钢或低碳钢主要用于制作覆盖部件。如顶盖、后翼子板、A柱和B柱外板、上边梁外板、门槛外板等。

4）锻钢。用锻钢材质制作的零部件主要有差速器齿轮、主减速器齿轮、转向节、半轴、曲轴、飞轮、变速器第一轴和第二轴等。

5）锰钢。用锰钢材质制作的零部件主要用于货车车架、副车架等。

2. 铝材（铸铝、铝镁合金板）

在汽车上应用的铝材主要分为铸铝和铝镁合金板。

1）用铸铝制作的零部件主要有车身壳体、发动机缸体、变速器箱体、飞轮壳体等零部件。

2）用铝镁合金板制作的零部件主要有散热器、冷凝器、车身覆盖件、保险杠骨架、客车车厢蒙皮等零部件。

铝镁合金板的主要合金元素为镁，目前高档轿车选用铝镁合金板制作车身覆盖件的比例在逐步增大。铝镁合金具有良好的耐腐蚀性，优良的焊接性，较好的冷加工性，质量轻，可降低油耗，经济性能好，中等强度等优点。选用铝镁合金板和铸铝制作车身零部件，是今后汽车制造业的发展方向。

3. 塑料

塑料作为制造生产汽车零部件的原材料的应用越来越广泛，汽车各种零部件越来越多地使用塑料，各种热塑性塑料、热固性塑料代替了各种昂贵的有色金属及合金钢材，塑料作为生产汽车零部件原材料的特点是减轻车体质量、耐腐蚀、减少油耗。

塑料依属性分主要有两种，即热塑性塑料和热固性塑料。

（1）热塑性塑料　热塑性塑料应用在汽车上的零部件主要有前/后保险杠装饰件、暖风箱壳体、蒸发器壳体和空气滤清器壳体等零部件。

（2）热固性塑料　热固性塑料材质主要分为玻璃纤维、树脂、热塑橡胶、乙烯—丙烯—二烯共聚物等。

热固性塑料应用在汽车上的零部件主要有前/后保险杠装饰件（如普通型老款桑塔纳前、后保险杠装饰件）、车门内饰板、车门防沙板、仪表台、杂物箱、后视镜壳体等。

二、汽车车身校正工艺

1. 校正工艺的程序设定与实施方法

1）校正工艺的程序设计。在设计拉拔校正程序时，要遵循下述基本原则，以保证变形和损伤的修复工作量最小，而且不会造成车身结构的进一步损坏。按与碰撞变形发生的相反顺序进行修复；拉拔力不得大于固定力的合力；在承载式车身轿车上，没有任何一个单个的固定点能承受全部的拉拔力，拉拔力必须分配到整个车上，多点固定、多点拉拔的方法能实现这个要求。

2）初步夹紧固定和检查校正情况。常用的车辆固定方法有两种：夹在车上的压焊焊件上，在机械部件或悬架固定部位用螺栓固定。

如果车上无压焊焊件，应查看设备使用说明书，其中可能会有这种汽车车身固定方法的具体建议。如果所用的钢板较薄，则压焊焊件的作用较弱，这时建议采用较大的压焊焊件夹紧装置。固定车辆时，应充分夹紧。在夹持器不能正确固定到变形部位的情况下，可临时焊接上一小块钢板，修理完后再将它拆下来。

由于承载式车身汽车碰撞后产生的变形为被隔开的塌陷变形对各个损伤部位应尽可能作分别处理。

3）实施制定的拉拔校正程序方法。正确的拉拔程序包括解决纠缠在一起的各种小问题。每次拉拔一点儿，然后消除应力进行检测（在台架上时，是检查夹具到车身上对应基本点的距离），而后再重复以上步骤。拉拔应从中部向外扩展，先实现正确的长度，然后消除侧倾，最后校正高度方向。

完成拉拔工艺最有效的方法是模仿徒手作业方法。就是说按无工具可用的情况下来决定如何使损伤部位恢复原状，要确定每次拉拔多少个部位和在哪些方向上拉拔。

2. 车身前部的矫正修复

1）前纵梁和前翼子板内加强件的矫正。首先按与撞击相反的方向拉拔纵梁，然后修复翼子板内加强件和纵梁的安装部位。一般情况下，整个翼子板内加强板和纵梁往往只是向左或向右偏斜。由于长度方向实际上并未发生扭曲，修理过程中，应不断测量对角线的长度，并校正其距离。为提高作业效率，可同时拉拔纵梁与翼子板内加强板上部的加强件。如果纵梁朝外侧偏斜，则应朝前转一角度拉拔，同时要注意监测对角线的变化；如果纵梁朝内侧偏斜，则应直接向前拉拔；如果纵梁损伤严重，则应在对角线长度正确的点处把横梁和散热器上的固定板拆开，分别进行修理。

2）前支柱和前围的矫正修复。对于前翼子板内加强板和纵梁的修理，主要修理部位是前围。如果碰撞严重，则损伤可能波及前支柱，车门的定位也会受到影响。仅仅简单地夹住翼子板内加强板前缘处进行拉拔，并不能修复前支柱和前围的主要损伤。而应在安装部位附近截断内加强板和纵梁，在主要损伤部位附近夹卡，然后进行拉拔。在对前支柱向前拉拔的同时，还可以用一个便携式液压缸从内侧撑顶。

3）前侧围的矫正修复，对于因侧向碰撞而造成的前部车身侧向损伤的修复，最好采用台架式矫正设备。

3. 车身后部的校正修复

一般情况下，尾部碰撞都是撞在后保险杠上的，其冲击力由后纵梁或附近的板件传递，从而造成纵梁上翘部位的损伤，并由此引起轮罩变形、整个翼子板前移，从而改变了其他部件之间的间隙。

修理时，首先将夹持器或挂钩固定在后纵梁、行李箱底板或后翼子板的后部，然后边拉拔边对车身下部每个尺寸进行检测。在后纵梁被挤进轮罩或者后门缝有变形的情况下，不要夹持及拉拔变形不大或未出现变形的翼子板，只应对纵梁进行拉拔来消除翼子板内的变形压力。

4. 车身侧围的校正修复

如果门槛中部遭到严重碰撞，车厢地板就会变形，整个车身将弯曲成香蕉形。在修复这种撞伤时，车身的前后两端都要进行拉拔，而车身中部向内弯曲的部位需要向外拉拔，这就是常用的“三向拉拔”矫正方法。

【工作实施】

一、汽车车身撞击损伤的基本修复方法

汽车车身的修复以事故性创伤修复为主，通常采用的方法是收缩整形、皱褶展开、撑位复位及垫撬等。

1. 收缩整形

车身壳体冲压件局部受外力碰撞挤压后，易形成凹凸、翘曲变形，其中伸张部分厚度变薄，面积增大。为了使变形的部件恢复到原来的形状，需想办法使伸展的部分收缩，收缩整形工艺过程如下。

1）利用焊炬火焰将伸张中心加热至樱红色，但注意不要将板料熔化或烧穿。加热范围的大小根据伸张程度确定，伸张程度大，加热范围大些，可在直径 15～30mm，伸张程度小，可使加热范围在直径 10mm 左右。

2）加热后急速敲击红晕区域的四周，并逐渐向加热点的中心收缩，迫使金属组织收缩。敲击时应用合适的垫铁垫在部件敲击处背部，先用木锤敲击，冷却后再用铁锤轻轻敲击平整。敲击的力量要适当，敲击过重会使已经收缩的部分重新变得松弛。

3）如果只收缩一处不能达到整形的目的，可采用同样的方法多点收缩，并伴随每次加热收缩，都进行敲平校正。

4）轻度伸张时，加热后可不需敲击，只用棉纱蘸冷水冷却，或者由其自然冷却。

2. 褶皱展开

车身碰撞可能造成冲压板料产生不规则皱褶，修理时，若方便可行，可就车用撑拉法解开皱褶，然后敲平；若不方便或不可行，应将车身解体，在车下修理。

褶皱展开的要领：首先是将死褶由里边设法撬开，缓解成活褶，然后加热，用锤敲击活褶的最凸脊之处，逐渐使其展开，恢复原来的形状。

3. 撑位复位

撑位复位时，应先对车辆损伤情况仔细观察，并进行必要检测。可用对角线测量法检测车身、驾驶室和发动机室等的变形情况。根据检测结果，确定哪个部位是主要变形部位、其变形程度如何，哪个部位是次要、附属变形部位。由于汽车在碰撞时所承受的外力作用位置和方向不同，力在车体内传播情况也就不同，造成的变形也就各有不同。根据变形特点和变形程度可以选定撑拉部位和施加力的大小。

对于局部单一的小变形，在关键部位施加一个与原来受力方向相反的作用力，可以使变形得到恢复。但对车体大面积、多处撞伤，采用一点撑位是不合适的。首先因为拉力过大可能导致板件拉裂，其次虽然变形部分得到暂时校正，但未变形部分受外力作用会产生变形或内部残余应力。车辆在作用过程中内应力松弛而产生新的变形，因此撑位修复应采用专用工具，并多点、多方位、主次分明地施加外力，边测量边复位，确保未变形部分不受力，适时加热敲击，使变形恢复恰到好处。

4. 垫撬

根据车辆变形部位和程度，利用有效空间，借助邻近部件支撑，以杠杆原理进行整形修复。

应用此法，车身不需解体，因而保持了原车安装质量，并提高工作效率，但使用范围受到限制。例如，越野车后轮胎罩外缘凹陷，可以借助轮胎的支撑作用，在撬杠下放一木块衬垫，将凹陷部分初步撬起，再用手锤、垫铁将凹凸不平处敲平。

车门表面局部凹陷，可通过车门窗口下沿的夹缝（玻璃升降空隙），以内门板的窗边棱作支撑，用撬具将凹陷撬起。在垫撬的同时，用锤轻敲击凹陷四周，以消除内力并尽快恢复原来形状。为保证车门在撬垫处不受损伤，可在支点处和敲击部位垫一块胶皮或木板。

二、车身铝质零部件的修理方法

目前在汽车覆盖件中选用铝镁合金材质的越来越多，如发动机舱盖、翼子板、顶盖、车门等。随着现代钣金修理工艺的不断提高，铝镁合金部件损坏的修复不再是难题，关键是能否掌握铝镁合金部件的修理工艺和技术。

铝材熔点低，加热时，它在较低的温度下就会熔化，熔化温度为658℃，且易于变形。铝和钢不一样，铝加热时不会变红，而且铝材热导率大、高温下强度低、加热后可塑性小。当它即将熔化时，就会变成灰色，这样一不小心就会导致铝板的熔化。因此在焊接铝镁合金材质车身覆盖件时，使用焊机电流的大小非常重要。电流过小被焊的部件不能熔化；电流过大被焊的部件会熔化、烧穿。在焊接1～1.5mm厚度的铝镁合金板材时，电焊机的电流应调至50～70A；焊接铸铝部件厚度在3～4mm时，电流应调至150～200A。焊接时应使用氩弧交流电焊机，而且操作者的焊接技术要娴熟，焊接操作要快。焊接的部件内壁精密度要求较高的，被焊接区域的周围要用湿布冷却，如图1-2所示。

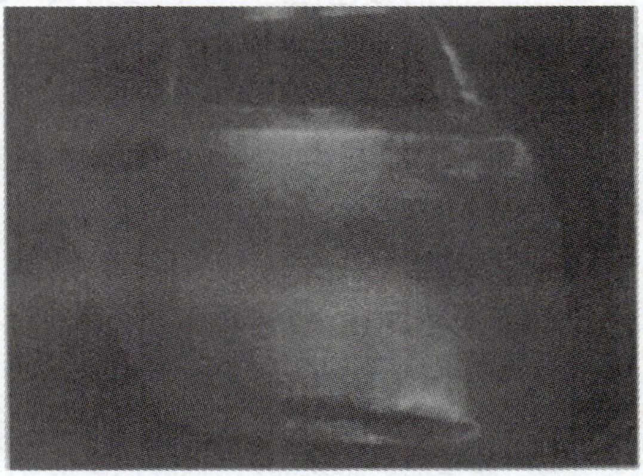

图1-2 铝质门下部变形

三、覆盖件凹陷、凸起损坏整形修理工艺及方法

铝镁合金材质覆盖件凹陷、凸起损坏，主要采取手工敲击方法修复，所用工具主要有木槌、木板、撬板、垫铁等。修复时要注意轻轻地敲击，如果敲击力过重，就会将铝板拉伸。

铝镁合金材质覆盖件轻度凹陷变形，将木板放在损坏部件内侧，用木槌或分离式千斤顶（多功能千斤顶）从内侧向外敲击或顶出，找出大体形状，然后再将垫铁放在损坏部件内侧，用木槌在蒙皮表面敲击，然后结合加热校正（俗称回火）平整修复，加热校正温度一般应在300℃左右，能手工修复的尽量不采用加热校正。

对采用加热校正方法修复的部件温度，应严格掌握，加热温度过高，会使部件融化，加热温度过低，达不到平整效果。如何掌握加热温度，最好的办法应采用热敏涂料或热敏笔测控所修复部件的温度。

热敏涂料采用了温度敏感变色测温技术，使用方法是将热敏涂料刷涂到被测损坏部件上，它将随着所测部件的温度变化而改变其颜色。

热敏笔广泛用于焊接工业和热处理工业，精确度在1%以内，可以在金属表面做以标记，然后加热，直至溶化，在此区间监控温度。可根据所需加热金属的温度控制范围，选择合适的热敏笔。热敏笔可直接显示温度数值，其型号因金属加热温度的不同而分为多种。

轻度凸起变形（图1-3），将垫铁放在损坏部件内侧，用木槌从损坏部件外部表面向里侧敲击。如铝镁合金材质的发动机室盖凸起损坏，可用撬板或垫铁垫在发动机室盖里侧，从发动机室盖表面边缘向中心点敲击修复，然后对中心点凸起部分进行火焰校正。火焰校正时，对火焰校正部件的周围用湿布围起，以免高温扩散变形，垫铁一定要垫实。无论是凹陷、还是凸起变形修复，敲击时都要先从损坏部件边缘向中心点延伸修复。

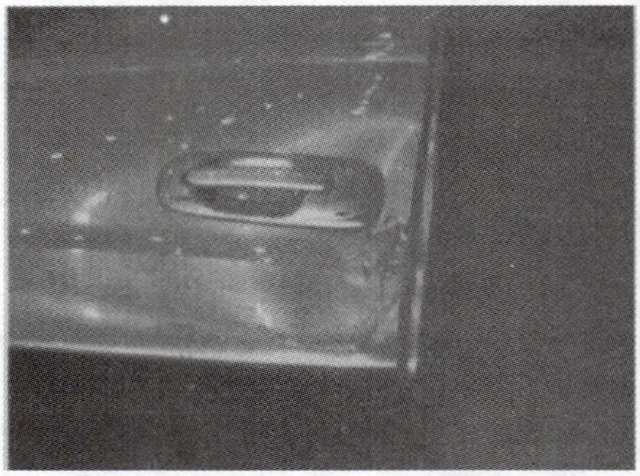

图1-3 铝质门轻微变形

四、覆盖件发生扭曲、曲面变形损坏修理工艺及方法

损坏部件无论是扭曲还是曲面变形，将损坏部件放在平面上，下方用木块对角垫起，然后在损坏部件上面横上木块用千斤顶顶压，修复平整。

五、覆盖件发生死褶、堆积变形损坏修理工艺及方法

覆盖件出现死褶、堆积损坏长度超出8cm，应更换；死褶、堆积损坏长度在8cm之内，应修复。修理工艺及方法，用翘板或用步步紧千斤将死褶部位展开，然后用木槌敲平整。死褶、堆积部位展开后，铝板会出现不同程度的拉伸现象，对铝板出现的拉伸部位，可用手动砂轮角磨机将拉伸部位切割掉，再进行焊接。

六、铝镁合金材质覆盖件发生折曲变形损坏的修理工艺及方法

多层覆盖件折曲角度超出30°的应更换，如发动机室盖；单层覆盖件折曲变形角度超过50°的应更换，如前翼子板；多层覆盖件折曲变形角度不超出30°的应修复，单层覆盖件折曲变形角度不超过50°时应修复。手工用木槌、撬板、垫铁等工具进行平整。

七、铝镁合金材质覆盖件发生刺穿损坏修理工艺及方法

覆盖件损坏形式属于刺穿，刺穿直径超出 5cm 的应更换。刺穿直径在 5cm 之内，应该修复。修理时可采用木槌敲平整。对因刺穿拉伸部位，可用手持砂轮角磨机将拉伸部位切割掉，再进行焊接。

八、车身校正控制点

车身、车架检验校正时，常使用四个控制点，即前横梁、前围板横梁、后车门横梁、车身后横梁。常把车身以车身横梁或控制点作为边界来区分为三个部分：前部车身、中部车身和后部车身，这样就为车架拉伸矫正的工作打下了基础。

首先在车辆的中部车身上找出一个水平面。如果有可能，应确定四个未受破坏的控制点的位置，这样有助于确定一个未受破坏的长度、宽度和高度。如果在中部车身上找不出四个未受破坏的控制点，应该在向前和靠后的位置用测量的办法找出可以替代的控制点，直到其符合制造商的技术标准。

九、非金属车身部件的修复

塑料是以树脂为主要成分，在一定温度和压力下塑造成形，并在常温下能保持既定形状的高分子有机材料。由于塑料比钢板轻得多，已成为各汽车制造商减轻车辆自重、节省燃油的重要手段。塑料具有高的强度和重量比，因此重量减少并不意味着强度降低。随着汽车工业的发展，车身零部件越来越多地使用了各种塑料，特别是在车身前端以及后端（包括保险杠、格栅、挡泥板、防碎石板、仪表板等）。由于塑料具有独特的物理化学性能，对它的修理比对金属的修理要容易得多。

1. 汽车用塑料的分类

在汽车上应用的塑料可按其物理化学性能分为热塑性塑料和热固性塑料两种。

热塑料性塑料可以重复地进行加热软化，其化学成分不会发生变化，受热后它就变软或熔化，而冷却后即变硬，可用塑料焊机进行焊接。

热固性塑料在加热和使用催化剂（或紫外光）的条件下发生化学变化，硬化后可以得到永久的形状，即使重复加热或使用催化剂也不会变形。此类塑料不能焊接，只能用黏结剂粘结。

2. 常用汽车塑料的用途

根据塑料自身的特点以及汽车车身部件的使用要求，各种塑料在汽车上的用途有所差异，详见表 1-3。

表 1-3 汽车常用塑料国际标准代号、正式化学名称、应用部位及理化属性

国际代号	化学名称	应用部位	理化属性
ABS	丙烯腈 - 丁二烯 - 苯乙烯共聚物	车体板、仪表板、护栅、灯罩	热塑性
ABS/MAT	玻璃纤维强化硬质丙烯腈 - 丁二烯 - 苯乙烯共聚物	车身板	热固性
EP	环氧树脂	玻璃钢车身板	热固性
EPDM	乙烯 - 丙烯 - 二烯共聚物	保险杠防撞条、车身板	热固性
PA	聚酰胺	外部装饰板	热固性
PC	聚碳酸酯	前照灯罩、仪表罩	热塑性

（续）

国际代号	化学名称	应用部位	理化属性
PMMA	聚甲基丙烯酸甲酯	灯罩（有色透光部分）	热塑性
PPO	聚苯撑氧	镀铬件、护栅、灯框、仪表框、装饰件	热固性
PE	聚乙烯	内防护板、内装饰板、窗帘框架、阻流板	热塑性
PP	聚丙烯	保险杠、前围板、内饰件、防砾石板、风扇护罩、仪表台	热塑性
PS	聚苯乙烯	韧性添加剂	热塑性
PUR	聚氨基甲酸乙酯	保险杠、车体板、垫板	热固性
PVC	聚氯乙烯	内衬板、软质垫板	热塑性
RIM	反应注模聚氨基甲酸乙酯	保险杠	热固性
RRIM	强化反应注模聚氨基甲酸乙酯	车身外板	热固性
SAN	苯乙烯－苯烯腈	内装饰板	热固性
TPR	热塑橡胶	窗帘框架	热固性
TPUR	热塑性聚氨基甲酸乙酯	保险杠、防砾石板、垫板、软质仪表板	热塑性
UP	聚酯	玻璃钢车身板	热固性

汽车车身塑料零部件损坏后的修理。汽车上的塑料部件损坏以后，其修理也和其他金属部件一样，首先应检查损伤情况，以确定应该进行更换还是进行修理。若零件破碎、表面无漆面且对表面美观要求高、对安全性要求高，则该部件需要更换，一般的划痕、撕裂、刺穿、凹陷可修理。当确定需对塑料部件进行修理时，应确定是否必须将其从车上拆下。塑料部件有两种基本修理方法，即化学粘结法和塑料焊接法。

3. 塑料的粘结

对于热固性的塑料件来说，如果损坏了，只能采用粘结法进行修理。热塑性塑料件虽能加热软化焊接，但使用粘结法更为简捷。因此，热塑性塑料和热固性塑料都可以采用粘结法修理。化学粘结法是塑料件修理中普遍使用的一种方法，因为这种方法不需要专用设备（焊接需要专用塑料焊机），并且塑料不是都能焊接的。粘结法有广泛的适用性，除少数情况外均可使用黏结剂。黏结剂通常是以聚酯、环氧树脂或氨基甲酸乙酯作为基体脂，加入硬化剂或催化剂组合而成的。

4. 塑料的焊接

塑料焊接原理：塑料焊接主要有热空气焊接、无空气焊接和超声塑料焊接三种。实际上，塑料焊接与金属焊接类似，都要使用热源和焊条。焊接要确保焊条的材料与要焊接的塑料材质相同，否则焊接不会成功。塑料鉴别的一种方法是查看压制在塑料件内表面的国际标准符号 ISO 代码；另一种是在零件的隐蔽或损失部位进行试焊，能与之焊合的那种焊条即是所需要的塑料；第三种方法是查阅车身修理手册。

热空气塑料焊接是利用热空气塑料焊枪产生的热空气加热塑料接缝和塑料焊条，使其软化，同时将加热的塑料焊条压入接缝而进行的焊接。

5. 塑料加热再成型

1）许多弯曲或产生其他变形的塑料，如柔韧的保险杠罩及乙烯树脂包层泡沫内部件（缓冲垫、扶手、门内装饰、椅套、车顶内面）等，可使用红外线灯加热变形及对其周围进行校直，一般只进行加热就可修好凹痕区，若还余有微小变形，用手修整即可。

2）车内硬塑料件的修理。车内硬塑料件多数是由乙烯树脂包裹的氨基甲酸乙酯泡沫材料制成的。由这些材料制成的板盖、扶手及其他嵌装零件的表面被撞坏而需要修理时，一般用加热法，具体过程如下：

① 用湿布把凹痕弄湿半分钟，不擦干，使之保持湿润。

② 用加热枪把凹痕周围加热，热源在距离表面 250mm 处持续从外向里打转。

③ 加热温度要适宜，不要使乙烯树脂过热以免起泡。

④ 继续加热直到用手接触时感到不舒服。

⑤ 戴上手套按摩仪表板，使材料移向凹痕中心处，即可修好凹痕。

⑥ 消除变形后，迅速用湿布将该处冷却。

【实操练习】

一、实训步骤

根据实际工作岗位，确定实训步骤，见表 1-4。

表 1-4 实训步骤

步骤	内容
第一步骤	M-AI 核损模块操作讲解 多媒体（机房）课堂讲解 Flash 实训指导模块引导
第二步骤	M-AI 核损模块实操练习 多媒体（机房）操作练习
第三步骤	维修工艺方法

二、情境设计

案例设计：

根据图 1-4 损伤部件，请识别部件的材质制订维修方案。

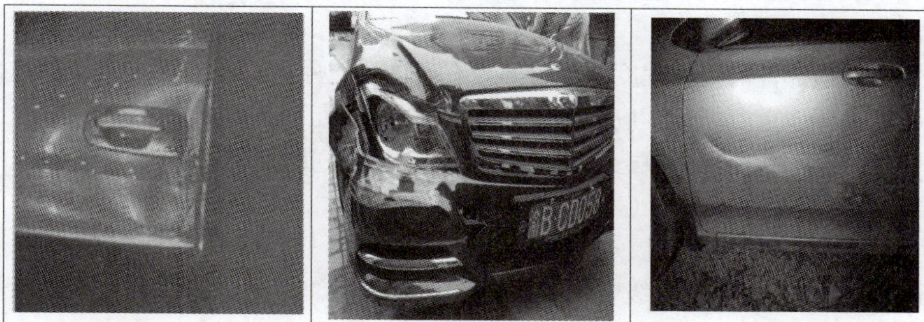

宝马7系的车门　　奔驰C280前杠　　本田思域车门

图 1-4 损伤部件

任务三　事故车辆车身部件损坏修复与更换标准

【情境案例】

2013 年 2 月 19 日 ×时，小王开着一辆奥迪在光明新区根玉路由东往西方向行驶至光明新区根玉路艺和厂路段，由于驾驶操作不慎，车身左侧同路中央的路肩发生碰撞，造成奥迪车部分损坏的道路交通事故。小王未按操作规范安全驾驶，负事故的全部责任。查勘员现场查勘后，要求小王开车到维修厂向保险公司保定损，定损员接到定损调度后到维修厂对该车本次损失进行拍摄和损失确定。如何鉴定损失件的更换与维修？对于损失项目维修更换依据是什么？

【学习内容】

1）学习事故车辆造成车身的损坏程度分类。

2）学习造成损坏件的修换标准依据。

【学习目标】

1）能够依据损坏程度按照修换标准确定损失项目的修换。

2）能够根据车身各部件材质结构及损坏程度确定损失项目的修换。

【相关知识】

事故车辆零部件损坏修复及更换的依据是在保证事故车辆零部件损坏修复装车后，必须按照国家标准《机动车运行安全技术条件》（GB 7258—2012）和交通运输部标准《事故汽车修复技术规范》（JT/T 795—2011），坚持对损坏零部件以修复为主、更换为辅的指导思想，能修复的零部件不应更换。总成部件中的零部件损坏，能单独更换零部件修复的，不应更换总成部件。

一、事故车辆车身部件损失部位分级图

车身主要由车门、前翼子板、后翼子板、发动机室盖、顶盖、A 柱、B 柱与 C 柱、行李箱盖、前纵梁、驾驶室地板、前围板、上边梁、门槛、后围板、后隔板、散热器框架等零部件组成。

车身钣金受损部件的损伤程度及受损等级有具体的划分和界定，损坏等级分为 4 级：轻度损坏、中度损坏、重度损坏、应更换部件。

以下为各类汽车在交通事故造成车身各部损坏程度轻重示意图。

1）轿车前翼子板损坏分级（图 1-5）。

2）轿车发动机室盖损坏分级（图 1-6）。

3）轿车散热器框架损坏分级（图 1-7）。

4）轿车车门损坏分级（图 1-8）。

5）轿车车顶损坏分级（图 1-9）。

a) 轻度损坏

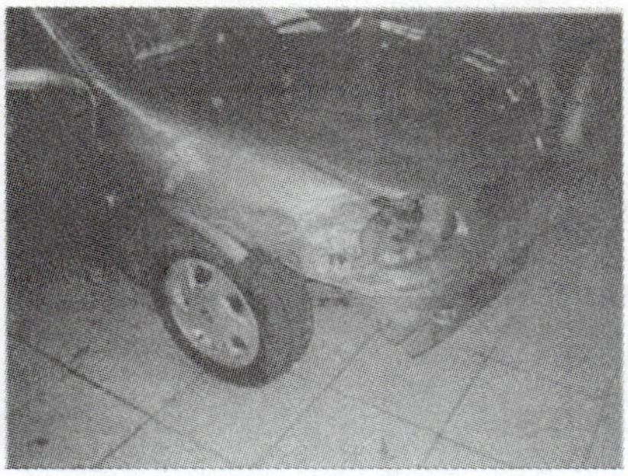

b) 中度损坏

c) 重度损坏

d) 应更换部件

图 1-5 轿车前翼子板损坏分级

a) 轻度损坏

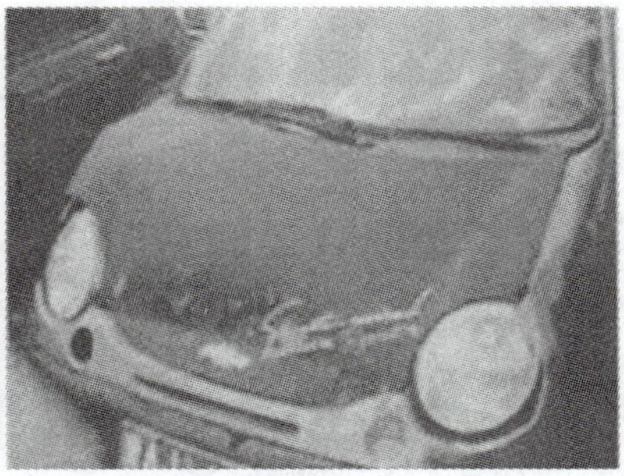

b) 中度损坏

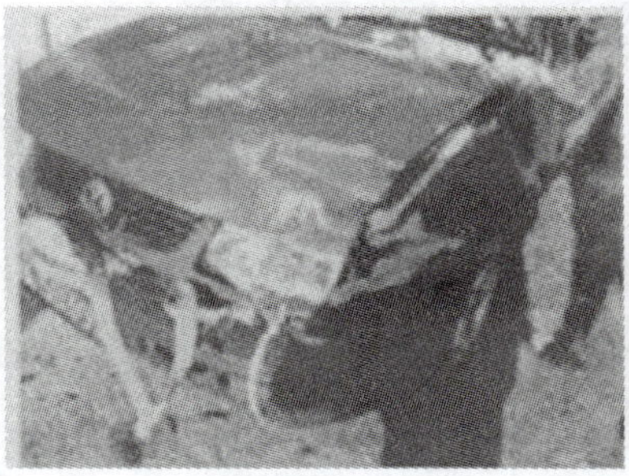

c) 重度损坏

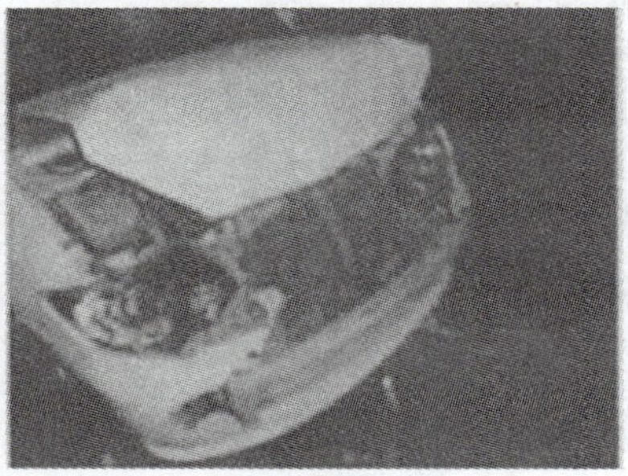

d) 应更换部件

图 1-6 轿车发动机室盖损坏分级

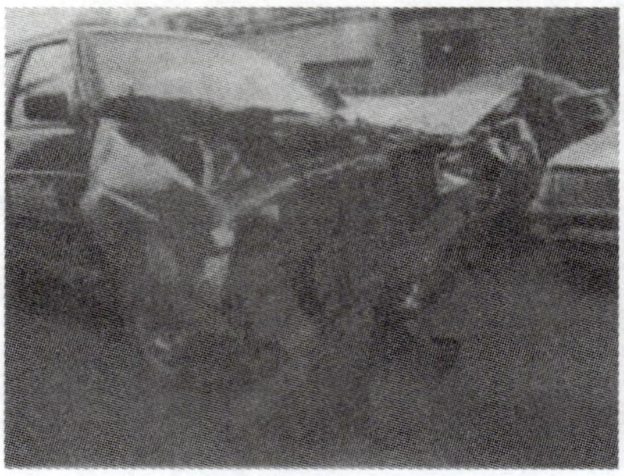

a) 轻度损坏

b) 中度损坏

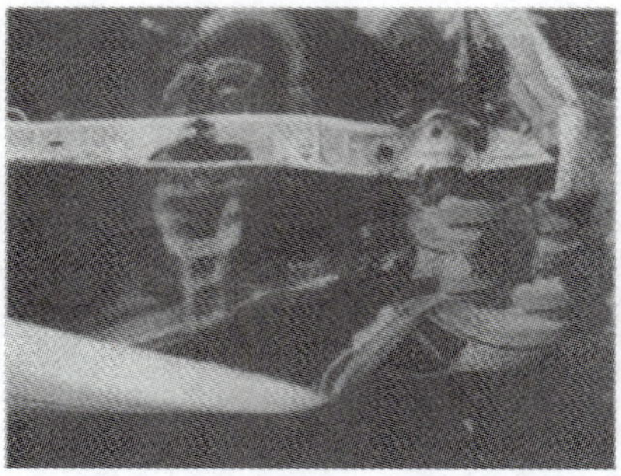

c) 重度损坏

d) 应更换部件

图 1-7 轿车散热器框架损坏分级

a) 轻度损坏

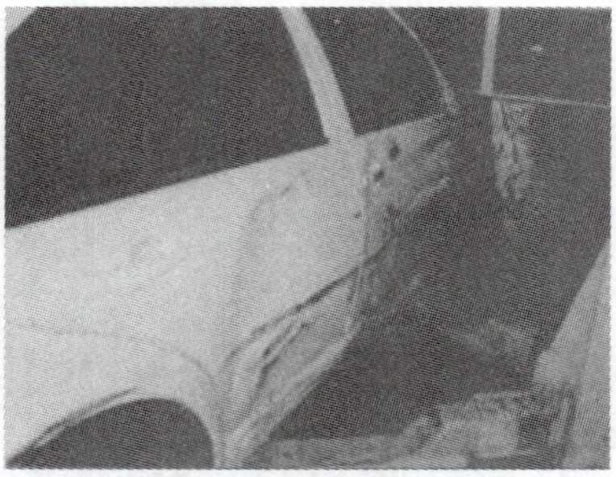

b) 中度损坏

c) 重度损坏

d) 应更换部件

图 1-8 轿车车门损坏分级

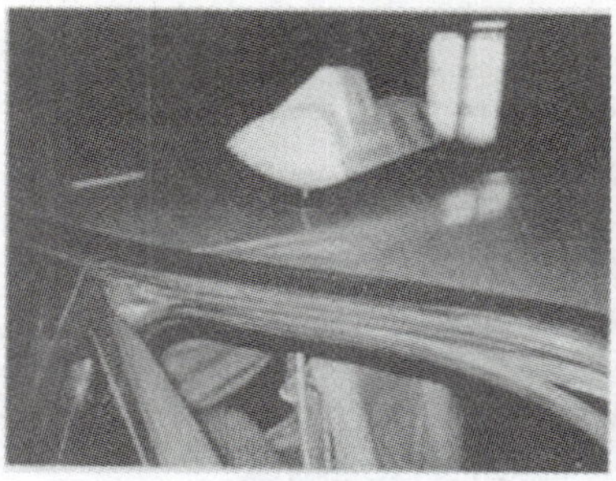

a) 轻度损坏　　b) 中度损坏

c) 重度损坏　　d) 应更换部件

图 1-9　轿车车顶损坏分级

6）轿车后翼子板损坏分级（图 1-10）。

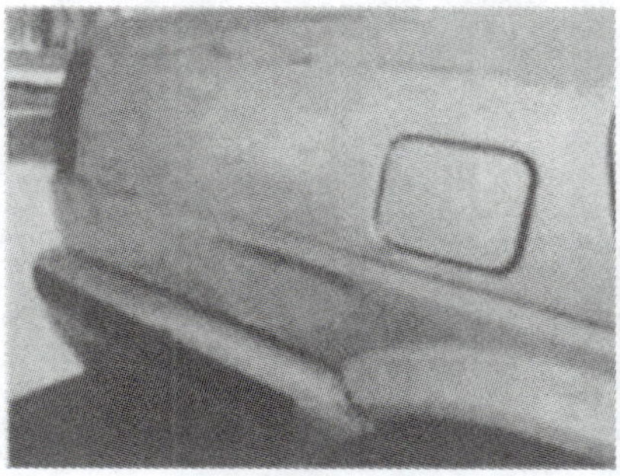
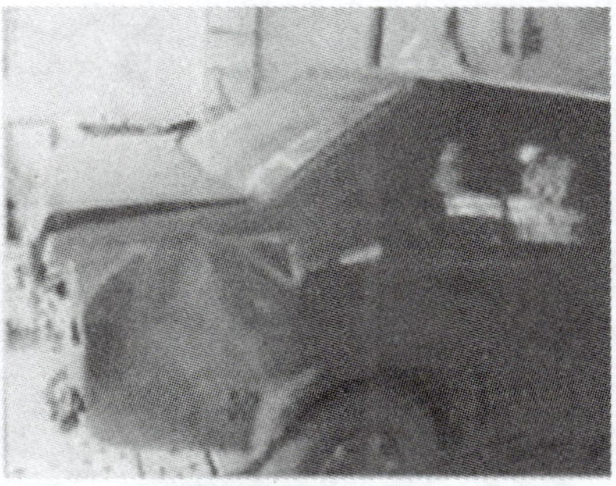

a) 轻度损坏　　b) 中度损坏

c) 重度损坏　　d) 应更换部件

图 1-10　轿车后翼子板损坏分级

7）轿车行李箱盖损坏分级（图 1-11）。

a) 轻度损坏

b) 中度损坏

c) 重度损坏

d) 应更换部件

图 1-11 轿车行李箱盖损坏分级

8）轿车后围板损坏分级（图 1-12）。

a) 轻度损坏

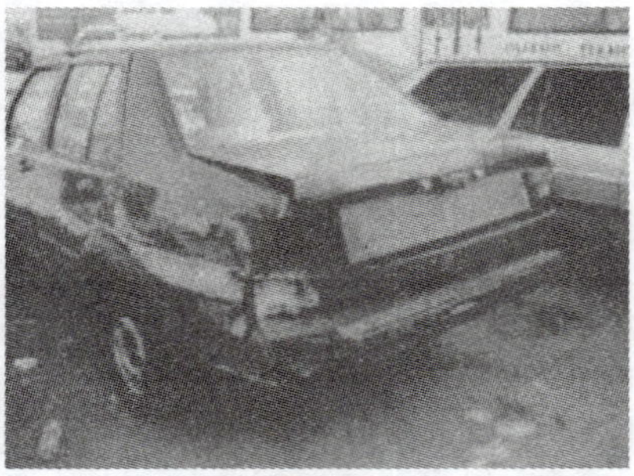

b) 中度损坏

c) 重度损坏

d) 应更换部件

图 1-12 轿车后围板损坏分级

9）轿车前保险杠装饰件损坏分级（图 1-13）。

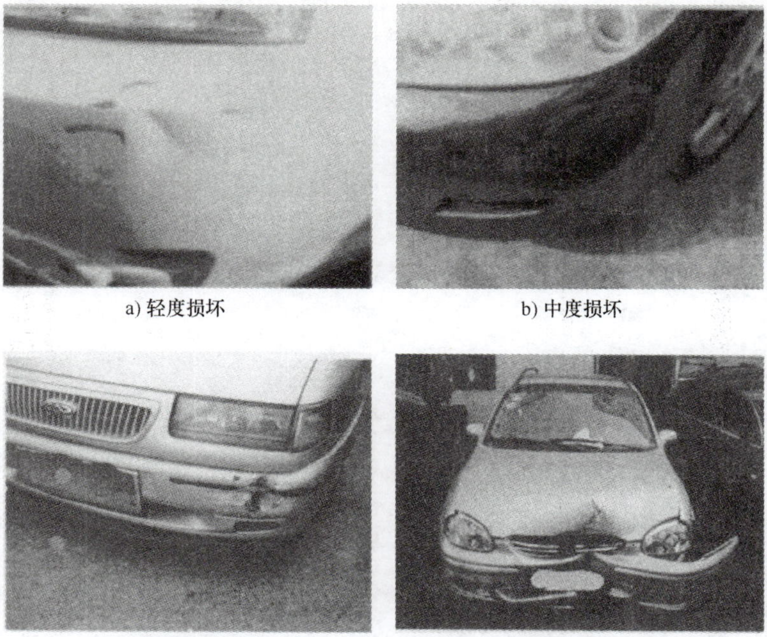

a) 轻度损坏　b) 中度损坏

c) 重度损坏　d) 应更换部件

图 1-13　轿车前保险杠装饰件损坏分级

10）轿车后保险杠装饰件损坏分级（图 1-14）。

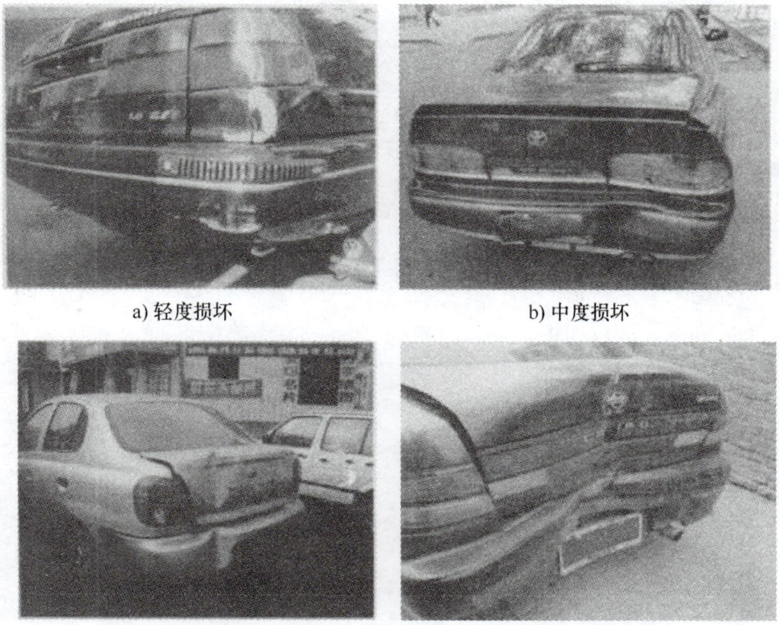

a) 轻度损坏　b) 中度损坏

c) 重度损坏　d) 应更换部件

图 1-14　轿车后保险杠装饰件损坏分级

11）微型客车前面板损坏分级（图 1-15）。

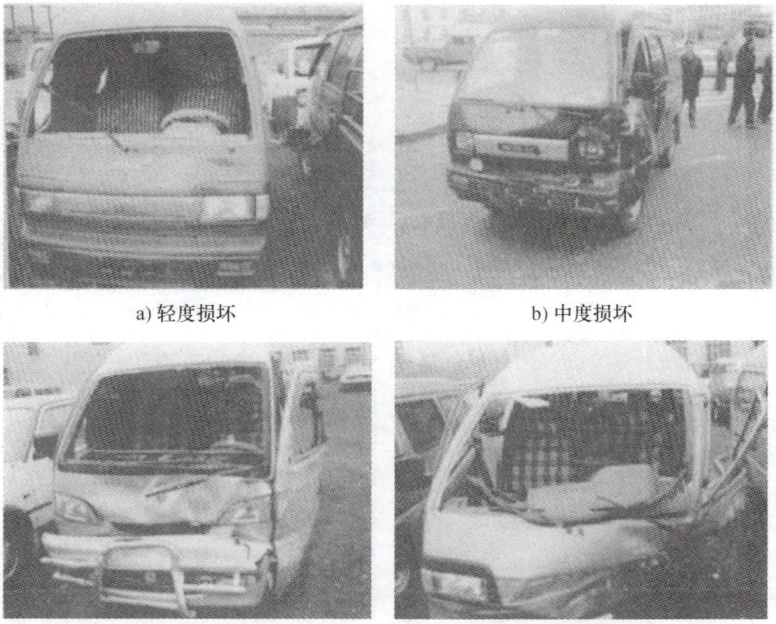

a) 轻度损坏　b) 中度损坏

c) 重度损坏　d) 应更换部件

图 1-15　微型客车前面板损坏分级

12）微型客车车门损坏分级（图 1-16）。

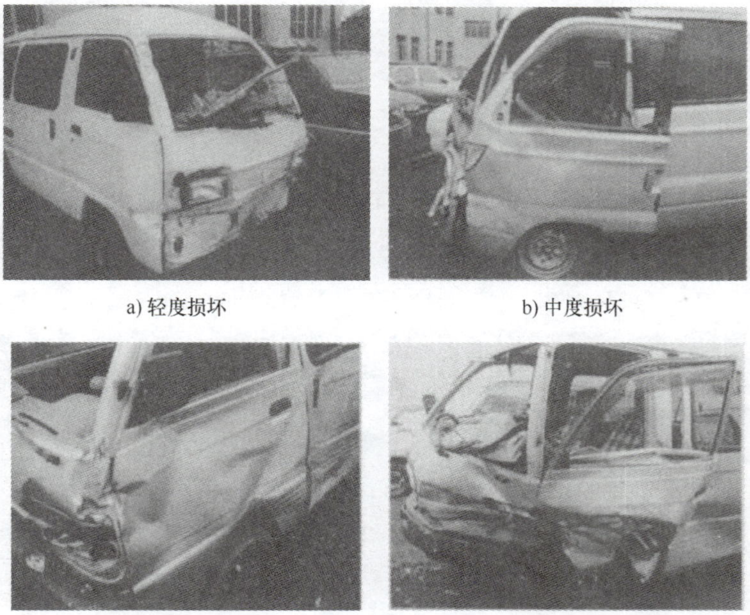

a) 轻度损坏　b) 中度损坏

c) 重度损坏　d) 应更换部件

图 1-16　微型客车车门损坏分级

13）微型客车行李箱盖损坏分级（图 1-17）。

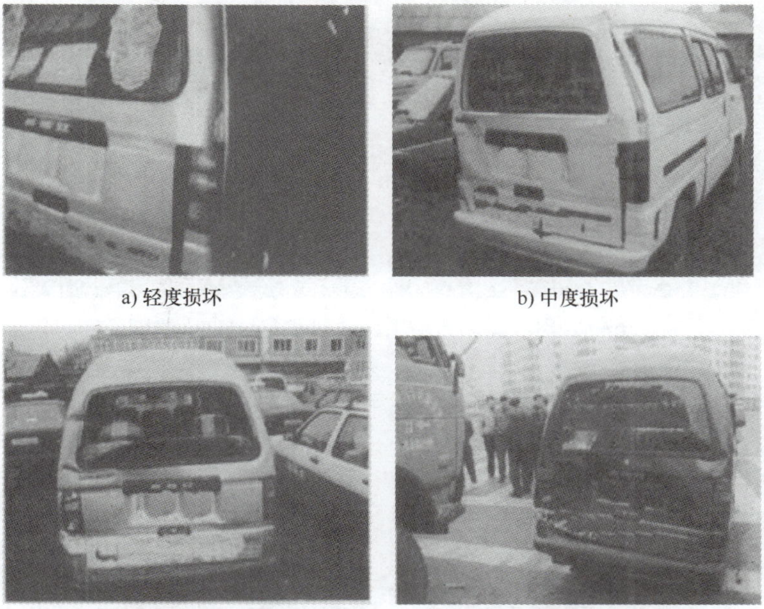

a) 轻度损坏　b) 中度损坏

c) 重度损坏　d) 应更换部件

图 1-17　微型客车行李箱盖损坏分级

14）货车前面板损坏分级（图 1-18）。

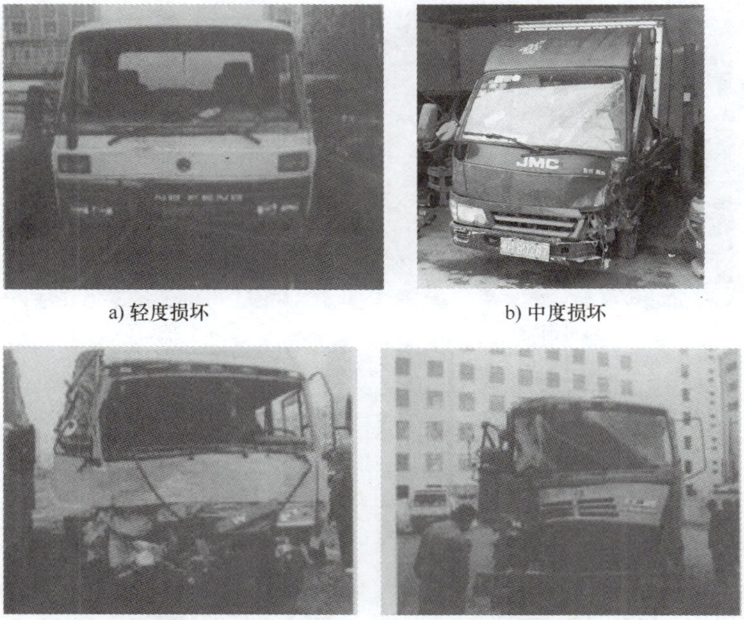

a) 轻度损坏　b) 中度损坏

c) 重度损坏　d) 应更换部件

图 1-18　货车前面板损坏分级

15）货车风窗框损坏分级（图 1-19）。

a) 轻度损坏

b) 中度损坏

c) 重度损坏

d) 应更换部件

图 1-19　货车风窗框损坏分级

16）货车车门损坏分级（图 1-20）。

a) 轻度损坏

b) 中度损坏

c) 重度损坏

d) 应更换部件

图 1-20　货车车门损坏分级

17）货车侧围板损坏分级（图 1-21）。

a) 轻度损坏

b) 中度损坏

c) 重度损坏

d) 应更换部件

图 1-21　货车侧围板损坏分级

18）货车驾驶室车顶损坏分级（图 1-22）。

a) 轻度损坏

b) 中度损坏

c) 重度损坏

d) 应更换部件

图 1-22　货车驾驶室车顶损坏分级

19）货车前保险杠损坏分级（图 1-23）。

a) 轻度损坏

b) 中度损坏

c) 重度损坏

d) 应更换部件

图 1-23　货车前保险杠损坏分级

二、车身结构件损坏修复及更换标准

1. 车身结构件损坏修复标准

事故车辆结构部件损伤，属弹性变形或划伤、刮伤、轻度弯曲、小弧度变形及轻度折曲变形等情形，损坏较轻。可采用冷校，不需加热修复，即可恢复原来的几何形状、尺寸数据，应按修复处理。

承载式车身结构件发生的轻度、中度、重度损坏，需要修复时，应在冷态下进行机械校正。对于变形严重，用冷压和冷拉不易校正的，允许局部加热校正。高强度钢板加热温度不得高于 200℃，低碳钢钢板加热温度不得高于 700℃，加热持续时间均不得超过 3min，且不得用铁锤直接击打，车身热校正后应自然冷却。各部件修复后的尺寸应按汽车生产厂家维修手册的规定执行。

2. 车身结构件损坏更换标准

事故车辆车身结构部件发生损坏，失去原有形状，由于其材质多为高强度低碳合金钢，在任何条件下修复时绝对不能出现影响车身结构件强度的情况发生，如轿车、越野车车身各部的梁、柱等。对事故车辆车身结构部件发生严重损坏、失去修复条件的，或汽车生产厂家不允许车身结构部件采用加热校正方法修复的，应更换。

三、汽车非结构件的碰撞损坏及修复更换标准

汽车外围件包括前、后保险杠及附件，前隔栅及附件，前照灯及角灯，散热器框架，前、后风窗玻璃及附件，前、后翼子板及附件，车门及附件，后隔板及附件，行李箱盖及附件，后围及铭牌，尾灯等。

在发生碰撞事故时，这些外围件往往会首先受到损伤。尽管这些件的结构与原理并不复

杂，损失内容也比较容易确定，但准确把握它们的损失程度，从而为“修或者换”做出准确界定，却是十分必要的。

1. 前保险杠及附件

1）前保险杠主要起到装饰及初步吸收前部碰撞能量的作用。现代轿车的保险杠绝大多数是用塑料制成。对于用热塑性塑料制成的，价格又非常昂贵的保险杠，并且为表面涂漆的，破坏处不多，可用塑料焊机焊接。

2）保险杠饰条破损后基本以换为主。

3）保险杠使用内衬的多为中高档轿车，常为泡沫塑料制成，一般可重复使用。

4）轿车的保险杠骨架多数用金属制成，较多为冷轧板冲压成形，少数高档轿车采用铝合金制成。对于钢质保险杠骨架，轻度碰撞常采用钣金修理的方法修复，价值较低的中度以上的碰撞常采用更换的方法。铝合金的保险杠骨架修复难度较大，中度以上的碰撞多以更换为主。

5）保险杠支架多为钢质，一般价格较低，轻度碰撞常采用钣金修复，中度以上的碰撞多为更换。

6）保险杠灯多为转向信号灯和雾灯，表面破损后多采用更换，对于价格较高的雾灯，且损坏为少数支撑部位的，常用焊接和黏接修理的方法修复。

2. 前隔栅及附件

前隔栅及附件的破损多数以更换为主。

3. 前照灯

汽车灯具的表面多为聚碳酸酯（PC）或玻璃制成，有反光部位常用丙烯腈—丁二烯—苯乙烯共聚物（ABS）制成。最常见的损坏为调节螺钉损坏，只需更换，重新校光即可。ABS 塑料属热塑性塑料，可用塑料焊机焊接。表面用玻璃制成的，如果破损，且有玻璃灯片供应的可考虑更换玻璃灯片。对于价格昂贵的前照灯，若只是支撑部位局部破损可采取塑料焊接的方法修复。

4. 散热器框架

散热器框架又称龙门架。轿车的散热器框架在承载式车身中属于结构件，多为高强度钢板。由于散热器框架结构形状复杂，轻度变形通常可以钣金修复，而中度以上的变形往往不易钣金修复，低合金高强度钢更是不易钣金修复。

5. 刮水系统

刮水系统中刮水片、刮水臂、刮水电动机等，因撞击损坏主要以更换为主；刮水固定支架、联动杆中度以下的变形损伤以整修修复为主，严重变形一般需更换；一般刮水喷水壶只在较严重的碰撞中才会损坏，损坏后以更换为主；刮水喷水电动机、喷水管和喷水嘴被撞坏的情况较少，若撞坏以更换为主。

6. 前翼子板及附件

前翼子板遭受撞击后的修理与发动机室盖的修理基本相同。前翼子板的附件常有饰条、挡泥板等，饰条损伤后多以更换为主，即使饰条未遭受损失，也常因钣金整形翼子板需拆卸饰条，许多饰条拆下后就必须更换。挡泥板因价格较低，撞击破损后一般做更换处理。

7. 车门及饰件

1）门防擦饰条碰撞变形后应更换。由于门的变形，需将门防擦饰条拆下整形，多数防擦饰条为自干胶式，拆下后重新粘贴上不牢固，用其他胶粘贴影响美观，故应考虑更换。

2）门框产生塑性变形后，一般不好整修，应考虑更换。门下部的修理同发动机室盖。

3）门锁及锁芯在严重撞击后会产生损坏，一般以更换为主。

4）后视镜镜体破损以更换为主，对于镜片破损，有些高档轿车的镜片可单独供应，可以通过更换镜片修复。

5）玻璃升降机是碰撞中经常损坏的部件，玻璃导轨、玻璃托架也是经常损坏的部件，碰撞变形后一般都要更换，但玻璃导轨、玻璃托架在评估中常被遗漏。

6）车门内饰的修理同 A 柱内饰。

8. 后翼子板及饰件

1）后翼子板与前翼子板不同，后翼子板为结构件，按结构件方法处理。

2）行李箱落水槽板、三角窗内板、挡泥板外板及挡泥板内板一般不予更换。

9. 后隔板及饰件

1）后隔板因碰撞的损坏基本上都能整形修复，严重时应更换。

2）后隔板面板用毛毡制成，一般不用更换。后墙盖板也很少破损，如果损坏则以更换为主。

四、车辆装饰附属件损伤的修复更换标准

1. 仪表台及饰件

仪表台因正面或侧面撞击常造成整体变形、皱折和固定爪破损。整体变形在弹性限度内，待骨架校正后重新装回即可。皱折影响美观，对美观要求较高的新车或高级车最好更换。因仪表台价格一般较贵，老旧车型更换意义不大。少数固定爪破损常以焊接修复为主，多数固定爪破损以更换修复为主。

左出风口常在侧面撞击时破碎，右出风口也常因二次碰撞被前排乘员右手支承时压坏。

左右饰框常在侧面碰撞时破损，严重的正面碰撞也会造成支爪断裂，均以更换为主。

杂物箱常因二次碰撞被前排乘员膝盖撞破，一般以更换为主。

严重的碰撞会造成车身底板变形，车身底板变形后会造成通道罩破裂，应以更换为主。

2. 前座椅及附件、安全带

座椅及附件因撞击造成的损伤常为骨架、导轨变形和棘轮、齿轮根切现象。骨架、导轨变形常可以校正，棘轮、齿轮根切通常必须更换棘轮、齿轮机构，许多车型因购买不到棘轮、齿轮机构常会更换座椅总成。绝大多数调节部分的损坏都可以通过更换座椅骨架来修复，而不用更换座椅总成。

绝大多数中低档车为被动安全带，大多数安全带在中度以下碰撞后还能使用，但必须严格检验。前部严重碰撞的安全带收紧器处会变形，从安全角度考虑，建议更换。中高档轿车上安装有安全带自动收紧装置，收紧器上拉力传感器感应到严重的正面撞击后，电控自动收紧装置会点火，引爆收紧装置，从而达到快速收紧安全带的作用。但安全带自动收紧装置工作后必须更换。

3. A 柱内饰件、前围、暖风系统、集雨栅等

A 柱因碰撞产生的损伤多以整形修复为主。由于 A 柱为结构钢，当产生折弯变形时，以更换外片、整形整体为主要修复方式。A 柱有上下内饰板，破损后一般以更换为主。

前围多为结构件，整修与更换按结构件的整修与更换原则执行，A 柱内饰板因撞击破损

以更换修复为主。

前围上板上安装有暖风系统。

较严重的碰撞常会造成暖风机壳体、进气罩的破碎，以更换为主。暖风水箱、鼓风机一般在碰撞中不会损坏。

集雨栅为塑料件，通常价格较低，因撞击常造成皮损，以更换修复为主。

4. 侧车身、B 柱及饰件、门槛及饰件等

有的汽车车身侧面设计成一个整块，B 柱的整修与更换同 A 柱。

车身侧面内饰的破损以更换为主。

一般碰撞造成的边梁变形以整形修复为主。边梁保护膜是评估中经常遗漏的项目，只要边梁需要整形，边梁保护膜就要更换。

门槛饰条破损后一般以更换为主。

5. 车身底板

车身底板因撞击造成变形，常以整修方式修复，对于整修无法修复的车身底板，基于现有修理能力，建议考虑更换车身总成。

6. 车顶及内外饰件

严重的碰撞和倾覆会造成车顶损伤。

车顶的修复同发动机盖，只要能修复，原则上不予更换。内饰的修复同车门内饰。落水槽饰条为铝合金外烤漆，损伤后一般应予更换。

五、修复成本接近新件价格及不可修复材质的零部件损坏修复及更换标准

1）事故车辆车身部件损坏修复的成本接近新件价值的 70% 以上，损坏部件应更换处理，如低档车的前保险杠装饰件、翼子板、车门等。

2）价格低廉的车身零部件发生损坏，应更换。如保险杠挂耳、保险杠上的通风网（或下中网）、前保险杠牵引钩等。

3）玻璃材质零部件破碎的，应更换。

4）汽车热固性塑料外观零部件表面发生破损时，无原设计工艺标准，无法恢复，应更换。如普通型桑塔纳的热固性塑料保险杠装饰件，自身不带喷漆的撕裂损坏。

5）工艺设计上不可修复的零部件，如胶粘的各种饰条，胶粘的风窗玻璃饰条、胶粘的门饰条、翼子板饰条等。

【工作实施】

常见车辆事故车身损失部件的修复及更换标准如下。

事故车辆更换车身所占比例是极少的，即使是车身损坏较重，一般情况下，均能通过更换局部钣金散件进行修复，并达到技术质量标准要求。但对于严重损坏的车身、损坏的车身无修复的基准点或修复后的车身按现行汽车修理技术、工艺要求不能保证技术质量标准，以及无修复价值的，方可更换。

一、车身（承载式车身）修复及更换标准

1. 修复标准

1）事故车辆车身覆盖件、结构件总损坏部件数所占比例，低于车身部件总数的 70%，

车身应按修复处理。损坏的覆盖件、结构件根据实际损失程度该修的修，该换的换。

2）驾驶室内地板是车身最重要的基础部件。驾驶室内地板发生凹陷、褶皱、撕裂等损伤形式，损伤面积低于地板面积1/4，视其车身驾驶室内地板损坏形态，虽属死褶、堆积，但损坏面积低于地板面积1/4。此类的损伤程度，不能更换驾驶室内地板。完全可以采用车身校正仪以冷拉、冷校并结合手工操作修复，驾驶室内地板也可适当采用加热法修复，驾驶室内地板采用低碳钢钢板材质制作的，加热温度应低于700℃。

3）行李箱地板（后地板）损坏程度严重，出现死褶、堆积现象的，总损坏面积超过地板面积50%以上，可单独更换行李箱地板，不应更换车身。

2. 更换标准

评估车身修复或更换的原则：承载式车身损坏，能更换钣金散件修复的，不能更换车身；能更换不带四门两盖修复的，不应更换车身总成。

1）车身各部位结构件、覆盖件，需更换分项列明的部件数已超过车身各种部件总和的70%；而且车身的主要部位已失去修复的条件，如左右车身A、B、C柱，上、下边梁，四个车门，后翼子板等均需更换。在这种情况下，更换钣金散件用焊接很难保证车身几何尺寸和车身强度的要求，应更换车身。

2）对需更换的车身，如四门两盖损坏较轻，属应修复范围的，所更换的车身应选择不带四门两盖的。对损坏的车型生产厂家只能提供车身总成的，定损人员应与客户或与汽修企业人员协商，将不需更换的四门两盖和不应更换的覆盖件，在对车身定损报价时从修理材料费中剔除。在事故车辆修复时，将无损的或可修复的四门两盖和覆盖件，还继续用在原车上，以减少资源的浪费，减少事故车辆修理费用。

3）车身驾驶室内地板损坏严重，损坏的地板属严重的死褶、堆积，损坏面积超过驾驶室内地板面积1/4以上，并由于上述这些损坏形式的延伸，使地板出现凹陷、凸起，总损坏面积达50%以上。

二、汽车车身覆盖件损坏及修复更换标准

1. 钢质车身覆盖件损坏修复及更换标准

（1）损伤程度

1）轻度损坏：是指损伤部件在弹性变形范围内划伤或刮伤，损坏程度较轻。

2）中度损坏

① 损伤部件变形量在塑性变形范围内，损坏形式一般为凹陷、凸起、弯曲或变形较大。变形损坏面积不超过整体部件面积50%的，应修复。

② 局部撕裂不超过10cm，应修复。

③ 死褶长度不超过5cm，应修复。

④ 部件损坏形式属于折曲，折曲角度在20°之内的，应修复。

3）重度损坏

① 部件损伤变形超过塑性变形极限，或凹陷、凸起、弯曲变形损坏面积超过部件整体面积50%以上，80%以下。

② 局部撕裂长度在20cm之内。

③ 死褶、折叠长度超过5cm以上，10cm以内。

④ 框架部件发生扭曲形变在30°之内。

⑤ 折曲角度在20°以上，30°以内（单层结构的覆盖件除外，如前翼子板）。

⑥ 部件损坏形式属刺穿，刺穿破洞直径不超过5cm。

重度损坏的零部件接近报废更换程度，修复难度较大，此类部件修复或更换在两者之间，可酌情处理。酌情处理可采取的方法：高档车型应以修复为主；低档车型价值低廉的应以更换为主；对于老旧车型因配件短缺无法采购的事故车辆，此部件虽然损失较重，修复难度较大，但在基本能恢复原貌的前提下，适当增加维修工费，应按修复处理。

（2）更换标准

1）部件损坏属凹陷、凸起形态，损坏面积超过部件整体面积80%以上。

2）局部撕裂长度超过20cm。

3）死褶折叠、堆积长度超过10cm。

4）折曲变形角度超过30°，单层结构的覆盖件除外，如前翼子板。

5）框架部件严重扭曲变形如车门框架。

6）部件损坏属于刺穿形式，刺穿破洞直径超过5cm。

上述损坏程度已非常严重，损伤部件已失去修复后的安全性能，或已不存在修复价值，应更换处理。

中、低档车型的钣金零部件发生中度以上损坏，即使没有达到更换标准，但修复的工料费已达到新件价值的70%以上，已没有修复意义。而且损坏的零部件在更换时，减少了修复工时费的支付，应更换处理。如夏利和吉利轿车，松花江微型客车等车型价值低廉的部件。例如，目前夏利7101 AU前翼子板配件市场价格只有90元、发动机室盖价格只有240元，类似此类部件发生中度以上损坏即应更换。

2. 铝质车身覆盖件损坏修复及更换标准

汽车覆盖件中选用铝镁合金材质制作的越来越多，如发动机室盖、翼子板、顶盖、车门等。

（1）修复标准

1）部件损伤形式凹陷、凸起，凹陷或凸起部件损坏面积在部件整体面积60%以下，凹陷深度不超过3cm，凸起损坏无死褶，凸起变形量不超过3cm，损坏面积在部件整体面积60%以下。

2）局部撕裂长度不超过20cm。

3）死褶、堆积长度不超过8cm。

4）折曲变形角度在30°之内。

5）框架部件弧度变形角度不超过15°。

6）部件损坏形式属于刺穿，刺穿破洞直径在5cm之内。

（2）更换标准

1）部件损伤形式属于凹陷、凸起损坏无死褶，但部件损坏面积超过部件整体面积60%以上。

2）局部撕裂长度超过20cm。

3）死褶、堆积长度超过8cm。

4）折曲变形角度超过30°，结构单层的覆盖件除外，如前翼子板。

5）框架部件弧度变形超过15°或发生扭曲变形（如车门框架），应更换。

6）局部凹陷变形面积超过10cm，或凹陷变形面积虽然较小，在10cm之内，但凹陷变形较深已超过3cm，应更换。因铝合金板已严重拉伸，整形修复、火焰校正很难恢复原有尺寸。

7）部件损坏形式属于刺穿，刺穿破洞直径超过5cm。

8）损坏的覆盖件修复费用达到新件价值的70%以上的，应更换。

上述损坏程度已非常严重，损伤部件已失去修复的价值，或已不存在修复价值，应更换处理。

三、保险杠损坏修复方法及更换标准

保险杠的材料主要有三种：塑料、钢材、复合材料（俗称玻璃钢）。轿车、越野车、轻型商务车、旅行车等车型的保险杠装饰件一般采用热塑性塑料；中型、大型货车的保险杠一般采用钢材；大型客车的保险杠装饰件由于体积大，厂家在制作时主要考虑成本低、耐用、车体自重轻等因素，一般采用复合材料。

1. 塑料材质保险杠装饰件

（1）热塑性塑料保险杠装饰件　对于事故车辆用热塑性塑料制成的保险杠装饰件，表面需烤漆的，对发生损坏的保险杠装饰件主要有以下几种处理方式。

1）保险杠装饰件发生凹陷、划伤、刮伤、轻度撕裂等损坏形式，应修复，如图1-24所示。

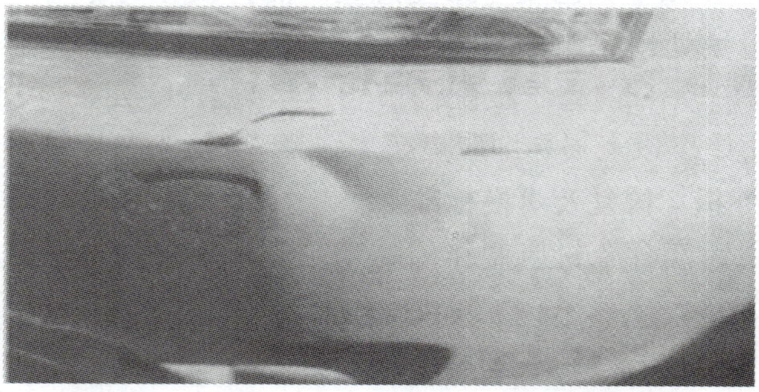

图1-24　前保险杠轻微受损

2）保险杠装饰件发生撕裂损坏，撕裂处长度不超出20cm时，可采取与本体同等塑料材质的焊棒，用塑料焊机焊接的方式修复处理，如图1-25所示。

图1-25　前保险杠撕裂

3）保险杠装饰件有时发生应力集中的轻度凹陷，看似损坏较重，但这只是弹性变形，不需钣金工人动用工具修复，一般将保险杠装饰件固定螺栓松动或将保险杠拆卸下来，在不加任何外力的情况下，凹陷的部位往往会自动反弹恢复到原来形状。对于此类损坏状况，定损时只需给付保险杠装饰件的拆装和烤漆工费即可。如果保险杠装饰件拆下后凹陷的部位没有自动反弹恢复到原来形状，稍加外力即可恢复到发生事故前的形状，如图1-26所示。

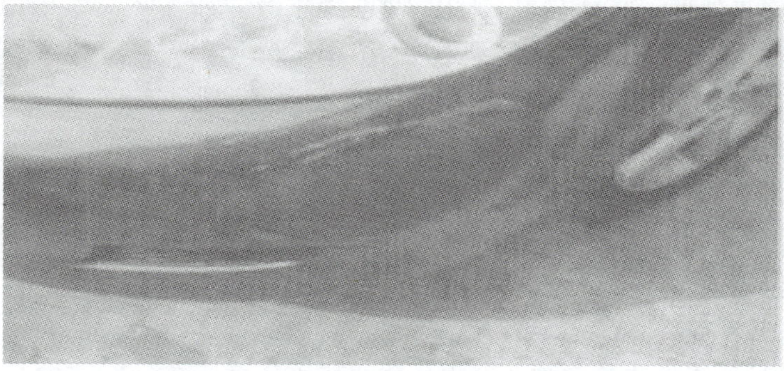

图1-26 保险杠装饰件轻度凹陷

4）保险杠装饰件出现断裂分离、碎裂缺失时，如果开裂处超出20cm以上，凹凸严重变形，损坏面积较大或凹凸出现的死褶加热后，不能恢复原来的几何形状及尺寸等严重损坏的，应更换，如图1-27所示。

图1-27 保险杠装饰件断裂分离、碎裂缺失

有的车型保险杠装饰件与中网连接处狭窄（如朗逸轿车），发生断裂损坏后应更换。如黏接修复，中网在与保险杠装饰件安装时由于挤压，保险杠装饰件黏接处可能会重新发生断裂。

保险杠装饰件与挂耳安装连接处一般较为狭窄，发生断裂损坏也应更换保险杠装饰件，如黏接修复，保险杠装饰件在与挂耳安装时由于此处单薄，保险杠装饰件黏接处会重新发生断裂。

5）个别中、高档轿车，保险杠装饰件由几部分组合而成。一般分为两种，上部为保险杠装饰部分，下部称为导流板。原则上哪一部分损坏，达到更换标准则应更换哪部分，不能更换总成（如马自达、颐达、红旗7180前保险杠装饰件和导流板，福克斯、奥迪A6后保险杠装饰件和导流板）。

6）有的高档车型保险杠装饰件外观表面采用两种工艺，即保险杠装饰件上部烤漆，下部无喷漆，如路虎发现4后保险杠装饰件即属此种情况。若不烤漆的部位发生损坏，一般只能更换保险杠装饰件。如事故车辆拥有者或驾驶人同意用原件修复，也可修复处理。修复方式：对出现裂纹的不烤漆部分，可先采用黏接法将裂纹处黏接；对损坏形式属于刮痕、划痕的应整形修复。然后用塑料漆作为底漆喷涂，最后用亚光漆进行表面喷涂。这种做法虽然不影响部件使用性能，但是改变了损坏部件的原设计，在对该种保险杠装饰件进行损失修复前，应征得客户同意后方可修复处理，如图1-28所示。

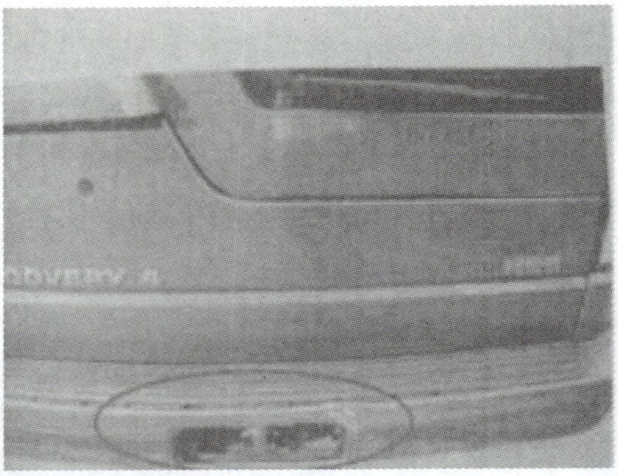

图1-28 路虎发现4后保险杠装饰件

7）刺穿损坏原则上应更换，如刺穿损坏破洞较小，直径在3cm之内，也可采取塑料修补、焊接方法修复。

8）对更换的保险杠装饰件本身带喷漆的，定损人员在定损时不应重复给付烤漆工费。如金杯6480型旅行车保险杠装饰件有的本身已喷漆，还有松花江中意、民意微型旅行车、路宝轿车保险杠装饰件本身已喷漆，事故车辆定损人员必须要掌握这方面的专业知识。避免增加喷、烤漆费用，加大事故车辆修理费用。

（2）热固性塑料保险杠装饰件　用热固性塑料材质制作的保险杠装饰件，一般在设计和制造工艺上，保险杠装饰件是带有颗粒状麻面的，如老款普通型桑塔纳。热固性塑料保险杠装饰件表面无喷漆，黏接修复后会留下黏接痕迹，影响美观。所以热固性材质塑料保险杠装饰件，因事故发生外观损坏后，应更换。

2. 钢质保险杠装饰件

钢质保险杠装饰件一般多为货车选用，损坏形式一般可分为弯曲、扭曲、撕裂等情况。

1）轻度弯曲、扭曲的保险杠装饰件一般应以修复为主，主要应采用液压机、千斤顶冷校及手用工具校正等方法。基本能恢复达到原有的形状和尺寸，则应修复。轻度变形、撕裂的保险杠装饰件应采取二氧化碳气体保护焊焊接、冷校及手工修复等方法修复。

2）对弯曲、扭曲变形严重，死褶、撕裂严重，修复后不能达到原有的几何形状和尺寸的应予以更换。

3）分节的电镀保险杠装饰件（如丰田4500、丰田4700车型），一般由左、中、右三节组成整体，根据损坏的部位可分节更换。如一台丰田4500越野车，保险杠装饰件的中节、右节损坏，定损时只更换损坏的这两节即可，不用整体更换。

3. 复合材料保险杠装饰件

复合材料保险杠装饰件（俗称玻璃钢保险杠装饰件），也是热固性塑料中的一种。该材质可以黏接修复，修复后可喷烤漆。复合材料保险杠装饰件修复所用的原料为环氧树脂胶、玻璃纤维布等。

1）复合材料保险杠装饰件如损坏的部位出现划伤、刮伤等，属于轻度、中度损坏状态的整形修复。

2）凹陷损坏，凹陷部位采取千斤顶或其他工具顶压的办法，用远红外线灯烘烤加热后，恢复原来的基本形状进行整形修复。

3）撕裂、轻度碎裂、刺穿损坏在修复时先用角磨机将碎裂口处打磨出新断面，不能有底漆。根据碎裂尺寸的大小，用薄铁板剪裁制作出夹板，将夹板放在损坏部件的内侧，用拉铆枪将拉铆钉射入夹板，使夹板与装饰件成为一体。铆钉射入时排序要均匀，铆钉一定要多打，铆钉间距应不大于3cm，否则会使修复后的部位由于车辆行驶的振动，出现铆钉松动，修复后的印痕重现。然后再用环氧树脂胶和玻璃纤维布一层一层地粘贴填充，恢复原有的尺寸和整体形状，用远红外线或其他加热烘烤方式修复，使树脂完全固化后，再细加工进行打磨达到修复标准，最后由漆工进行作业。

上述保险杠装饰件修复方法同样适用于大型客车车身前围、后围板等零部件，损坏按此工艺修理，黏接后可以喷烤漆。个别轿车用复合材料制作的车身覆盖件损坏后也应按上述办法修复。

4）复合材料保险杠装饰件出现严重断裂、严重碎裂或缺失的，应更换。

四、散热器框架修复与更换标准

1. 复合材料制作的散热器框架

1）散热器框架发生轻度弯曲或扭曲变形后，应修复处理。

2）散热器框架发生严重变形或断裂损坏的，应更换。

2. 钢材制作的散热器框架

1）钢材制作的散热器框架发生轻度损坏，钣金修理工人使用手工工具整形校正修复即可。

2）钢材制作的散热器框架发生中度损坏，应在车身校正仪上进行修复，修复后应用车身校正仪对其状态进行检测，以保证散热器框架的技术要求达到标准。

3）钢材制作的散热器框架重度损坏时，如弯折、堆积、撕裂、整体变形较大等情况时，即使修复，也无法恢复其原有技术标准，应予以更换。

4）有的车型钢材制作的散热器框架，结构设计为分体式（又称水箱上、下横梁），如本田雅阁分体式散热器框架出现单个损坏，达到更换标准，应单独更换。

5）价值低廉的散热器框架，如捷达散热器框架价值只有230元，框架发生中度以上损坏，已没有修复意义，应更换。

五、纵梁修复更换标准

1）对前纵梁轻度、中度变形，一般采取校正的方法处理。校正的方式采用车身校正仪、液压拉伸设备等结合手工修复来完成。

2）前纵梁弯曲变形严重，应予以更换。因为对前纵梁的强度及尺寸数据的要求是非常严格的，如损坏严重不进行更换，很难达到原来的几何形状、规定的尺寸和技术参数要求。修复后达不到安全使用质量标准，整车的技术状况会受到严重的影响，会出现前纵梁没有修复好，再进行更换，造成重复修理，增加车辆修复成本。

3）前纵梁属典型的车身结构件，不允许加热修复，变形严重冷校无法修复的必须更换。

4）前纵梁无论是修复与更换，在定损时要考虑给付前轮定位的工时费，因为前纵梁变形要影响前束、轮距或轴距。对修复后的前纵梁采取目视或对角线测量法，无法精确检测前纵梁修复后是否达到原有的技术参数。即使采用车身校正仪检测后，也应通过做四轮定位才能清楚地知道修复后前纵梁的技术参数。所以，修复后的前纵梁必须要做前轮定位，如图1-29所示。

图1-29 前纵梁变形

5）车轮挡泥罩修复及更换标准。车轮挡泥罩如发生轻度、中度、重度变形一般会与前纵梁同样影响到汽车的前束、轮距或轴距。车轮挡泥罩如发生轻度、中度变形均可修复；重度变形需更换。车轮挡泥罩无论是修或换，修复后应做四轮定位。

六、附属部件修复方法及更换标准

A柱、B柱与C柱损坏修复的更换标准及修理方法如下。

1）A柱、B柱、C柱轻度弯曲变形的可校正修复。A柱、B柱、C柱中间层和内层的损坏属结构件损坏，应在可修复的前提下，尽量避免更换。在冷校无法修复的情况下，允许局部加热校正，对局部加热校正的温度应控制在700℃以下，以免影响热校正后立柱的强度和刚度。对局部低温热校正不能修复的立柱，应更换。

对少数车型汽车生产厂家在生产A柱、B柱、C柱时，选用的钢材可适当加温修复，应按汽车生产厂家规定的要求执行。

2）A柱、B柱、C柱弯曲变形较大或出现严重的凹陷、死褶应更换；但更换时务必要保证焊接质量。在焊接时要采用惰性气体保护焊的工艺进行焊接，保证A柱、B柱、C柱的结构功能和强度及该部件的使用寿命。要采取点焊方法焊修，以保证焊接后的事故车辆在行驶时，A柱、B柱、C柱的应力能得到有效释放。

七、车身驾驶室前地板、驾驶室中地板修复及更换标准

车身地板采用的钢材介于高强度钢和普通钢材之间，驾驶室地板（图1-30）强度低于高强度钢，高于覆盖件普通钢材1F钢、低碳钢。

1）驾驶室地板发生轻、中度损坏，应修复。

2）驾驶室地板发生严重损坏，损坏的地板形体属严重的死褶、堆积，地板总损坏面积所占比例达50%以上，应予以更换驾驶室地板。在这里需要强调的是，汽车维修厂家必须具备更换驾驶室地板的条件和能力，具有车身校正仪设备，掌握所修车型维修检测的技术和数据，并且更换修理后的驾驶室地板应完全达到汽车生产厂家的规定，才可单独更换驾驶室地板。

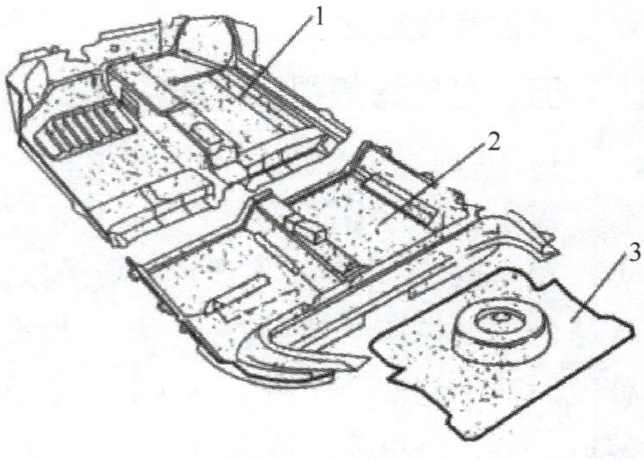

图1-30 驾驶室地板结构

1—驾驶室前地板 2—驾驶室后地板

3—行李箱地板

3）驾驶室地板损坏虽然比较严重，但是，出现的死褶、堆积面积所占驾驶室地板总面积比例的50%以下，此类的损伤程度，完全可以采用车身校

正仪等设备和工具，以冷拉、冷校并结合手工操作修复。冷校和手工无法修复完成的，可适当采取局部火焰校正方法辅助修复，但加热温度应控制在700℃以下，尽可能地减少地板强度和刚度的降低。

4）与驾驶室地板相连接部件，涉及车身结构件中的梁、柱，损坏的程度如果达到更换标准，可单独更换，如地板加强梁、门槛等部件。

5）对有些车型汽车生产厂家不允许单独更换驾驶室地板；不提供车身维修技术和数据；不提供驾驶室地板单独部件的，应更换车身壳体。

八、电气部件的修复、更换标准

1）确定修复和更换安全性配件必须以保证恢复功能、恢复可靠性为目的。

2）确认更换的配件必须是表面发生损坏、由事故引起的电气性损坏故障。

3）确定制动/安全系统电气元件，对出现故障警告灯发亮情况：

① 从诊断仪器中得到静态故障码，确认是否属于元器件故障。

② 用诊断仪器消除故障码或切断电源5min，拆解检查所指故障元件后恢复。

③ 起动发动机并行驶运转制动工况状态。

④ 再用诊断仪器进行功能诊断，若此次指示故障与初期指示故障一致，则确认元件为的确发生故障，否则，不得记入损坏项目。

4）对未在事故中发生作用的安全性配件，如未作用的安全带、安全气囊、安全气帘、连接线等，不得列入更换项目。对确定电脑控制器，必须使用专用诊断仪器进行复位、清除故障码、再运行、再诊断程序后确认。

5）灯具类：确定更换的灯具配件，必须达到损伤不可修复程度。构成更换的依据：灯罩表面损坏、灯壳破损的条件；可以黏接的灯壳角，必须坚持修复。对外壳受损的灯具，需注意是否提供单独的灯壳；更换的前照灯总成必须注意其中总成件所包含的附件，不得重复列入。

九、风窗玻璃修换标准

1. 前、后风窗玻璃（夹胶玻璃）修复的条件

1）所修复的前风窗玻璃只能是夹胶玻璃的单层裂纹、炸裂损坏，双层损坏不可修复。

2）裂纹损坏长度超过20cm时不建议修复。

3）炸裂面积超过$2cm^2$时不可修复（图1-31）。

4）损坏的位置，在转向盘平行向上20cm范围内，影响驾驶人直视视线区域内的裂纹不可修复。

5）前风窗玻璃价值低廉的不建议修复，主要是修复费用较高，接近原值。如捷达、老款普通型桑塔纳、五菱之光、长安面包车等车型。

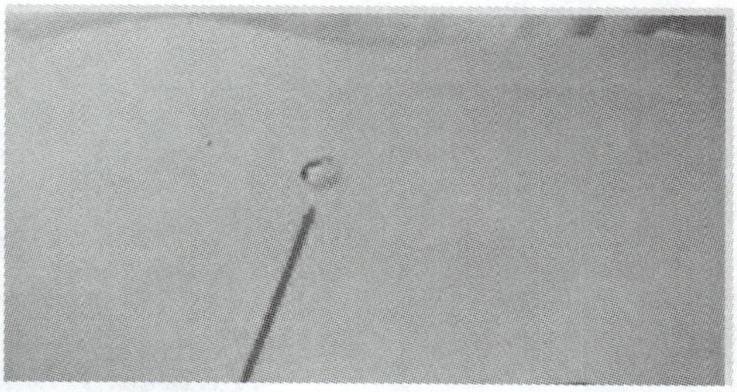

图1-31 前风窗玻璃小炸点可以修复

2. 前、后风窗玻璃（夹胶玻璃）的修复方法

1）将需修复损坏的风窗玻璃夹层的空气排出。

2）将专用修复剂填充到损坏玻璃的夹层内。

3）将玻璃修复覆盖剂填充到被修复玻璃的表面。

4）将被修复玻璃清洁抛光。

3. 真假原装玻璃识别

1）动手：用手指甲刮商标，用手摸玻璃的黑边。

2）与收集的原装玻璃商标印刷效果比较（模糊、扭曲、字形不符）。

3）与原装玻璃的品牌比较，不要把国产当进口。

4）与原装玻璃材料比较。

常见假原装玻璃识别技巧，如图 1-32 所示。

a) 此玻璃为假冒，因为与原厂NISSAN的商标中的N的字型不符

b) 玻璃字迹模糊，为假冒

c) 玻璃的商标发生扭曲，菱形不对称，为假冒

d) 正厂玻璃中间的菱形形状清晰

图 1-32 真假原装玻璃识别

图 1-33 所示玻璃商标为 CSG，玻璃店用来冒充 PPG，装在 GL8 上，按进口玻璃报价，核定按国产报价。

图 1-34 所示玻璃为克莱斯勒太阳舞的玻璃，原装为绿色材料，现在装上去的是透明玻

璃。玻璃店按进口报价，最后核定按国产报价。

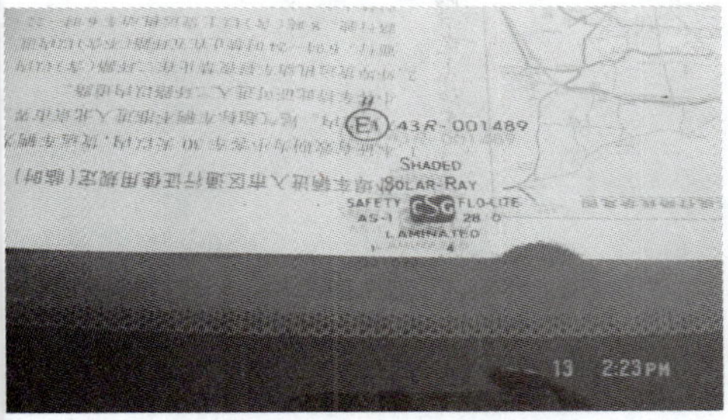

图 1-33　假冒玻璃标志

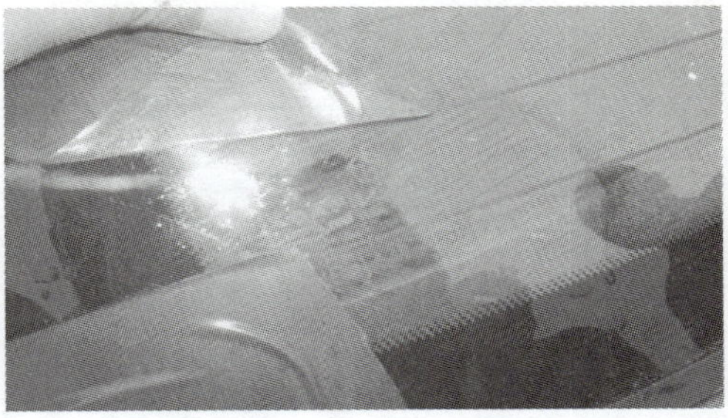

图 1-34　有色差的假冒玻璃

【实训操作】

依据下列事故损坏图（图 1-35）逐一分析其损坏程度和维修方案。对车身钣金受损部件的损伤程度及受损等级做出具体的划分和界定，并指出各部维修方案。

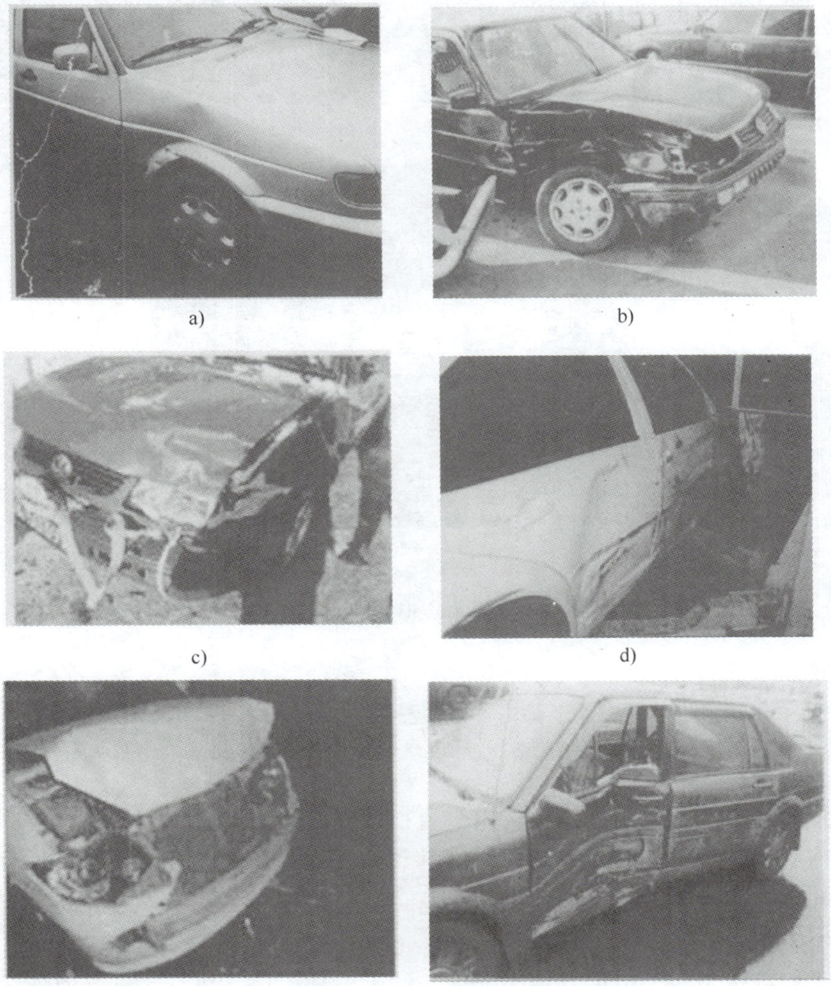

图 1-35　事故损坏图例

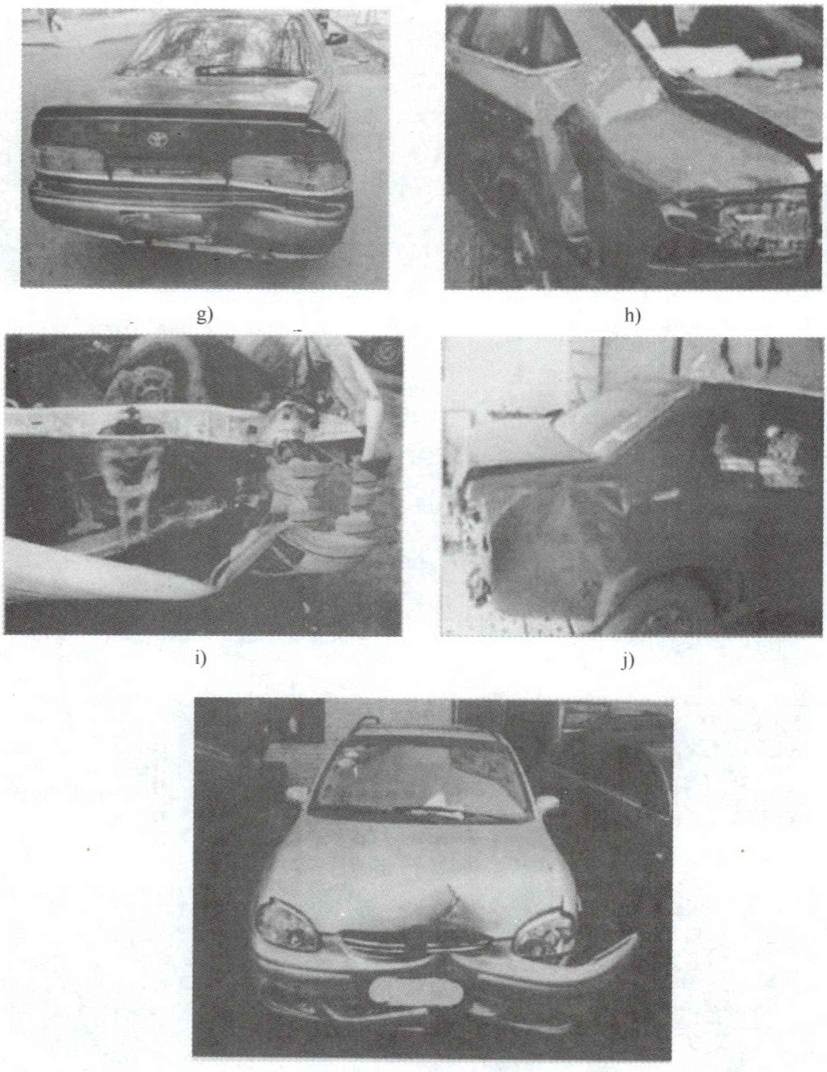

g) h) i) j) k)

图 1-35 事故损坏图例（续）

任务四 汽车机械及电气系统部件修复与更换标准

车辆发生交通事故，车身的结构件由于直接承受撞击力，会出现不同程度的损伤。当发生严重的碰撞或者倾覆事故时，汽车机械部件和电气系统部件也会遭受损伤。由于结构的原因，发动机和底盘各总成的损伤往往不直观，多数情况下，会在安装固定的连接装置处（如发动机的机脚胶位置）、底盘件（如拉杆、摆臂）的球头位置等出现断裂性损伤。因此，在车辆查勘定损过程中，应根据碰撞的方向、撞击力的传导趋势分析机械部件和电气系统各部件的损伤。

【情境案例】

2013 年 2 月 19 日 × 时，小王开着一辆奥迪在光明新区根玉路由东往西方向行驶至在光明新区根玉路艺和厂路段，由于驾驶操作不慎，车身左侧同路中央的路肩发生碰撞，造成奥迪车部分损坏的道路交通事故。小王未按操作规范安全驾驶，负事故的全部责任。查勘员现场查勘后，要求小王开车到维修厂向保险公司报定损，定损员接到定损调度后到维修厂对该车本次损失进行拍摄和损失确定。请问假设该事故涉及电气及悬架机械件受损，定损员应怎样对这些损失件进行鉴定？

【学习内容】

1）学习汽车机械及电气部件在事故中受损的相关知识。

2）学习汽车机械及电气部件的损失鉴定方法。

【学习目标】

1）能够掌握汽车机械及电气部件损伤程度的鉴别。

2）能够掌握汽车机械及电气部件的损伤鉴定标准。

【相关知识】

一、发动机部件的修复、更换标准

汽车的发动机，尤其是小型轿车的发动机，一般布置于车辆前部发动机室。车辆发生迎面正碰撞事故，不可避免地会造成发动机及其辅助装置的损伤。对于后置发动机的大型客车，当发生追尾事故时，有可能造成发动机及其辅助装置的损伤。

一般发生轻度碰撞，发动机基本上受不到损伤。当碰撞强度较大，车身前部变形较严重时，发动机的一些辅助装置及覆盖件会受到波及和诱发的影响而损坏，如空气滤清器总成、蓄电池、进排气歧管、发动机外围各种管路、发动机支撑座及胶垫、冷却风扇、发动机正时罩等，尤其对于现代轿车，发动机室的布置相当紧凑，还可能造成发电机、空调压缩机、转向助力泵等总成及管路和支架的损坏。更严重的碰撞事故会波及发动机内部的轴类零件，致使发动机缸体的薄弱部位破裂，甚至致使发动机报废。

在对发动机损伤进行检查时，应首先详细检查发动机缸体固定支架部位有无损坏，因为碰撞最容易造成这些部位的损伤。发动机的附件和装饰罩损坏，可以直接观察到，可以采用就车拆卸、更换或修复的方法；若发动机正时罩和配气正时部分损坏，则需要将发动机缸盖部分拆下检查；当怀疑发动机内部零件有损伤或缸体有破裂损伤时，需要对发动机进行解体检验和维修。因此，在对发动机定损时，如果碰撞事故导致发动机的正时系统受到损坏，应考虑发动机内部机件会出现连带损坏。如进、排气门是否可能与活塞发生顶撞现象，俗称“顶缸”。

1）对需更换发动机总成、缸体总成的，必须报总公司理赔部批示，经同意后方可更换。

2）对无损坏的保养性配件不得列入更换项目。

3）对出现损坏而不可以修复或修复后影响功能发挥的配件，应给予更换。

4）对确定损坏的电气元件，必须是出现严重的损坏并修复后影响功能的配件，可列为更换项目。无明显损坏的配件，必须提供专用仪器的测量证明材料。

5）对确定更换的，如起动机、发电机、增压泵、输油泵等总成件，必须得到专修企业的文字证明文件。对未出现明显损坏的曲轴、凸轮轴配件等，确认更换时必须得到专修企业的测量证明文件，并证明已经超出维修范围不可以修复。

6）确认更换发动机托架的标准：托架螺栓安装孔与车梁螺栓孔位置偏差大于5mm，并无法修复情况。

二、变速器的修复、更换标准

1）确定更换变速器总成、减速/分动器总成，必须提前得到审核部门的批准文件。

2）对出现损坏而不可以修复或修复后影响功能发挥的配件，应列入更换配件项目。

3）对确定损坏的电气元件，必须是出现严重的损坏并修复后影响功能的配件，可列为更换项目。无明显损坏的配件，必须提供专用仪器的测量证明材料。

4）对出现严重壳体件损坏的，应只确认更换损坏的壳体部分。对壳体出现轻微裂痕的，应确认为修复工艺解决。

5）对损坏的自动变速器，建议让4S店送到品牌指定的自动变速器专修企业进行维修。

三、悬架部件的修复、更换标准

1）对确认更换悬架臂/杆的标准，必须是车轮和悬架臂/杆出现严重的变形。对悬架臂/杆未出现明显的变形的，必须提供四轮定位仪器的测量结果，并证明超出调整范围的文件。

2）对确认更换减振器的标准为，其表面出现严重的损坏痕迹，或芯杆伸出转动摆差大于0.5mm。

3）对确认更换传动轴时，必须出现严重的损坏或弯曲现象。

四、电气部件的修复、更换标准

1）确定修复和更换安全性配件必须以保证恢复功能、恢复可靠性为目的。

2）确认更换的配件必须是表面发生损坏、由事故引起的电气性损坏故障。

3）确定制动/安全系统电气元件。对出现故障警告灯发亮情况采取以下措施：

① 从诊断仪器中得到静态故障码，确认是否属于元器件故障。

② 用诊断仪器消除故障码或切断电源5min，拆解检查所指故障元件后恢复。

③ 起动发动机并行驶运转制动工况状态。

④ 再用诊断仪器进行功能诊断，若此次指示故障与初期指示故障一致，则确认元件为的确发生故障，否则，不得记入损坏项目。

4）对未在事故中发生作用的安全性配件，如未作用的安全带、安全气囊、安全气帘、连接线等，不得列入更换项目。对电脑控制器，必须使用专用诊断仪器进行复位、清除故障、再运行、再诊断程序后确认。

【工作实施】

一、发动机及附件损坏认定和修复

1. 曲轴连杆机构的检修

（1）气缸盖　汽车碰撞事故中气缸盖常见的损伤是外力造成的裂纹、变形和薄弱部位的断裂。汽车发动机的气缸盖大多采用铸铁或铝合金材料，由于裂纹大多发生在进排气座之间，焊接难度大且加工要求高，大多以更换为主。但受力较小的发电机吊耳处断裂情况则可采用焊接后机加工的方法维修，承载较大的轴承孔处或复杂的油道和水套处不建议焊接修复。

气缸盖变形量的测量方法如下：气缸盖平面发生变形可用刀口形直尺放在平面上，然后用塞尺测量刀口形直尺与平面间的间隙，维修标准参照车型维修手册。对铝合金气缸盖的轻微变形多采用压力矫正法修理，对铸铁气缸盖的变形一般采用磨削或铣削的方法进行修理，但切削量一般不允许超过0.5mm，否则将会改变发动机的压缩比。

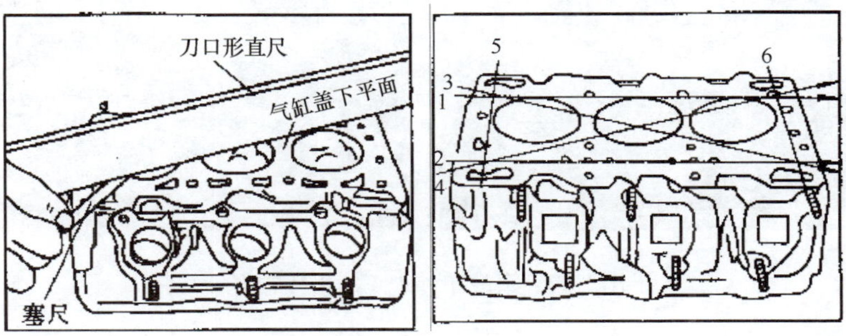

图1-36 气缸盖变形量测量方法

（2）气缸体 汽车碰撞中气缸体的常见损伤是外力造成的裂纹和变形。对裂纹，先进行水压试验或气压试验，帮助发现气缸体上的裂纹，对微小裂纹采用胶粘的方法进行修补，稍大的裂纹则用补焊的方法修复，裂纹过大的则更换新的气缸体。

（3）必须更换的零部件 发动机拆解维修涉及的油封及垫类，不能二次使用，必须予以更换。

2. 燃料供给系统

对燃油泵、燃油分配管、喷油器、油压调节器等在碰撞中损坏的一般以更换为主，对燃油箱变形、裂纹等，不宜焊修，也采用更换处理。

3. 进、排气系统

进、排气系统在碰撞事故中损坏的，应该更换处理。但中冷器的维修可以参考散热器的维修；排气歧管轻微损坏的修复处理，严重损坏予以更换处理；消声器外力损坏后用目测方法检查，若有裂纹或弯曲，且排气噪声显著增加，更换处理，若轻微损伤，对发动机排气没有影响，修复处理，损坏严重的，可以更换。

4. 冷却系统

（1）散热器 汽车碰撞中冷却系里最容易损坏的零件是散热芯，损坏的程度取决于碰撞的严重程度。被压扁的散热器片可以用专用工具矫正，松动的扁管可以通过焊接修补。若散热器片出现大面积松动或许多扁管被压瘪或破裂，则更换新件。散热器的塑料进、出水室受撞击后容易破损，如无法焊接或黏接，需更换总成处理。散热器泄漏一般发生在芯管与储水室的结合部，金属芯泄漏部位可以用锡焊、铝焊或铜焊修复。

（2）电动风扇 常见风扇叶片破碎和支架变形、断裂等。需注意有的车型生产时将风扇叶片做成不可拆卸式，也没有风扇叶片单件销售，因此风扇叶片破碎后通常需要更换包括电动机总成在内的电动风扇总成。

（3）其他零部件　可以采用目测方法，确实损坏的予以更换处理。

【案例】 发动机正时系统损坏导致气门与活塞出现碰撞

某公司承保的帕萨特追尾一辆农用货车，从外观可以看到帕萨特的配气正时系统受到损伤（图1-37），定损人员判断发动机内部的气门部分有可能损坏，遂要求对发动机进行解体检查。

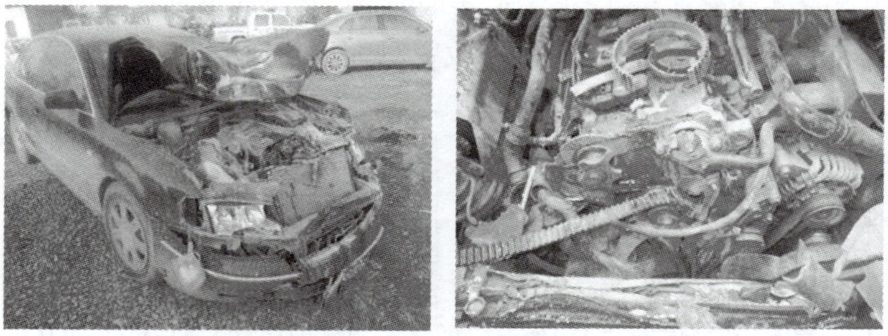

图1-37　事故车外观正时齿轮损坏

缸盖拆解后，在活塞的顶部发现了两道弧形的白色痕迹，与其相对应的气门上面也有同样的痕迹，如图1-38所示。这说明，碰撞造成正时系统紊乱，导致气门与活塞的运行时刻受到破坏，出现相互碰撞，造成气门杆弯曲。

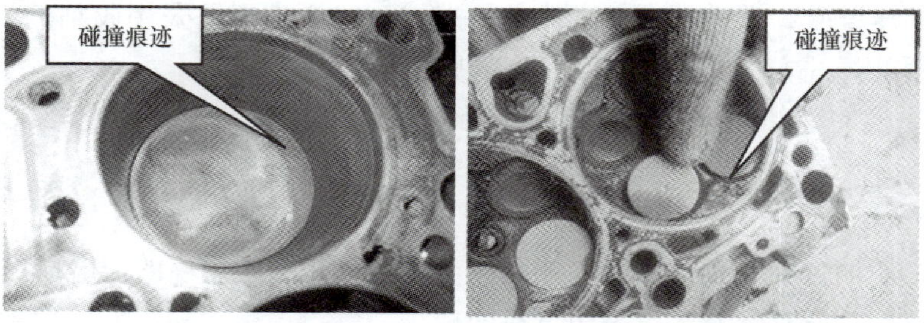

图1-38　活塞顶部与气门碰撞的痕迹和气门与活塞碰撞的痕迹

确认气门损坏的依据：在气门的头部边缘与活塞顶部对应的位置应该留有碰撞的痕迹。一般情况下，气门与活塞轻微碰撞仅会造成进气门或排气门弯曲，活塞顶部仅留下印痕，极少损坏。

二、变速器损伤检测及修复

对于典型的发动机前置前轮驱动型汽车，变速器（有时称为变速驱动桥）和离合器（或液力变矩器）总成与发动机组装在一起，并作为发动机的一个支撑点固定在车架（或承载式车身）上，变速器及离合器的操纵机构都布置在车身底板上。因此，当车辆发生严重碰撞事故时，由于碰撞力传递，可能会造成变速器及离合器的操纵机构受损，变速器支撑部位壳体损坏，飞轮壳开裂等。

变速器有手动变速器（MT）、自动变速器（AT）、无级变速器（CVT）、双离合自动变速器（DSG）等几种。

1. 手动变速器

手动变速器零部件的损伤主要是各配合副磨损及壳体变形和裂纹。

变速器壳及盖检修。碰撞会造成的变速器壳体开裂损坏。可用检视法和敲击法检查，轻微的裂纹可以采用焊补修复，若变速器壳体承受较大的载荷，特别是轴承孔处开裂损坏一般以更换为主。手动变速器的组成如图 1-39 所示。

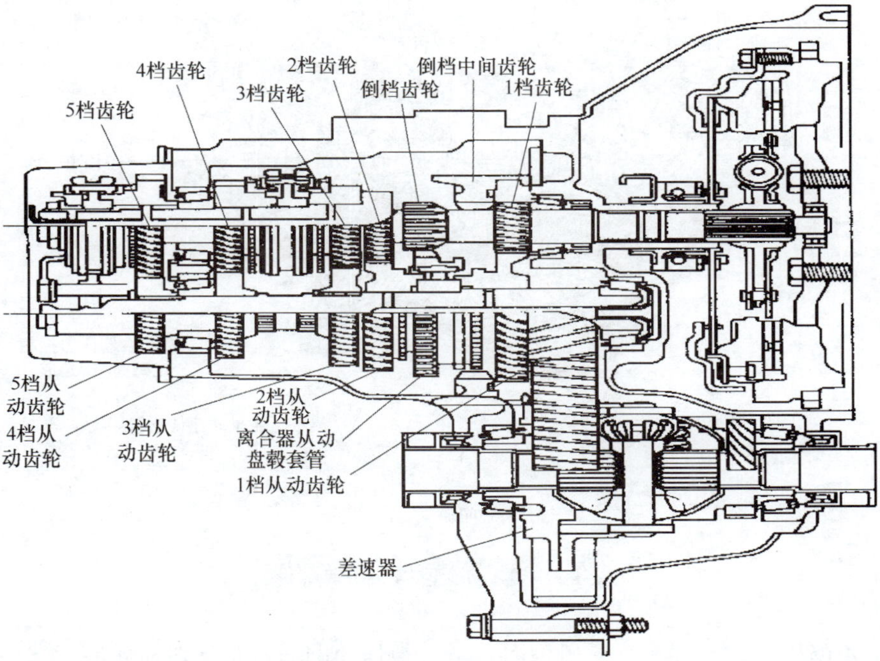

图 1-39 手动变速器的主要零部件

2. 自动变速器

自动变速器壳体和阀体内部结构复杂，维修难度大，若损坏以更换为主。拆装变速器时注意所有拆下的密封垫和油封必须换新件。

分解变速器确定内部零件的损坏情况时，要分析损坏原因，若属于正常机械磨损的，则应该由客户支付费用。

若变速器托底损坏，可将油底壳拆下，检查阀体和附件，若只是电磁阀损坏，更换损坏的电磁阀试车后再决定是否拆解变速器。

变速器若进水损坏，必须彻底清洗变速器并更换 ATF，清洗时可借助专用自动变速器清洗设备，若清洗不彻底，水和油形成乳状物，会损坏自动变速器。

自动变速器的主要部件如图 1-40 所示。

虽然结构不同，但都起到降速增矩的作用，主要是采用齿轮传动或带传动的方式传递动力。变速器在低档时可以为车辆提供较大的转矩，在高档时可以提供较高的转速和较好的燃油经济性，在空档时切断发动机的动力传输，为发动机起动和怠速停车提供条件。手动变速器的主要零部件有输入轴、中间轴、输出轴、各个轴的轴承、各个档位的齿轮、换档机构等。自动变速器主要由行星齿轮机构、液压系统和电子控制系统组成。

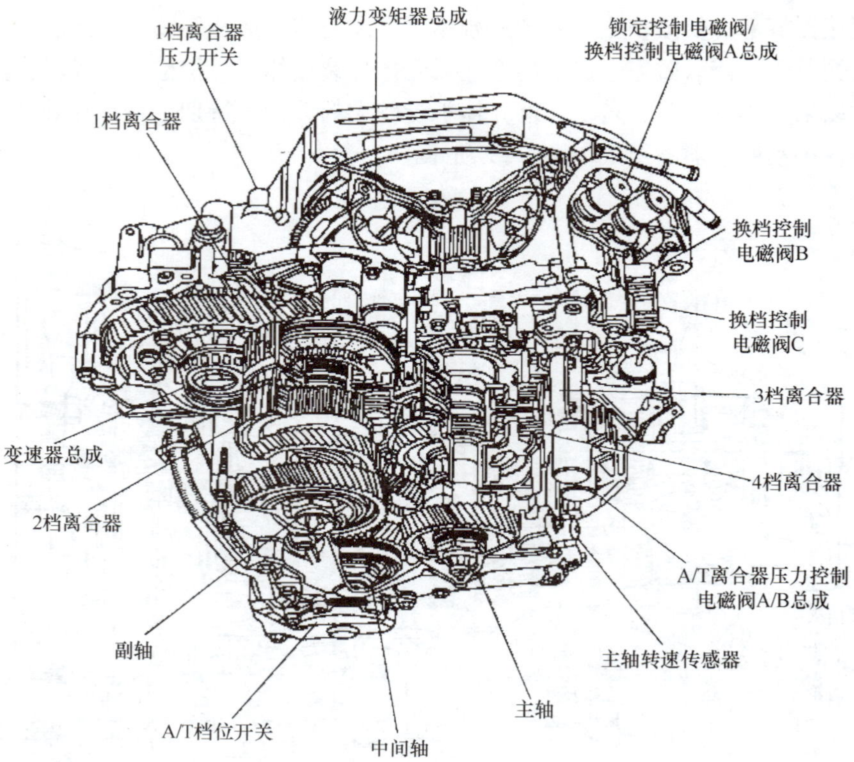

图 1-40 自动变速器的主要部件

在保险事故中，当变速器受到碰撞时，最容易损坏的通常是变速器壳体、变速器固定机爪、变速器换档杆等部位。部分常见的损坏情形如图 1-41 所示。

a) 变速器壳体破损状态　　b) 变速器固定机爪损坏状态

图 1-41 变速器常见损坏状态

离合器是用来切断和接合发动机与手动变速器之间的动力传递的，主要零部件有离合器壳体、压盘、从动盘、压紧弹簧、分离轴承、操纵机构等，如图 1-42 所示。自动变速器和 CVT 车辆上没有离合器，取而代之的是液力变矩器。

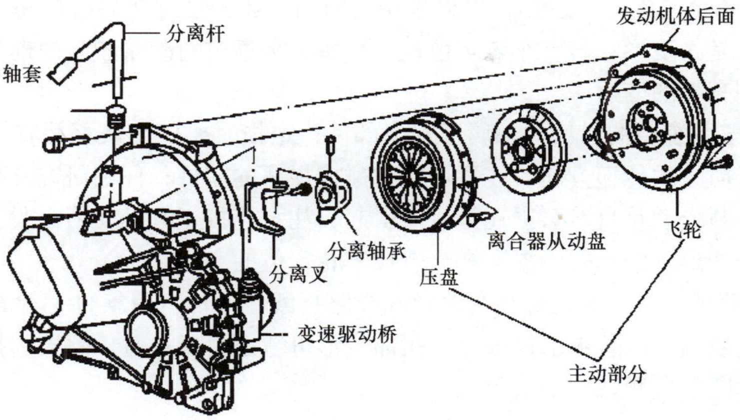

图 1-42 离合器的主要零部件

三、悬架及行驶系统部件的修复与检测

车辆遭受碰撞事故时，悬架系统由于受到车身或车架传导的撞击力，悬架弹簧、减振器、悬架上支臂、悬架下支臂、横向稳定器和纵向稳定杆等元件会受到不同程度的变形和损伤。悬架系统零部件的变形和损伤往往不易直接观察到，在对这部分配件进行损伤鉴定时，应借助专用的测量工具进行必要的形状、尺寸的测量以及通过磁力探伤仪或者超声波检测仪进行隐形损伤检验。这部分零部件如果出现损伤，从行车安全的角度考虑，一般不建议采用修复方法修理，而采取更换新件处理。这一点在车辆定损时应引起注意。但同时，也要正确区分碰撞力度与变形损坏的程度，不可盲目采取全部更换的方法定损。

1）确认更换悬架臂/杆的标准；必须是车轮和悬架臂/杆出现严重的变形。对悬架臂/杆未出现明显的变形的，必须提供四轮定位仪器的测量结果，并证明超出调整范围的文件。

2）确认更换减振器的标准；其表面出现严重的损坏痕迹，或芯杆伸出转动摆差大于0.5mm。

3）确认更换传动轴的标准：必须出现严重的损坏或弯曲现象。

轿车的前桥都采用独立悬架，后桥有的采用独立悬架，有的采用非独立悬架，对受损车辆需要进行四轮定位来确定其状态好坏，在校正好车身或车架、更换变形的悬架零件后，再做车轮定位检测，反复检查，更换损坏部件，直到车轮定位检测合格。

1）悬架弹簧、稳定杆、下摆臂、副梁、减振器柱管等如有明显撞击痕迹及变形，应更换。

2）减振器主要鉴定其是否在碰撞前已损坏。检查减振器有无漏油，区分事故造成漏油还是机件磨损漏油（通常通过查看油痕区分：旧油泥为机件磨损渗油，新油为事故造成漏油）。事故造成漏油则应更换；拆下减振器，检查有无变形、弯曲，有则更换；用手握住减振器两端。将其拉伸和压缩，若拉伸和压缩时用力都极小，表明减振器功能减退，与事故损坏无关。

3）对无明显变形的零件，要仔细检查可能的变形部位是否有曝漆现象，大多数变形伴随局部爆漆现象。

4）副车架（元宝梁）的变形，可以采用与前面所述的悬臂式后桥简易测量方法来进行测量比对，确认是否变形；若有车轮定位检查设备，可通过对副车架替换前后的定位数据进行比对来判断副车架的变形。

5）由于悬架系统中的零部件都属于安全部件，定损时要仔细认真检查。仔细研究碰撞着力点位置、碰撞力的传递方向，注意可能被碰撞损坏的零件；仔细研究悬架各连接点松动量磨损情况，判断松动是自然磨损还是碰撞引起；注意连接点有无变形夹紧；悬架零件的变形与车身、车架变形，胶套的磨损同样会造成车轮定位的变化。

6）电控主动悬架。检查是否存在熔丝或线路折断，不可盲目换件；检查是否有管路弯曲、折断、漏油或漏气；若零部件破碎、扭曲变形可考虑更换；对传感器、执行器若外表无损伤，应通过诊断仪检测。

四、车轮

轿车大多采用铝合金或钢制车轮，铝合金车轮轻微擦伤可通过打磨抛光维修，钢制车轮唇缘向内或向外的轻微弯曲可予以矫正修复，但如果弯曲延伸到凹槽的第一台阶，则必须更换处理。更换的车轮必须与原装车轮的规格相同。

注意当轮胎和钢圈单独破碎时，参照各保险公司的条款确定是否属于保险除外责任，若因轮胎爆胎导致交通事故，则轮胎的损坏不予赔偿，而因轮胎爆胎造成的车损和人伤可予以赔偿。

五、车桥

1. 前桥

当车轮或车桥受到外力碰撞时通常会造成前桥变形。前桥变形可以采用拉线法和角尺法检查，如图 1-43 所示。

拉线法是通过测量 h_1 与 h_2 值来判断前桥是否有弯曲，依据拉线是否经过定位孔中心来判断扭曲变形。

角尺法是通过万能角尺测量与直尺间的夹角，若角度不符，说明前桥变形。

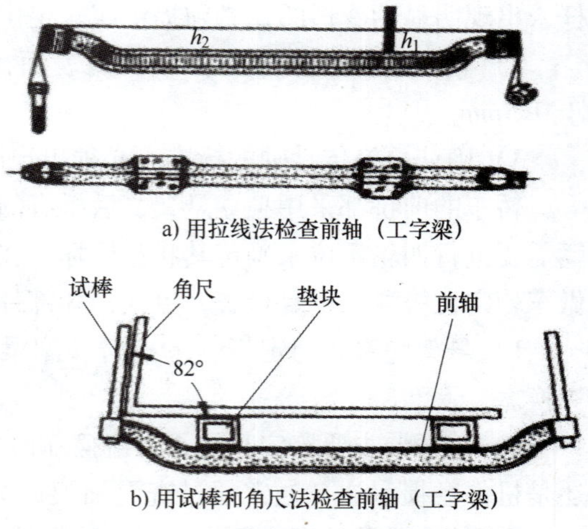

图 1-43　前轴变形量测量

2. 后桥

1）普通后桥。可采用外部目视、敲击法、磁力探伤试验或染色渗透试验检查后桥壳是否破裂。弯曲检查可用专用测量仪测量。桥壳应无裂纹，桥壳上的通气孔应通畅，钢板弹簧座定位孔磨损不大于 0. 15mm，钢板座厚度减少量不大于 2mm，半轴套管应进行探伤检查，不得有裂纹。

2）悬臂式后桥。检查后轮毂轴（后羊角）是否变形，若变形则更换处理。检查后轮定位是否准确，若失常，要考虑后桥是否变形，可按图 1-44 所示简易方法测量后桥的基本尺寸来判断后桥是否变形，也可对后桥替换前后的定位数据进行对比来判断后桥的变形。

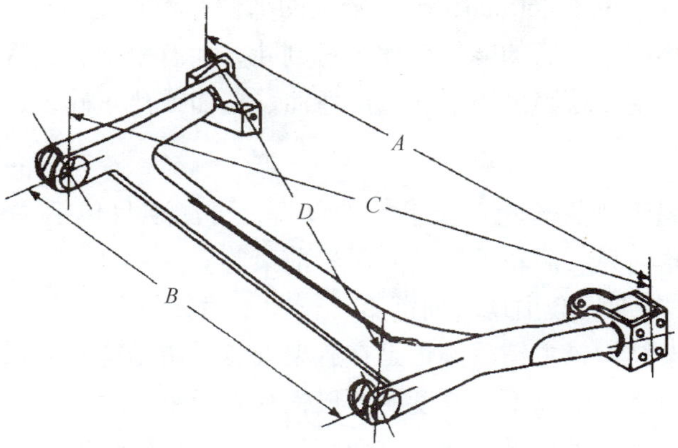

图1-44 测量后桥基本尺寸的简易方法

六、车架

汽车的车架通过悬架与车桥相连，是支承车身，承受汽车有效载荷的基础部件，驾驶室、车身、发动机、变速器和前后桥等部件都要安装在车架上。目前，汽车车架的结构形式主要有边梁式、中梁式、平台式和综合式车架。边梁式车架便于安装车身和布置其他总成，有利于改装变型车和发展多种品种汽车，因此被广应用在载重车、牵引车和半挂车上。边梁式车架主要由两根位于左右两侧的纵梁和若干根铆接或焊接在纵梁上的横梁构成。纵梁一般由钢板冲压而成，采用抗弯能力较强的槽形断面，也有采用Z形和箱形断面的。根据汽车总体布置要求，纵梁可在水平面内或纵向平面内做成弯曲的等断面或不等断面。横梁的设置不仅要保证车架的扭转刚度和承受纵向载荷，并且还承担连接汽车主要部件的任务，因此，横梁的数量、结构形式、安装位置等应满足汽车总体布置的需要和车架扭转刚度的要求，通常载重车上至少采用五根横梁。

车架在正常的使用中受力复杂，车辆静止时，车架承受悬架以上的载荷，车辆运行中，因车轮的不断跳动，车架还承受附加载荷的作用，造成车架弯、扭变形。汽车发生碰撞后，车架在外力作用下，常造成车架的严重变形、断裂等，一般用目视的方法即可检测。

1. 车架的弯、扭校正

车架弯、扭校正时，必须在冷压状态下进行。当弯曲量过大，或车架的刚度较大时，可采用局部加热校正的方法。加热时，温度应控制在700℃以下，同时注意尽可能减少加热区域，冷却时采用风冷的方法。在压力加工过程中，除正确选择顶压部位外，校正时的变形值应大于实际的弯曲量，并保持一定的受压时间。校正变形量的大小及受压时间的长短，主要受车架材质的弹性模数、实际变形量的大小及变形部位的影响。

2. 车架断裂的修复

车架断裂的修复，应根据裂纹的长度和部位，采用不同的工艺进行焊补。

当裂纹未扩展到整个纵梁的横断面、又不在主要受力部位时，可采用角铁补板或三角补板的方法进行修理。

当裂纹已扩展到整个纵梁的横断面，或虽未达到整个断面，但裂纹发生在纵梁的主要受力部位时，应采取槽形补板加强焊接法进行修理。补板的长度视裂纹产生的部位而定，受力较小的部位，补板长度不短于360mm，受力较大的部位补板长度不小于660mm。对车架铆钉的检查，主要是通过小锤敲击后的响声变化进行判断，如有松动，应拆除重铆。

车架损伤以修复为主，若因碰撞引起过度弯曲、扭曲或严重碎裂，可考虑更换。

七、四轮定位

四轮定位仪是专用于测量车轮定位参数的设备，可测项目包括主销后倾角、主销内倾角、前轮外倾角、前轮前束、后轮外倾角、后轮前束等。

1）主销后倾角。失准后会出现转向沉重、行驶不稳等故障，必须通过改变悬架装置来实现。对于非独立悬架结构，主销后倾角是在悬架安装后由结构尺寸保证的，一般在钢板弹簧下部与车轴的接触面之间垫以不同厚度的楔形铁片来调整；对于独立悬架，主销后倾角由悬架安装尺寸所保证，有的车型可以通过改变前悬架纵拉杆的长度来调整，有的车型则不能调整。

2）主销内倾角。失准后会使其车辆行驶稳定性变差，不能保持直线行驶，转向盘操纵沉重等。对非独立悬架，车轴左右两端的转向节主销孔有固定的内倾角度值，当内倾角不符合规定时，须对前轴进行矫正；对独立悬架，可以通过调整摆臂的长度来改变。

3）车轮外倾角。失准后会加剧轮胎的偏磨损，过大造成轮胎外侧偏磨损严重，过小则造成轮胎内侧磨损加剧。当外倾角不符合规定时，须检查车轮轴承是否松旷、转向节铜套是否磨损或转向节是否变形，独立悬架的下摆臂球头是否松旷等，根据故障情况修复或更换损坏零部件后，再进行定位的调整。

4）前轮前束。失准后将引起轮胎偏磨损，行驶不稳定等，前束过大，轮胎外侧磨损严重，过小则轮胎内侧磨损加快。一般通过改变转向横拉杆长度来实现调整。

八、转向系统的定损

转向系统的技术状况直接影响着行车安全，而且由于转向系统的部件都布置在车身前部，通过转向传动机构将转向机与前桥连接在一起。当发生一般的碰撞事故时，撞击力不会波及转向系统元件。但当发生较严重的碰撞事故时，由于波及和传导作用，会造成转向传动机构和转向机的损伤。转向系统易受损伤的部件有转向横直拉杆、转向机、转向节等；更严重的碰撞事故，会造成驾驶室内转向杆调整机构的损伤。

转向系统部件的损伤不易直接观察，在车辆定损鉴定时，应配合拆检进行，必要时作探伤检验。

九、制动系统的定损

车辆发生碰撞事故时，同样会造成制动系统部件的损坏。对于普通制动系统，在碰撞事故中，由于撞击力的波及和诱发作用，往往会造成车轮制动器的元器件及制动管路损坏。这些元器件的损伤程度需要进一步的拆解检验。

对于装有ABS的制动系统，在进行车辆损失鉴定时，应对有些元件进行性能检验，如ABS轮速传感器、ABS制动压力调节器。管路及连接部分的损伤可以直观检验。

（1）ABS的常见损坏形式　转速传感器变形、破损，应更换；若转速传感器线束折断，可修复处理；若转速传感器齿圈变形，需更换。注意有些车型车速传感器与轴承是一体的，更换时需和轴承一起更换。

（2）ABS的基本检查　在确定是ABS故障前，要仔细检查，以免误判。

1）检查驻车制动是否完全放松。

2）检查制动液面是否在规定的范围之内。

3）检查ABS电脑导线插头、插座的连接是否良好，连接器及导线是否损坏。

4）检查ABS所有的继电器、熔丝是否完好，插座是否牢固。

5）检查蓄电池容量和电压是否在规定的范围之内，检查蓄电池正负极导线连接是否牢靠，连接处是否清洁。

6）检查ABS电脑、制动器等搭铁端的接触是否可靠。

7）检查轮胎花纹的深度是否符合规定，检查轮胎压力是否符合要求。

8）检查ABS各零部件有无明显损伤。

9）检查制动警告灯工作是否正常。

如果以上基本检查不能确定故障部位，应用检测仪进行检查。

十、电气系统损失认定及修复

1. 空调系统

1）压缩机。如果在碰撞中，压缩机的电磁离合器和带轮总成损坏，可分别从压缩机上拆卸并进行修理或更换。若压缩机吊耳损坏，通常采用保护焊和机加工处理，价值较低的压缩机以更换为主。

2）冷凝器。因为冷凝器安装在汽车散热器的前方，当汽车发生正面碰撞时最容易损坏，应根据损坏的程度进行更换，或清洗、矫正和焊接修理。

3）储液干燥器。若损坏通常更换处理；若系统在碰撞中以开口状态长时间暴露于空气之中，则储液干燥器也应予以更换。

4）蒸发器。在碰撞中很少损坏，对一些车型，损坏的蒸发器，其机壳和机芯是可以单独更换的，一些车型则只能整体更换，定损时须注意。

2. 安全气囊系统（SRS）

检测注意事项如下。

1）对安全气囊进行检修时，应将点火开关置于锁止位置，先断开蓄电池负极，等待一段时间后，再进行操作。

2）要使用阻抗大的电阻表，最好是数字万用表检查。不能直接测量气囊电阻，不要用万用表去检测安全气囊点火器的电阻。不能随意改变SRS线路，若系统导线有破损，必须更换新线束。

3）拆卸气囊组件时，人体不要正面对气囊，拆卸后将气囊放置到清洁、干燥、无高温热源环境的工作台或其他平面上，不能撞击安全气囊系统部件。

4）不能安装有损伤的安全气囊，必须安装原厂原配气囊组件，安装时必须正确到位。

5）事故后触发了的安全气囊系统零部件的更换。安全气囊属于被动安全装置，触发后一些零部件需要更换，但更换的部件要认真分析。驾驶人/前乘员安全气囊触发的应更换，注意若前排乘员气囊已触发，需要考虑是否更换仪表板；驾驶人安全气囊触发后，转向盘下面的螺旋电缆，需要根据实际情况用专用诊断仪检测后确定是否更换；对张紧器已触发的安全带，通常采用更换处理；安全气囊控制单元，对某些车型采用更换处理，某些车型可以送专业维修单位进行解码修复处理。

3. 蓄电池

当车辆正面或侧面严重碰撞或倾覆时，可能造成蓄电池外壳及盖因碰撞产生的裂缝或破碎，使电解液溢出，损伤轻微的可修补处理，重者应更换。

对因封口胶受到撞击造成破裂的，轻微的裂缝可在清洁干燥后，用喷灯喷裂缝处烤热熔封，严重的将封口胶清除干净，重新封口。

若只是因颠簸或倾翻导致电解液泄漏的，则添加规定密度的电解液即可。

如车辆遭遇水灾导致蓄电池浸泡水中，蓄电池内可能进入脏水，须将蓄电池内电解液全部更换。

蓄电池极柱、联条折断的，可将折断处清理干净，重新焊接。

由于轿车多采用免维护蓄电池，因事故碰撞造成蓄电池壳体损伤的通常考虑更换，遭遇水灾泡水的，及时清理检查充电后判断是否内部损坏。

【实训操作】

一、知识拓展

【案例】 悬架定损

被保险车辆福克斯倒车时与停放的第三者车辆荣威750左前部位碰撞。福克斯后杠无损，荣威左前叶子板轻微凹进，与右前轮比较，左前轮胎外倾角发生改变。其余未见异常。

事故模拟现场第三者车辆荣威左前轮轻微变形，在4S店修理。承修方提出要求更换左前钢圈、左前轮胎、左前转向节、左前下摆臂、左前减振器、左前半轴、左前轮轴承等全部配件。

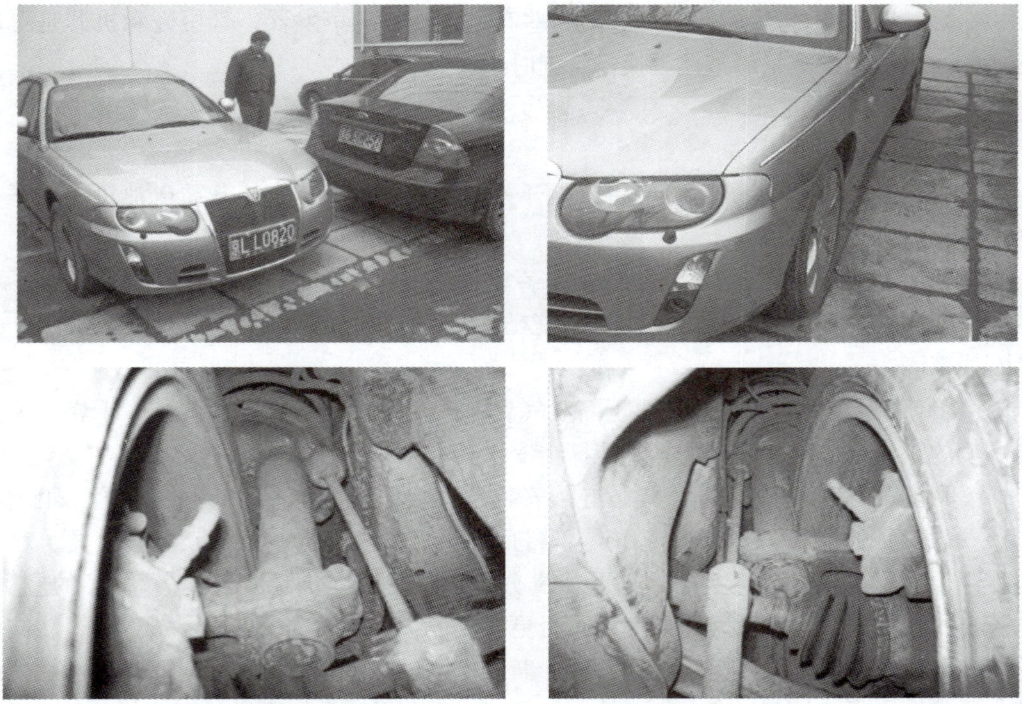

图1-45 右前轮与减振器间距正常与左前轮与减振器间距变小

保险理赔人员对于第三者车辆提出来的要求是否合理，本事故能否造成这些项目损伤？根据碰撞力学原理，我们进行推断，分析过程如图1-46 所示。当车轮上端受到横向外力的碰撞时，轮胎的外倾角发生改变，由此形成的变形力矩通过转向节作用在减振器的下端，有可能会在减振器下端的应力点位置造成减振器弯曲变形。

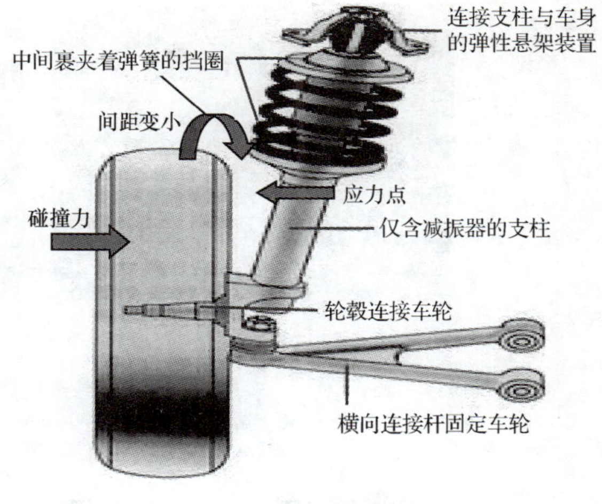

图 1-46 碰撞分析

从碰撞力的传导途径中可以看出，由于减振器的强度最弱，最有可能首先造成损坏。

从碰撞程度较轻的情况分析，此事故有可能仅造成减振器变形。因此，定损方案提出：建议只更换减振器，其余须通过轮上端碰撞时受力分析定位再予确认。修复后检测结果：更换减振器以后定位检测结果显示：前轮所有数据恢复正常。

二、实训步骤

表 1-5 实训步骤

步 骤	内 容
第一步骤	M-AI 核损模块操作讲解 ➢ 多媒体（机房）课堂讲解 ➢ Flash 实训指导模块引导
第二步骤	M-AI 核损模块实操练习 ➢ 多媒体（机房）操作练习
第三步骤	汽车机械及电系损失更换依据鉴定

三、情境设计

根据下列车架损坏程度指出图 1-47 的损坏程度等级及相应的维修方案。

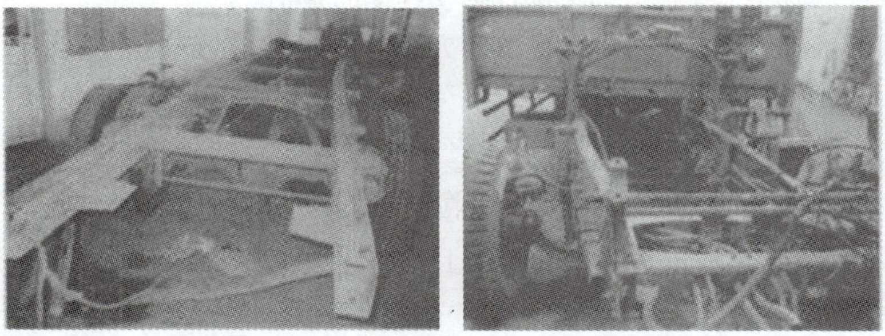

a) b)

图 1-47 悬架损坏图例

c)

d)

图 1-47 悬架损坏图例（续）

任务五 水淹及火烧车损损失核定

在现实生活中，车辆往往会出现一些非交通事故碰撞造成的特殊保险事故，如自然灾害的水淹车和因火烧造成的车辆损失，面对这种案件损失，核损员如何界定核定其损失件修换标准呢？需要注意哪些事项？

【情境案例】

2013 年 2 月 19 日 ×时，下暴雨，小王开着一辆奥迪在光明新区根玉路由东往西方向行驶至在光明新区根玉路艺和厂路段，由于道路排水不畅导致路面积水，造成奥迪车浸水部分部件受损。查勘员现场查勘后，要求小王车到维修厂向保险公司报定损，定损员接到定损调度后到维修厂对该车本次损失进行拍摄和损失确定。

【学习内容】

1）学习水淹、火灾事故中的受损知识。

2）学习水淹、火灾损失部件鉴定方法。

【学习目标】

1）能够掌握水淹、火灾造成损失部件损伤程度的鉴别。

2）能够掌握水淹、火灾部件损伤的鉴定方法与标准。

【相关知识】

一、构成“暴雨”“洪水”“暴风”保险责任的条件

（1）暴雨　每小时降水量达到 16mm 以上，或连续 12h 降水量达 30mm 以上，或连续 24h 降水量达 50mm 以上。

（2）洪水　江河泛滥、山洪暴发、潮水上岸及倒灌。

（3）暴风　指风速在 28.5m/s（相当于 11 级大风）以上的大风。风速以气象部门公布的数据为准。

凡符合下列条件之一者视为灾害性车险水淹车案件：

1）由于台风、暴雨、洪水、山洪暴发等自然灾害导致保险车辆在正常使用过程中被水泡损，淹没的损失。

2）因保险责任内的意外事故而导致保险车辆遭受被水泡损、淹没的损失。

3）因保险责任内的意外事故而导致保险车辆遭受被水泡损、淹没的损失。

二、水淹车定损注意事项和沟通

水淹车因损失面较大，在定损时需要把握：要对被淹车辆的配置情况进行认真地记录，特别注意电子器件的配置情况，如 ABS、ASR、SRS、PTS、AT、CVT、CCS、CD、GPS 等，对水淹可能造成的受损部件一定要做到心中有数；对真皮座椅、高档音响、车载 DVD 及影视设备等配置应确认是否为原厂配置，是否已对新增设备进行投保，是否属于保险标的；对有扩大损失的车辆进行分单处理，直接损失部分现场核定，扩大部分先定损，在逐级上报，不要耽误修车；更换电气设备、灯具、电动座椅、音响元件的，必须在第一次查勘定损时就贴好标签，注意定损完毕及时登记回收；一定要及时详细列明定损内容（包括各种部件的清洗），并让客户和修理厂签字确认。

沟通指的是与客户和修理厂的沟通。与客户的沟通，对于除外责任的损失要注意耐心细致地解释，由客户自己负责，对于可以恢复正常使用的部件不予更换时要做出必要解释；与修理厂的沟通，注意及时做好协调，及时处理，避免损失的扩大。

三、水淹事故发生后损失定损时的注意环节

（1）确认事故地点及事故经过　通过现场查勘和对报案人、驾驶人的询问调查进行核实，具体要求：

1）确定事故地点是否存在发生灾害的事实。

2）确定受损车辆的水淹痕迹与现场状况是否吻合。

3）确定报案事故经过与实际现场情况是否吻合。

4）记录查勘报告、现场笔录，完成记录、审核相关证件。

（2）确认事故类别和责任

1）现场事故：从现场事故分为静态（发动机停止运转）产生的损失，以及车辆行驶过程（发动机正常运转）产生的损失。其中，车辆涉水行驶产生的损失不属于保险责任。

2）施救损失：凡施救过程产生的损失不属于保险责任。

3）后期损失：凡除去现场事故、施救过程产生的损失均视为后期损失，均不属于保险责任，其中包括未及时进行除水或除绣处理产生的损失、在维修过程中产生的损失，以及与事故无关的损失。

（3）查勘重点内容

1）确定事故地点的灾害经过。例如，发生灾害时间、水位上升阶段时间、到达灾害水位时间、灾害水位持续时间、灾害水位下降时间、受灾车辆在灾害水位持续时间等。

2）确定事故现场水位、事故车辆涉水高度和涉水部位、人员伤害情况、车载人员以及伤害情况等。

3）根据受灾害程度判断车辆主要机件的可能进水情况。区分进水受灾配件可能损坏的程度。例如，仪表、音响、操作面板、各电器控制和执行单元、发电机、起动机、发动机、

变速器、驱动桥等。

4）确定灾害水质情况。准确区分海水、淡水、泥水、工业水等，不能确定水质情况时必须采取水质采样、进行测定和鉴定。

（4）施救　对受灾车辆采取组织合理、有效、快速的施救措施，控制损失的继续和扩大，施救原则为迅速将受灾车辆撤离灾害现场。具体要求：

1）迅速组织专业的施救队伍和力量，确实可行的施救方案。

2）对大面积多车辆受灾害情况，立即与当地行政管理机构进行沟通，并安排对受灾车辆进行抢救。

3）对灾害持续的情况，应立即组织对已经发生案件的施救，并迅速采取控制损失继续的措施。

4）严格控制在施救过程中损失的继续增加现象。

5）所有施救者必须为具有处理水淹车案件资质的修理企业。

（5）拆解　受灾的水淹车辆应该迅速拖进专业的修理企业进行拆解操作，在拆解前应与修理企业明确以下几点：

1）确认修理企业是否具有处理水淹车的技术能力和资质，检查其相关技术和设备。

2）双方或三方共同确认处理水淹配件的技术处理工艺，明确对被水淹的配件处理的工时费用、整体维修费用、更换配件的技术依据、配件价格标准、更换配件的准则、对可以修复配件的范围等，并共同签署协议性文件。

3）在拆解过程中严格检查各大总成配件的进水情况，并形成记录文件和拍照，如发动机、变速器、驱动桥、转向机、仪表、显示器、电器控制模块、车厢内部等，未进水的配件以及水未进入配件内部的不属于赔付范围。

4）首先对涉及进水后的整车外部、内部、总成件外部进行清洗，在清洗前对必要的电器配件应先拆下。

5）对经过确认已经进水的各大总成配件，应该再进一步确认：进水数量、进水时间、是否进入泥沙等。凡短时间进水并可以分解维修的总成配件，应该坚持进行修复原则。凡长时间进水浸泡已经发生锈蚀的情况，可以考虑更换内部机件。

6）拆解下的配件必须统一摆放管理，并粘贴标签，重要配件必须做不可涂改的永久性标志。

（6）除水、除锈　除水、除锈工作是确定损失的前提和依据：

1）首先所有的进水配件必须拆解。

2）装饰配件和座椅可以用水清洗，电气配件拆下后用工业酒精清洗，线束接头以及部分电气元件用工业酒精结合气压进行清洗，在清洗过程中一定要清除锈痕。

3）机械总成件可以分解清洗。

4）玻璃配件、车身表面、车底盘可以用清水清洗。

5）清洗后的配件必须采取烘干工艺操作，其目的是将水分全部除掉。建议将全部清洗后的配件和车身总成放入喷漆烤房，将烘烤温度调节到50℃，进行烘烤8~10h，座椅内衬、车顶内饰板、隔热棉和三元催化器等建议再延长烘烤时间。

（7）止锈、防锈　止锈工作是恢复配件功能的重要环节，防锈工作是提高修复后车辆工作可靠性的关键。此项工作必须在除水、除锈环节完成后立即进行。

1）建议将座椅表皮、内装饰板等送到专修企业进行加工处理。对修理厂可处理的部分，其表面必须进行保护性处理或喷涂表面保护剂。

2）将所有的电气配件和线束接头用压缩空气吹净，再均匀喷涂上电气复活剂或电气触电清洁剂。对开关元件可以在触点表面涂抹上工业凡士林。

3）在机械结构配件的活动关节，可以加入适量的润滑油或润滑脂。对容易生锈的金属表面，必须喷涂保护性的油漆和保护剂。

4）对拉线类必须向内部加注润滑油或润滑脂，外部喷涂保护性的油漆和保护剂。

5）对车身表面必须涂抹专用的保护剂或保护脂（车身专用蜡）。

6）对车身底盘和金属板材表面必须喷涂或涂抹保护性的油漆和保护剂。

（8）配件修复、恢复　配件修复、恢复环节是准确定损的关键工作。

1）坚持所有的进水配件必须拆解保养维修为原则。

2）所有进水的电气类配件送到社会专修企业进行专门维修保养，如电动机类、发电机、音响、显示器类、灯具、继电器、开关类等。

3）所有进水的专业总成件送到社会专业维修企业进行维修，如自动变速器、涡轮增压器、喷油泵、空调压缩机、空调冷凝器和散热器等。

4）对配件的鉴定必须在按照维修工艺操作修复后进行。

5）对修复后的配件必须进行功能性的检查和检测。

（9）确定更换配件　确定更换配件环节是直接影响赔付金额的数量，也是与修理企业、客户进行交涉和解释的关键。

1）对配件功能的鉴定方法为更换替代法、功能测试法、性能检测法、试验比较法、技术规定管理法等，对确定更换的配件必须提供上述文件依据。

2）对送到社会专业维修企业而不能达到功能恢复的配件，在专业维修企业提供文件证明的情况下，可以列入更换项目，否则不得更换。

3）对进水后无法进行恢复性维修的配件，应该列入更换项目。

4）对进水后引起电气短路或击穿的配件，应该列入更换项目。

5）对不影响安全性能而进行恢复性修复的配件不得列入更换项目。

6）对因为进水或水淹不影响使用功能和装饰性能的配件，不得列入更换项目。

7）对完全可以进行功能性修复，而修理企业未进行修复的配件，不得列入更换项目。

（10）估损分类　对受灾车辆开展准确定损工作的前期，必须对损失配件进行合理的区分，对损失项目进行分类以便定损工作的顺利进行。

1）按照类别区别出机械配件、电气配件、装饰性配件、舒适性配件。

2）区别出更换配件、可修复配件、待确定配件范围项目。

3）分类区别出交通事故损失配件项目、水淹损失配件项目。

4）区别出正常损失配件项目和灾后扩大损失配件项目。

5）区别出属于保险责任项目和不属于保险责任项目。

总之，水淹车辆的控制损失项目重点工作为对可修复配件和待确定配件范围项目的恢复和确认。

【工作实施】

一、定损处理原则

1. 快速原则

对水灾车辆的定损工作，重点突出“快速”，拖延时间不仅会导致部分零部件加重损失甚至导致报废，还会给合理定损带来困难，并产生理赔纠纷。

“快速定损”，即定责、定损必须迅速完成。具体采取一次性定损处理方式。

2. 顺序原则

先高档车后普通车；先轿车后货车；先严重泡损后轻微受损车；先电脑控制模块、线路、电气后其他部位；先清洗烘干后检测维修；先定内部损失后定外观损失；先解决无争议车辆后解决有争议车辆。

3. 清洗费用包干原则

1）为体现快捷服务，避免拖延时间产生更大损失，对于仅遭受水浸、未产生其他损失的车辆，可以采取对事故车辆清理费一次性包干的方法，由维修厂负责自行处置。

2）区别事故产生的损失、保险范围。只承担事故时产生的损失，凡后期产生的损失不属于保险责任，如修理企业未及时进行恢复性处理产生的损失、在维修过程中产生的损失。

3）责任损失。凡涉水行驶产生的机件损失，不属于保险责任。

4）施救损失。凡在施救过程中产生的损失，不属于保险责任。

5）可以修复并可以利用的配件，不影响安全性能的配件，不得列入定损项目。

6）泡损程度较小和能够与客户达成共识的车辆采取先行一次性定损处理方式，并要求与修理企业和被保险人共同签定“定损协议书”。

7）泡损程度较大和不能与客户达成共识的情况，可以采取先进行除水、除锈到配件修复、恢复工艺，再定损的原则，并将推全损扣残值方案进行比较从中确定。并与当地收购旧车企业联系，三方共同确定定损金额。

二、水淹后的损失评估

不同等级的水淹高度的损失评估如下：

1）水淹高度为1级。有可能造成的受损零部件主要是制动盘和轮毂，损坏形式主要是生锈，所采取的补救措施主要是四轮的保养。损失率通常为0.1%。

2）水淹高度为2级。除造成1级水淹高度时所造成的损失，还会造成四轮轴承进水，全车悬架下部连接处因进水而生锈，配有ABS的汽车轮速传感器的磁通量传感失准，地板进水后车身地板如果防腐层和油漆层本身有损伤就会锈蚀，少数汽车将一些控制模块置于地板上的凹槽内，会造成一些控制模块损毁。通常损失率为0.5%~2.5%。

3）水淹高度为3级。除造成2级水淹高度所造成的损失外，还会造成以下损失：座椅、部分内饰潮湿和污染，真皮座椅和真皮内饰损伤严重。一般来说，若水淹时间超过24h，还会造成桃木内饰分层开裂，车门电动机进水，变速器、主减速器、差速器进水，部分控制模块被水淹，起动机被水淹，中、高档车行李箱中CD换片机、音响功放被水淹。通常损失率为1%~5%。

4）水淹高度为4级。除造成3级水淹高度所造成的损失外，还可能造成以下损失：发动机进水，仪表台中部分音响控制设备、CD 机、空调控制面板受损，蓄电池放电、进水，大部分座椅及内饰被水淹，音响的喇叭全损，各种继电器、熔丝盒进水，所有控制模块被水淹。损失率通常为 3% ~15%。

5）水淹高度为 5 级。除造成 4 级水淹高度所造成的损失外，还可能会造成以下损失：全部电器装置进水，发动机严重进水，离合器、变速器、后桥进水，绝大部分内饰被泡，车架大部分被泡。通常损失率为 10% ~30%。

6）水淹高度为 6 级。汽车所有零部件都可能受损，通常损失率在 25% ~60%。

三、水淹车零部件损坏修复及更换标准

水灾车损有两种不同形式：一种是车辆在行驶过程中遭遇水灾，容易造成发动机的损坏；另一种是车辆在停放过程中遭遇水灾，容易造成车内装饰件、电气元件及各种仪表的损坏。

四、电气发生水淹零部件损坏修复及更换标准

1. 电动机

（1）可分解电动机

1）汽车生产厂家对可分解电动机（如发电机、起动机），一般均进行了防水处理，线束插头、插座安装了防水胶圈；发电机和起动机的转子、定子都进行了绝缘处理，这些零部件发生水淹一般不会发生损坏。但发电机、起动机由于进水空间较大，水中的杂质与水一起会浸泡和堵塞发电机、起动机内部，应将发电机、起动机彻底分解清洗，将转子、定子、电刷等零部件附着的杂质和泥垢用酒精清除掉，装配时在旋转部件轴孔处涂抹润滑油。

2）发电机、起动机等拆解检查后，如发电机调节器、起动机的电磁开关已锈蚀、氧化，这些零部件应单独更换。

3）如发电机调节器、起动机的电磁开关，这些零部件虽已发生水淹，但水淹时间较短，还没有出现锈蚀、氧化、电解反应现象，也应修复处理。修复方法用酒精清洗，然后再用高压空气吹干，重新装配。装配时在旋转部件轴孔处涂抹润滑油。

（2）不可分解电动机

1）对于各种无法拆解的电动机，如后视镜调整电动机、刮水器驱动电动机、玻璃升降电动机、鼓风机电动机、前照灯灯壳内电动机、风扇电动机、座椅调节电动机、门锁电动机、助力转向电动机等，由于这些电动机及中、高档车型的插头、插座、线束均为防水件，密封性能好，发生水淹一般不会损坏，经检测正常，无须更换。但应作烘干防潮处理，以防范电动机内的潮气得不到有效蒸发，否则会影响电动机的使用寿命。

2）不可分解电动机如水淹时间较长，经检测已进水损坏，无法修复，应更换。插头、插座出现锈蚀、氧化、电解反应现象，应更换。线束应清洗、烘干检测合格后再使用。

3）带电动控制器的电动机，轻度进水后，电动控制器尽管没有发生锈蚀、氧化现象，但仍应清洗烘干后再使用；如重度进水经检测电动机插头、插座已发生锈蚀、氧化，则应更换电动机，如奥迪、宝来、迈腾、奔驰、宝马等中高档车型的玻璃升降电动机。

4）不带电动控制器的电动机，水淹后无锈蚀、氧化现象，可采取拆解清洗、烘干修复，无须更换。装配时用去水剂、防锈剂、保护剂作防潮处理，并在插头、插座上少量涂抹硅油，防止在今后的使用中出现电解反应；如果电动机水淹后发生锈蚀、氧化现象，则应更

换，如伊兰特、索纳塔、哈飞系列等中低档车型的玻璃升降电动机。

2. 前照灯、尾灯

1）因车辆发生水淹，造成前照灯、尾灯进水，水中的污物也同时进入了灯壳内，应清洗修复。清洗方法：轻度水淹，将前照灯、尾灯安装灯泡的后盖孔打开，倒入酒精晃动灯壳，然后将酒精倒出，往复两至三次，最后用高压空气吹干。

2）前照灯、尾灯发生重度水淹或水淹时间较长，这时灯壳内已产生水渍，用上述办法清除水渍是清除不掉的。针对此类情况，可将灯罩和灯壳黏接处进行高温烘烤，使其胶粘处软化，然后用壁纸刀将灯罩和灯壳黏接处割开，再用酒精清洗，除掉水渍。壳内水渍清除，将灯罩和灯壳重新用玻璃胶粘合。

3）配置氙气前照灯的车辆，灯内控制单元无法修复，应更换氙气前照灯控制单元。

4）如果前照灯、后尾灯内带 LED 灯（发光二极管），进水后无法修复，应更换前照灯、后尾灯总成。

5）一般汽车生产厂家不单独提供前照灯调整电动机，如果前照灯壳内带前照灯调整电动机，发生水淹损坏后，前照灯无法修复，只能更换前照灯灯壳。

6）清洗前照灯时，注意不得使用汽油和天那水，否则会腐蚀灯罩。

3. 仪表台

1）仪表板被水淹，仪表被水浸泡时间较短，应迅速将仪表板拆下分解，经检查集成电路板无锈蚀、氧化现象，无须更换。修复方法，应使用酒精清洗，烘干后检测合格再使用。并用酒精清洗仪表板罩，然后用高压空气吹干，重新组装，即可正常使用。

2）如仪表板被水淹，只要集成电路板发生锈蚀、氧化现象，就应更换仪表板总成。如清洗修复，即使当时清洗后看似完好，但使用一段时间，电解反应就会重现，各种仪表就会失去使用功能。

3）仪表台被水淹应分解清洗。仪表台台面属皮革材质制作的，轻度水淹，可清洗、保养修复；重度水淹，应更换。仪表台台面属复合材质制作的，应清洗烘干。

4. 线束

车身线束的处理主要是清洁干燥，特别对线束的接插件要处理得当，对于安全气囊传感器，一般单独的传感器都是用硅胶封装的，不易损坏，点火线圈封装得较好，受损的概率也较小。

汽车在装配时线束和插头都涂有硅油，当线束和插头被水淹后，其上的硅油被溶解或已被冲刷掉，线束因水淹事故被浸泡，一般在清洗、干燥后喷除锈防锈剂（WD-40 等）。安全气囊系统插头可用无水酒精擦洗，再用高压气体吹干，并用去水剂、防锈剂、保护剂作防潮处理。然后涂抹硅油，以防止线束在今后的使用中再度锈蚀和发生电解反应。

现代汽车熔丝盒的构造一般分为可拆解的熔丝盒和不可拆解的熔丝盒两种。

1）可拆解的熔丝盒，一般高档车配有集成电路板，低档车只配有熔丝、熔丝插座、继电器及连接线。熔丝盒发生水淹后，经检查集成电路板、熔丝插座、继电器出现锈蚀、氧化现象，应更换。无锈蚀、氧化现象，应采取清洗、烘干修复即可，无须更换。装配时用去水剂、防锈剂、保护剂作防潮处理。并少量涂抹硅油。

2）熔丝即使水淹较重，一般也不会出现锈蚀、氧化现象，清洗、烘干处理即可。

3）不可拆解的熔丝盒，经检查熔丝盒已进水损坏，应更换熔丝盒总成。

4）熔丝盒线束发生水淹，应烘干后涂抹硅油处理。

5. 开关

组合开关一般安装在转向立柱上，组合开关主要包括前照灯开关、远光开关、雾灯开关、刮水器开关、刮水器喷水开关、转向开关等。现代汽车空调开关、暖风开关一般设计为一体的，安装在仪表台前部。暖风和空调制冷开关，根据驾驶室内乘员需要的温度，可随时调节。

1）组合开关发生水淹，应分解检查，看其内部有无锈蚀、氧化现象，如已发生锈蚀、氧化应更换组合开关。无锈蚀、氧化现象，应清洗烘干修复。

2）前照灯开关、暖风开关、空调开关发生水淹，修复或更换方法同组合开关。

3）点火开关发生水淹，应清洗烘干修复。

6. 蓄电池

蓄电池有两种，一种是免维护蓄电池；另一种是可维护蓄电池（也就是传统的，可充填电解液，可充、放电的蓄电池）。现代车型普遍使用的均为免维护蓄电池，使用可维护蓄电池的车型目前很少，一般只有农用车、低速载货汽车和一些大型货车使用。

（1）免维护蓄电池　免维护蓄电池被轻度水淹，一般水进不到蓄电池壳体内。但蓄电池发生严重水淹，水也可从通气孔进入。免维护蓄电池进水，无法修复，应更换。

检查免维护蓄电池是否进水的方法：目视蓄电池外壳电解液上线刻度，超过上线，即可断定蓄电池已进水。从蓄电池观察孔观看电解液颜色，电解液从观察孔目视，正常应是绿色的，进水后电解液就会变成红色。

（2）可维护蓄电池　可维护蓄电池被水淹，水从蓄电池盖通气孔可进入蓄电池壳体内，可维护蓄电池进水后，可修复。

修复方法：打开蓄电池盖，将原电解液倒出来，重新加入新的电解液。然后进行充、放电处理，按规定调整充电电流。

7. 电控单元及电子元件

电控单元　主要有电脑模块、仪表、继电器、音响、开关、传感器、线束、接插件、发电机、起动机等，按功能可分为传感器、控制器、执行器，前者不易受损，后两者容易受损。

处理方法：及时将电控单元从车上拆下，进行排水清洁，有污泥的可以先用清水和小毛刷清洁，再用无水酒精擦净并晾干（不能长时间用无水酒精清洗，以免腐蚀电子元件）或用电吹风吹干。

1）气囊电控单元。气囊电控单元集成电路板是密封的，其密封性能非常好，电控单元在一般情况下不会进水，但如果电控单元被水淹浸泡时间较长，也会进水。检查电控单元是否进水应将电控单元拆开，如芯片或集成电路板被水淹，应更换电控单元。如电控单元插座已发生水淹，水淹后的电控单元插座即使做了清洗并进行了除锈修复，表面看似完好，但外围线路、插座已氧化，使用一段时间，电解反应就会导致插头虚接现象，这样，电控单元就会失去正常使用功能。气囊电控单元是对驾驶人及乘员的安全起着非常重要的部件，因此必须始终保证该部件的完好。气囊电控单元只要被水淹就应更换。

2）发动机电控单元、变速器电控单元、车身电控单元。发动机电控单元、变速器电控单元、车身电控单元的防水性能非常好，即使被水短时浸泡后，一般也无须拆修，可继续使用。但如水淹浸泡严重，时间较长，为了慎重起见，应将 ECU 拆开检查是否进水及水淹程度，做出相应的检测及修复。如集成电路板发生锈蚀、氧化应更换。如 ECU 集成电路板没有发生锈蚀、氧化，应用去水剂、防锈剂、保护剂清洗烘干修复，并在电控单元集成电路板上喷涂专用绝缘溶剂，可起到防水和抗腐蚀氧化的作用。

8. 安全气囊

为了便于安装，驾驶人气囊气体发生器一般都做成圆形。目前，大多数气体发生器都是利用热效应产生氮气充入气囊。前排乘客气囊的气体发生器为长筒形，其工作原理与驾驶人侧气体发生器相同。

1）主气囊、副气囊被水淹后，气囊表面看似完好，气囊也没有爆出，但安全气囊系统的电子组件已进水，易发生锈蚀、短路。再者气囊依靠氮气引爆，引爆气囊的气体发生器与气囊安装在一起，水从气体发生器引爆孔进入，气体发生剂被浸泡已潮湿，失去爆发功能。虽然主气囊、副气囊没有爆出，但是也必须更换。如不更换，一旦该车发生严重碰撞事故，主气囊、副气囊因已失去正常使用功能，不再爆出，就不会对驾驶人和乘员起到安全保护作用。

2）螺旋电缆与主安全气囊连接，螺旋电缆发生水淹应该更换。

3）气体发生器的功能是在点火器引爆气体发生剂时，产生气体向气囊充气，使气囊瞬间爆开，气体发生器与气囊相连接，两种部件同时配合在一起使用，缺一不可，气体发生器固定在气囊支架上，气体发生器水淹后必须更换。

4）点火器就是气体发生器引线，安装在气体发生器的中央位置，作用是在触发碰撞传感将气囊电路接通时，引爆点火剂，产生热量使充气剂分解。气体发生器引线发生水淹，必须更换。

5）气囊传感器

① 对气囊传感器与 ECU 制成一体的，气囊已更换，从事事故车辆定损、评估、鉴定人员不能再给付气囊传感器费用。

② 对气囊传感器单独配置的，一些高档汽车的安全气囊传感器一般用硅胶密封，其插头是镀银的，插头水浸后不会发生锈蚀，不应更换。但应做清洗、烘干防潮处理。同时为了慎重起见，插头处应涂抹硅油，防止电解反应出现。

③ 中、低档汽车气囊传感器插头一般为镀铜的，水浸后如发生锈蚀、氧化现象，应更换。如插头浸泡时间较短，无锈蚀、氧化现象，但也应用无水酒精清洗，再用高压空气吹干。表面处理干净后，将插头涂抹硅油，对插头起到保护作用，防止电解反应出现，消除今后使用隐患。

9. 电子传感器、电磁阀

电子控制组件在现代汽车上的应用越来越广泛，越来越多，一般汽车电子传感器、电磁阀所用的种类高达几十种，各部位电子传感器、电磁阀的精密度高，感应极其灵敏，每一种电子传感器、电磁阀在汽车上的作用都非常重要，各自分别把关，履行各自的职责。

1）各种电子传感器密封性能良好，水淹一般不会发生损坏。但为了慎重起见，可对水淹后的传感器用数字式万用表或波形示波器进行测试。如轻度水淹，各种电子传感器的插头没有发生锈蚀、氧化损坏，应用去水剂、防锈剂、保护剂清洗后烘干即可。如果传感器插头发生锈蚀、氧化损坏，应更换。

2）各种电磁阀如果轻度水淹，一般不会发生损坏。为了慎重起见，可将电磁阀用数字式万用表进行测试，如果没有发生损坏，可用去水剂、防锈剂、保护剂清洗，烘干即可。如果电磁阀插头发生锈蚀、氧化，应更换。

10. 音响及 GPS 导航仪等设备

1）音响装置的集成电路板，被水淹后发生锈蚀，液晶显示屏进水，应更换。

2）音响设备的集成电路板，被水淹后没有发生锈蚀、氧化现象，应采取清洗、烘干修复即可，无须更换。装配时用去水剂、防锈剂、保护剂作防潮处理，并应少量涂抹硅油。

上述这些音响及 GPS 导航系统设备，均为总成部件，汽车生产厂家无单独的零部件供应，即使只有一种零部件发生水淹损坏，也只能更换总成。

五、发动机水淹零部件损坏修复及更换标准

发动机进水一般是在发动机运转时，水从开启的进气门吸入气缸，当气缸的进、排气门关闭时，不可压缩的水会造成连杆、曲轴等零部件的损坏。

1. 空气滤清器及空气流量计

车辆发生水淹事故，只要水是从空气滤清器被吸入的，应更换空气滤清器滤芯。空气流量计结构简单，如被水淹，可用酒精或汽油清洗，然后用高压空气吹干。进气压力传感器及线路发生轻度水淹，由于这些零部件同节气门体一样设有防水胶圈不会进水，故无须修复或更换。如发生长时间水淹，进水时间较长，发现进气压力传感器有锈蚀、氧化现象应更换。线束应烘干。

2. 节气门体

节气门体发生水淹后应整体清洗，不可拆解清洗。用酒精或汽油清洗，然后用高压空气吹干。节气门怠速电动机、节气门位置传感器及线路设有防水胶圈，节气门体发生水淹时间较短不会进水，无须修复或更换。但为了慎重起见，应进行烘干处理，然后对其进行检测。

节气门体如浸泡时间较长，水中因有压力，不排除怠速电动机、节气门位置传感器及线路水浸的可能，应对这些部件进行检测，经检测怠速电动机损坏，应更换。节气门位置传感器及线路插头、插座经检测后，如发现有锈蚀、氧化现象，应更换。

3. 发动机

1）如果可以断定发动机某缸只是轻微进水，可采取简单处理方法将该缸火花塞卸下，然后转动曲轴，将气缸内的水喷射出来，同时更换新机油。

如果发动机进水严重，就应将发动机解体清洗，应将机油泵、发动机油道、各部轴承、正时链盒、活塞连杆组等零部件进行彻底清洗。同时应检查进水的活塞、连杆是否发生变形，连杆发生轻度弯曲变形，应校正修复，并应在修复后做探伤检查。

2）因发动机进水导致连杆折断或严重弯曲、曲轴弯曲、气缸体或气缸盖破碎，应更换。气缸体、气缸盖发生裂纹，应根据损坏程度，按发动机气缸盖修复及更换标准执行。

3）发动机的轴承、活塞、活塞环、气缸筒等，这些部件精度要求较高，被水淹后，因雨水中含有酸性物质，会腐蚀这些部件，所以应进行清洗，在发动机重新装配时，应更换发动机大修包。

4. 排气管

若水从排气管进入，应迅速拆下三元催化器、氧传感器、排气歧管，将水排出，并应进行清洗。清洗时，应对三元催化器重点清洗，防止水中的杂质堵塞三元催化器。

5. 涡轮增压器

涡轮增压器发生水淹，应清洗、烘干后修复使用。

六、汽车底盘水淹部件损坏修复与更换标准

1. 自动变速器和手动变速器

自动变速器进水一般是从通风口或自动变速器油尺口处进入的。

检查自动变速器进水方法如下：

1）应将自动变速器油尺抽出，如果油尺上含有水珠，证明变速器油底壳已进水。同时检查变速器油尺上的油面高度，变速器油面超过刻度上线，可以认定变速器进水已较多。

2）拆下变速器油底壳或查看变速器油尺上变速器润滑油的颜色。经检查，如果变速器润滑油呈乳白色，可以认定进水已较多，时间较长。

手动变速器进水也应同自动变速器一样拆解清洗，应重点清洗同步器和轴承。

2. 制动系统

采用液压制动的水淹汽车，制动总泵被水淹，应更换全车制动液，因为制动液中若含水，制动液就会变质，减弱制动效果，汽车甚至失去制动功能。

七、车内附属件水淹后损坏修复及更换标准

1. 座椅

1）中、高档车型座椅外套用皮革制作的，发生水淹，修复更换标准同水淹事故零部件损坏修复及更换基本标准。故在此不再重复阐述。

2）低档车型采用棉织物、化纤织物制作的座椅外套发生水淹，应清洗修复处理。

3）高档车座椅调整电动机与座椅安装在一起，如果座椅调整电动机发生进水，电动机是可拆解的，应拆解清洗烘干后，重新装配；如电动机是不可分解的，经检测确已损坏，应更换。

2. 车身内饰及地板

车身内饰及地板只要遭遇水淹，如车门内饰板、顶盖内饰板、发动机室盖内衬、地板等零部件，必须将被水淹过的零部件全部拆下，防止被水淹过的部件因湿气没有得到有效挥发，对拆下的车身内饰零部件及与这些部件相连接的车身钣金金属部件，要采取彻底清洗、烘干、晾晒等方法修复。注意烘干或晾干时一定要干透，以防受损部件因干不透（即假干），防止汽车在今后的使用中电气元件和线路出现腐蚀，甚至发生故障和事故。受损部件未干透也会腐蚀与这些部件相连接的车身钣金部件，影响汽车的使用寿命。

八、火灾事故车辆损坏损失确定

一般情况下，汽车起火的原因可分为自燃、引燃、碰撞起火、爆炸、雷击五种类型。其中，除自燃以外的后四种原因导致的车辆起火燃烧比较容易鉴别，保险责任容易确认，在赔付方面基本上已包含在车损险的赔付范围以内。而自燃险由于条款对不同使用性质的车辆承保的责任不同，对火灾车损的案件查勘定损的重点是确认是否属于自燃险的保险责任。

不论是什么原因引起的车辆起火，其损失状态基本可以分为整体燃烧、局部燃烧两种。下面对起火车辆的损失情况进行分析。

火灾对车辆的损坏一般分为整体燃烧和局部燃烧。整体燃烧时，车内线路、电气、发动机附件、仪表台、内饰件、座椅烧毁，机械件壳体烧熔变形，车体金属件脱碳，表面漆层大

面积烧毁。局部燃烧分三种情况：发动机室着火造成发动机前部线路、发动机附件、部分电器、塑料件烧毁；轿壳或驾驶室着火，造成仪表台、部分电器、装饰件烧毁；货运车辆货箱着火。

1. 全部损失

整体燃烧，过火面积接近或达到100%。其损失状态：全车线束、仪表台、内饰件、电器、座椅烧损；发动机附件、金属壳体烧融变形；车身钣金件高温脱碳（表面漆层大面积烧毁）。造成主要部件均无修复利用价值。这种状态基本上已达到车辆全损的程度了。这类车损在定损中要注意两点：

1）通过查勘，确认火因。若有必要则对起火原因展开进一步调查，判定是碰撞起火、外来火源还是自燃，明确事故责任方，为确认保险赔付方案打好基础。

2）准确核定残值。一般此类车辆的残值只能作废品出售，准确定价后交由被保险人处理。

2. 部分损失

局部燃烧，过火面积没有达到车辆报废的程度，还可修复。这类车损可以分为三种损失状态：

1）发动室着火造成发动机前部线路、发动机附件、部分电器、塑料制件烧损。

2）轿壳或驾驶室着火造成仪表台、音响设备、内装饰件烧损。

3）货运车辆货箱内着火。

在定损中要注意：

1）区分损坏件和已过火但还可修复使用件，准确核定损失项目。一般电路、胶管、塑料件等，只要过火，都无法修复；对于机械配件，可根据表面漆层的颜色仔细判别过火程度，过火程度轻微的要尽量修复。

2）对承载金属件（指车架、前、后桥、壳体类）应考虑是否因燃烧而退火、变形。货车车架过火的，要根据变形严重程度和变形部位确定损失，一般轻微过火可通过修理恢复使用；涉及承载部位过火的，可考虑采用局部加强的工艺修理；严重过火且修理后难以恢复承载性能的通过审批方可进行更换。

火烧车损失处理方法：对明显烧毁的进行分类登记；对机械件应进行测试、分解检查，特别是转向、制动、传动部分的密封橡胶件；对金属件，考虑是否因燃烧而退火、变形；对于因火灾使保险车辆遭受损害的，分解检查工作量很大，且检查、维修工期较长，一般很难在短时间内拿出准确估价单，只能是边检查边定损，反复进行。

【实训操作】

一、知识拓展

某地由于降暴雨造成地面积水，导致众多汽车被水淹，在某保险公司承保的标致车停放在车库也被水浸了，由于连续几天下雨，导致无法及时施救，该车在水中浸泡了三天时间，如图1-48所示。

根据报案信息和现场痕迹显示，该车为泥水没顶事故，从水淹时间和水淹高度，该车损失已经达到了25%～60%。损失为6级，请列出该案件的维修流程和损失鉴定报告，见表1-6。

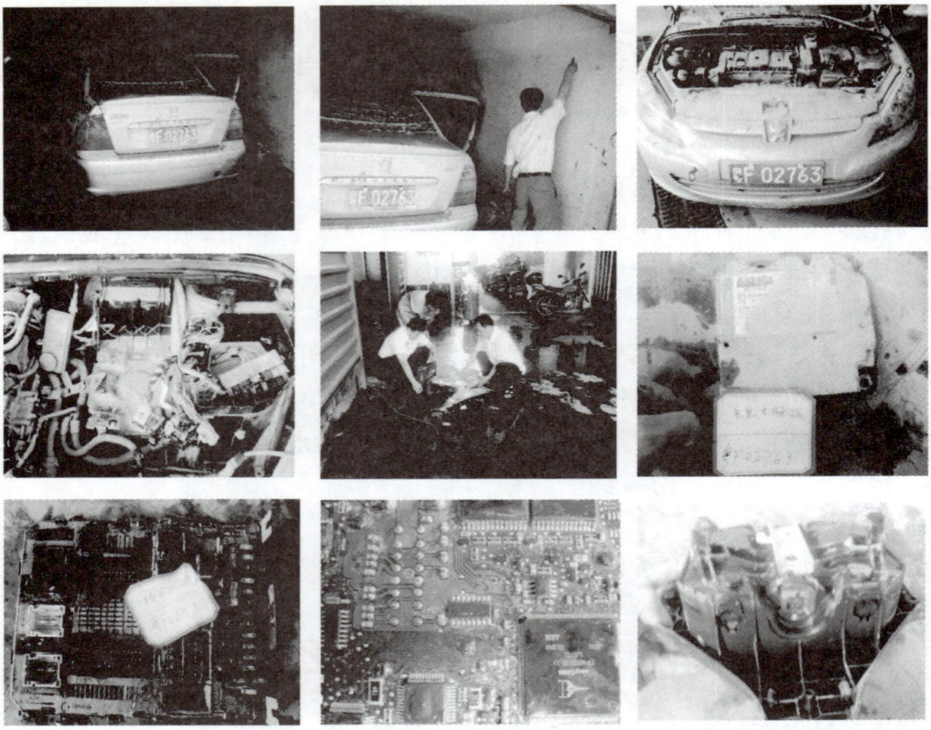

图 1-48　水淹车受损图例

表 1-6　定损单

更换项目	数　量	金额/元	修理项目	金额/元
管理费	1		全车拆装工时	1000.00
安全气囊控制盒	1	2250.00	全车清洗工时	500.00
发动机电脑板	1	2475.00	电脑检测、电工工时	500.00
发动机气缸垫	1	257.00	发动机、变速器清洗工时	300.00
警告灯开关	1	73.00		
CD 机	1	1422.00		
左前玻璃升降电动机	1	405.00		
右前玻璃升降电动机	1	405.00		
左前玻璃升降开关	1	270.00		
右前玻璃升降开关	1	216.00		
主气囊	1	1440.00		
副气囊	1	2610.00		
发动机熔丝盒	1	1904.00		
车身电脑	1	2455.00		
空调控制面板	1	460.00		
排气管接口垫	1	347.00		
内外循环电机	1	279.00		
前照灯亮度调节器	1	143.00		
组合开关	1	1399.00		
仪表	1	1192.00		
多功能显示屏	1	1030.00		
右前照灯	1	693.00		

（续）

更换项目	数量	金额/元	修理项目	金额/元
副气囊开关	1	166.00		
变速器油	1	89.00		
发动机油	1	142.00		
机油格	1	26.00		
左前安全带	1	513.00		
右前安全带	1	513.00		
左前照灯	1	693.00		
空调格	1	88.00		
助力油	1	76.00		
冷却液	4	34.00		
空气格	1	49.00		
左前倒车镜	1	1080.00		
右前倒车镜	1	765.00		

二、实训步骤

根据图1-49所示受损程度，对各部件制订合理的维修方案。

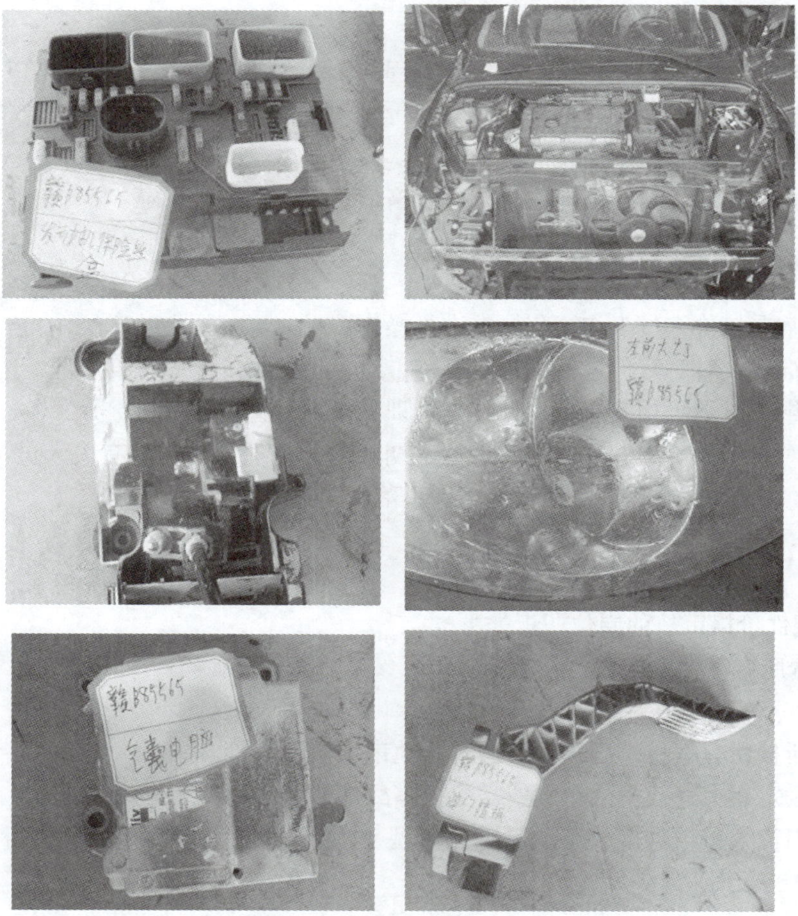

图1-49　水淹车受损配件

任务六　汽车零配件价格审核

核价岗：核价是对定损人员提交的拟定更换部件进行价格核定。以配件信息库的价格为主导、非信息库的配件市场报价为辅的方式进行价格核定。

【情境案例】

2013 年 2 月 19 日 ×时，小王开着一辆奥迪在光明新区根玉路由东往西方向行驶至光明新区根玉路艺和厂路段，由于驾驶操作不慎，车身左侧同路中央的路肩发生碰撞，造成奥迪车部分损坏的道路交通事故。小王未按操作规范安全驾驶，负事故的全部责任。查勘员现场查勘后，要求小王开车到维修厂向保险公司报定损，定损员接到定损调度后到维修厂对该车本次损失进行拍摄和损失确定，更换的配件怎样定价？如何对配件进行询价核定？小王于 2012 年 8 月 19 日在某保险公司投保了车损险、三者险 50 万、车上人员责任险和不计免赔险等险种。

【学习内容】

1）学习负责收集车型资料信息及汽车配件价格信息，进行常见车型汽车配件价格本地化维护。

2）学习对非常见车型配件价格询报价流程。

3）学习属地车型零配件价格维护，向询价机构报价。

4）学习审核超过系统本地化的配件价格。

5）学习负责建立、维护当地汽车配件价格信息渠道及供货渠道。

【学习目标】

1）能够掌握核价人员工作流程标准进行操作。

2）能够准确及时对案件进行报价、核价，对上报的报价单应每日清理，严禁积压。

3）负责组织对下级相关岗位人员技能培训、指导、管理和考核。

4）能够对案件报价中发现的问题进行定期汇总、整理，及时与有关人员沟通，定期进行汇总总结。并提改进方案，协助组织培训，落实改进方案。

【相关知识】

汽车零配件价格审核的岗位职责如下。

（1）负责所有案件的配件价格审核。

1）询价

① 对于所核所有案件，必须保证进行当地市场实际询价。

② 对查勘定损员完成事故车辆所需更换零配件的初步询价工作。

③ 报价岗位人员根据事故车辆品牌、车型、车架号、所需更换零配件名称等信息在配件报价系统中进行询价。

④ 对于不能确定价格或者报价系统中没有价格信息的零配件，报价岗位人员可向兄弟公司、上级公司或者配件商进行询价。

⑤ 询价结果必须保存原始记录。

2）报价

① 报价人员组织建立当地市场询报价渠道，及时获取配件市场价格变化信息，至少要完善本地常见车型易损件价格。

② 登录报价系统，选择本地常见车型，输入本地化价格，进行保存。

③ 收到外机构向本机构询价的询价单，要及时按照《车险整车及零配件询报价管理规定》以及《关于车险零配件报价管理几个具体问题的说明》进行报价。

④ 报价岗位人员根据报价系统中的价格信息和询价结果价格信息进行报价。

⑤ 依据配件价格信息数据库参考配件价位，可上浮下调，要求市场价格不得超过系统价格的5%，4S 店价格不得高于系统中给出的4S 店价格。

3）核价

① 核价人员登录报价系统，选择待核价的案件，查看车辆损失照片，初步审核损失明细，对于有疑问的信息及时与定损员沟通，进行确认。

② 对于明显不需要更换的配件，选择核价意见，退回定损方。

③ 根据损失车辆的外观照片、厂牌型号、生产日期、VIN 编码等车辆信息，对损失的零配件进行准确核价。

④ 对超过本级核价权限的，要认真填写本地市场价格，在规定的时间内，应按《车险整车及零配件询报价管理规定》以及《关于车险零配件报价管理几个具体问题的说明》进行询价。

⑤ 结合配件报价系统价格信息以及向兄弟公司、上级公司或配件商的询价反馈价格信息进行最终核价。

⑥ 零配件核价时，须注意是否存在重复报价，是原厂件还是副厂件的报价等问题。

(2) 负责本人工号平台中所有案件的审核质量。

(3) 负责对追加、增加损失项目案件的价格审核工作。

(4) 负责对有争议、产生诉讼、疑难、推定全损、一次性定损案件价格协商、配件审核工作。

(5) 负责保证对案件配件价格审核时效、提交时效及相应的管理与监控。

(6) 负责汇总审核案件过程中发现的问题，并提改进方案，协助组织培训，落实改进方案；负责上级所增设的长期性工作及安排的临时性工作。

【工作实施】

工作流程如图 1-50 所示。

一、核价操作细则与技术要求

1. 核价审核原则

1）即点即核、保证时效、价格合理、责任到人。

2）配件价格遵循“有价有市”和“报供结合”的原则。

①“有价有市”不能一味追求低价，保证市场合理的、可执行的价格。

②“报供结合”对于提供价格信息的配件供应商，确定其库存及现货提取时间，以备后期配件配送的发生。

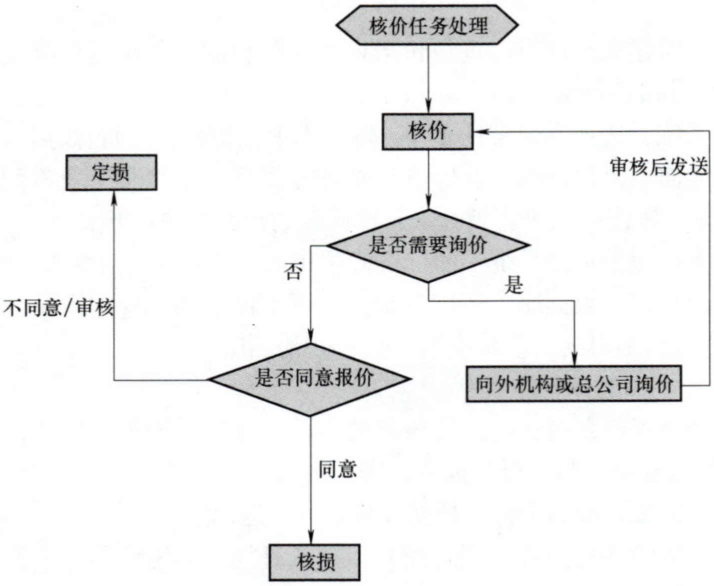

图 1-50 工作流程

3）严格审核上报总成件后又以拆分件重复上报案件。

4）严格审核国产配件假以进口配件价格上报案件。

5）对老旧车型配件无法提供原厂包装者，按副厂件或拆车件核定价格。

2. 核价操作细则

（1）管理费的增加要求及管控

1）所有经核价的价格都包含配件管理费。

2）为保证与承修方的良好合作，在最大可能压缩配件赔付成本的同时，给予修理厂一定的配件管理费用（即材料管理费），实现双方的互惠互利原则，此部分利润可称为“管理费”。

3）配件价格确实为市场销售价格时，根据维修厂技术类别、专修车型综合考虑可以给予一定管理费，但是最高不能超过配件金额的10%。根据地域原因，如偏远地区，或某一车型在当地的市场占有率极低，可适当考虑增加管理费，原则上不得超过配件金额的15%。

4）市场价增加管理费后不得高于该配件的4S店价格。在4S店维修按照厂家指导价核价，无管理费。

（2）对于进口及老旧车型配件的价格审核要求

1）对于所报的进口配件要求承修方提供汽车厂商的资质授权证书，如其无法提供正规资质证明，则按当地配件市场价格核定。

2）对于老旧车型，如承修方无法提供其配件的原厂包装或证明，则按市场副厂件或拆车件进行价格审核。

（3）配件配送工作操作及要求

1）所核定价格是否为修理厂及保户接受：如无法接受，并协商不下，申请配件配送；

与修理厂存在价格异议、当地配件价格居高不下、稀有车型配件当地难寻等情况可由当地相关人员提出配送需求，先行核实，后上报总公司理赔事业部，在全国范围内进行配送，原则上先在本省或者本市区域内进行调配。

2）总公司负责确认配送订单、物流输运等事宜，在货至当地后，由分公司配件维护员（亦可是指定的当地查勘负责人）对配件质量、数量等各方面进行核实，赔款将按工时费及配件货款进行分割，财务统一结账；由各地分公司财务根据实际情况结清后报到总公司备案记录。

（4）存在价格争议案件的处理

1）在接到案件后作初审，并偕同或交付分公司配件价格维护岗人员依据当地市场实际情况落实。

2）由总公司审核后给予指示，分公司配件价格维护岗再次落实或申请配送。

【实操练习】

内容：由于近年来汽车市场变化大，车型不断更新替代，导致汽车配件市场价格变化波动大，为了更好地维护市场利益，各类车型配件数据库需要更新，请各级机构及时核实当地各车型的市场配件调整参数，以便统一更新维护公司汽车配件数据库，保持与市场同步价格吻合。

考核要点：

1）配件价格本地化维护和更新率。

2）本地核价及时率。

3）向外机构报价及时率。

4）核价偏差率。

任务七　核定保险事故责任（定责定性）

主要负责审核案件真实性；审核定损项目及维修工时；审核查勘、定损上报的案件相关信息；对查勘、定损人员进行管理和技术支持，从事该项工作岗位称为核损岗。

【情境案例】

2013 年 2 月 19 日 × 时，小王开着一辆奥迪在光明新区根玉路由东往西方向行驶至光明新区根玉路艺和厂路段，由于驾驶操作不慎，车身左侧同路中央的路肩发生碰撞，造成奥迪车部分损坏的道路交通事故。小王未按操作规范安全驾驶，负事故的全部责任。查勘员现场查勘后，要求小王开车到维修厂向保险公司报定损，定损员接到定损调度后到维修厂对该车本次损失进行拍摄和损失鉴定，定损员完成损失鉴定后将案件提交到核损处理，核损员怎样对该案进行审核？小王于 2012 年 8 月 19 日在某保险公司投保了车损险、三者险 50 万、车上人员责任险和不计免赔险等险种。

【学习内容】

1）学习综合承保、报案、查勘、历史出险记录等环节的信息，判断事故是否属于保险责任，案件是否存在虚假成分。

2）学习依据承保险别，审核事故损失是否能对应相应的承保险别，损失金额是否超过了对应险别的最高赔付限额（如划痕险限额）。

3）学习查看保险期限，对邻近保险起期或止期的保险事故应提高警惕，要对查勘情况进行重点审核。

4）学习核对被保险人与行驶证车主是否相符，不相符的是否已经过户，已经过户的有没有变更被保险人的批单。

5）学习检查驾驶证、行驶证、营运车辆准驾证是否有效。

6）学习检查事故现场照片是否符合拍摄规范（有无带车牌号的整车照片、拍摄能不能反映事故发生的全貌等），照片日期是否可疑（照片日期在报案时间之前的可能是虚假案件）。

7）学习通过事故现场照片、查勘记录分析事故成因，判断是否存在虚假成分。需要现场复勘的，可联系查勘人员进行恢复现场复勘。

8）学习对历史出险信息进行查阅，检查是否存在重复索赔的情况。

9）学习对资料不完善、及时通知相关人员补充，对疑难、复杂案件应及时与相关部门沟通并向上级领导汇报。

【学习目标】

1）能够严格按照业务流程要求完成所有单证的形式审核与实质审核，给出正确的审核结论。

2）能够准确、合理地对所提交案件是否属于保险责任予以确定，不在本岗位权限范围的应向上级汇报。

【相关知识】

岗位职责：

1）负责对本区域内查勘、定损人员上报案件及事故损失的真实性、保险责任界定的审核工作。

2）负责对本区域内查勘、定损人员上报案件中录入查勘报告内容、单证、验标照片、现场照片、损失照片、报损项目、维修工费、残值处理意见、施救费用、物损损失等相关证据的真实性、合理性、完整性进行审核。

3）对相关操作人员规范化录入、预估损失准确度、上报审核实效进行监督、考核。

4）负责对案件追加、增加损失项目的审核工作。

5）负责对有争议案件、产生诉讼案件、疑难案件的审核工作。

6）对本职工作进行经验汇总或提出改进意见，协助负责人对查勘、定损及核损岗位人员进行相关培训。

【工作实施】

工作流程如图 1-51 所示。

核损操作细则与技术要求如下。

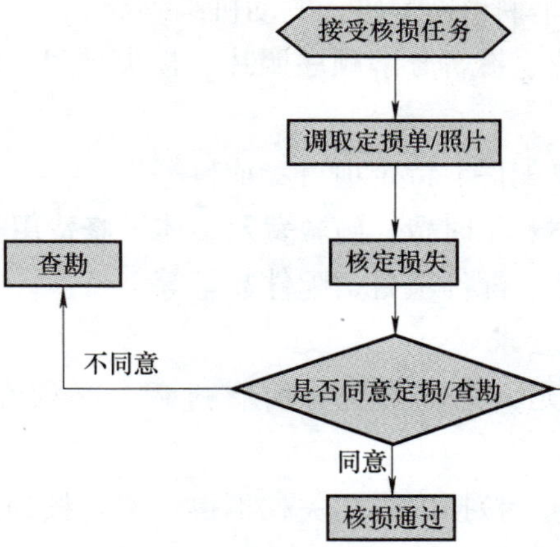

图1-51 核损工作流程图

1. 车险核损原则

1）根据保险公司依据各地《汽车维修行业工时定额和收费标准》结合汽车保险市场制定下发的《工时标准》《施救费标准》《更换件残值折价标准》《理赔损余物资管理办法与实务操作规程》《物损标准》等各项规定及标准，对权限内案件的审核。

2）对不符合或无国家规定标准和省级地方行业标准的项目和项目价格，严格审核。

3）对无依据项目不得核损通过。

4）对定损案件的时效及案件质量进行监督。

2. 车险案件审核方式

核损岗位对上报案件，采取“当场沟通、当场修改、当场审核、当场通过”的审核模式。可根据上报案件金额大小，采取一级审核或多级审核方式。

3. 核损审核要求

1）审核查勘、定损人员、核损人员办理案件行为是否符合公司规定。

2）审核事故真实性、保险责任界定的准确性，对发现异议情况立即提交重案流程，严重情况立即上报主管领导亲自处理。

3）审核前期各个岗位案件办理的时效性，发现异议立即追究责任。

4）准确审核上报案件的车损、物损任务中各项数量金额。

5）审核立案金额的准确性。

6）审核案件系统录入格式要求的规范性，文字栏中录入文字的规范性。

7）审核前期办理是否落实重案人员的指示以及落实的准确性。

8）审核承报信息，对发现有异议情况必须有相关部门提供的准确依据信息。

9）审核配件价格、配件种类、车辆配置的准确性。

10）审核全损案件的金额确定。

11）审核各个总成件更换的准确性、更换的依据性、金额的准确性。

12）审核任务中辅料/工时/施救/残值的依据性、准确性、合理性。

4. 核损审核内容

1）查勘信息：现场相片、施救过程、人车合影、查勘报告、询问笔录、驾驶证件、行驶证件、事故责任认定书、牌照、车辆识别编码、发动机编码等。

2）定损信息：未拆解损失部位、拆解分解顺序照片、损失项目、鉴定更换项目过程和依据等信息。

3）更换项目：配件项目、修复配件、待定项目、辅料等。

4）工时费、施救费：维修方案、工时费、施救费及整体维修费用等。

5）配件价格、残值：配件价格、配件项目、配件数量等。

5. 审核意见在系统备注拦填写要求

1）每次上报、审核、退回补充、完善信息等所有过程，必须在备注栏中填写文字说明。

2）每次填写说明内容，必须与本核损内容相关，不得填写与核损无关的内容，并要求准确回答问题，按照指示办理回复记录。

3）填写者必须标明本人姓名、电话等信息。

4）对在备注栏中不能准确反映清楚的情况，可以通过其他方式确认。

【实操练习】

一、实训步骤

根据实际工作岗位，确定实训步骤，见表 1-7。

表 1-7

步　骤	内　容
第一步骤	M-AI 核损模块操作讲解 多媒体（机房）课堂讲解 Flash 实训指导模块引导
第二步骤	M-AI 核损模块实操练习 多媒体（机房）操作练习
第三步骤	保险责任复核

二、情境设计

1. 案例设计

2013 年 2 月 19 日 × 时，小王开着一辆奥迪在光明新区根玉路由东往西方向行驶至光明新区根玉路艺和厂路段，由于驾驶操作不慎，车身左侧同路中央的路肩发生碰撞，造成奥迪车部分损坏的道路交通事故。小王未按操作规范安全驾驶，负事故的全部责任。

保险信息：小王于 2012 年 8 月 19 日在某保险公司投保了车损险、三者险 50 万、车上人员责任险和不计免赔险等险种。

向保险公司报案，查勘员接到任务调派。到达现场，审核相关信息。相关信息审核完毕，进行现场取证。取证完毕，进行查勘资料的填写。现场查勘完毕，查勘员指导客户到修理厂进行定损，拨打报案电话。定损员接到调度派工，客户已经到达 × × 修理厂，等待定损。联系完客户，到达修理厂，进行损失取证。取证完毕，对配件进行询价，缮制定损单，录入系统，发送案件。接到定损平台发来的案件，进行核损，审核保险责任。

2. 工具

M-AI 车险业务综合实训系统。

3. 场地

车险理赔综合实训道场。

4. 情境考核

核损平台系统操作如图 1-52 所示。

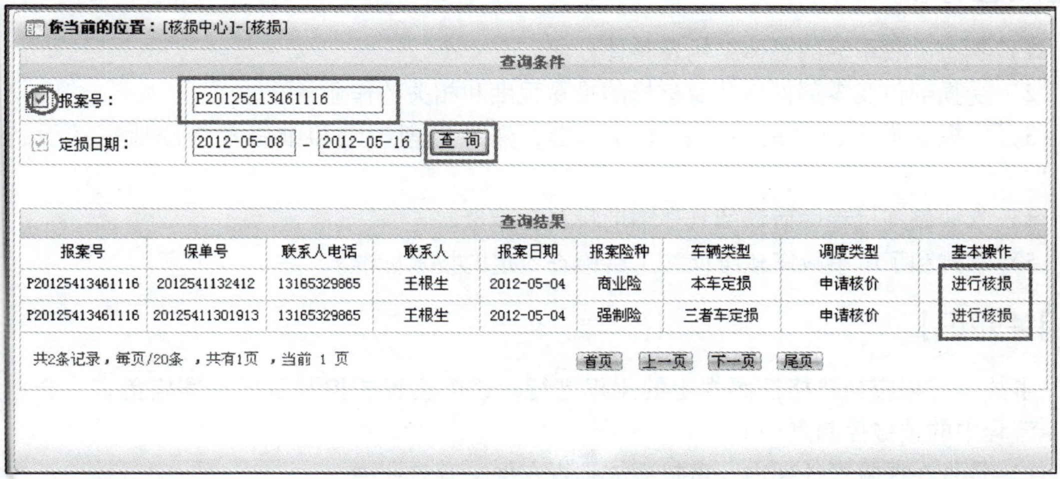

图 1-52 核损平台进入界面

任务八 工时费及施救费审核依据

车辆损失工时费即维修工时费用，是对事故车辆在保险原则规定范围内进行维修的工时费用，其中，包含在维修过程中各个工种的各环节产生的费用，如拆解费、钣金费、喷漆费、调试费、检查诊断费、电脑匹配费等。工时定价是审核工作的一项重要内容，在车辆定损过程中对维修工时费的审核确定处理。

【情境案例】

2013 年 2 月 19 日 × 时，小王开着一辆奥迪在光明新区根玉路由东往西方向行驶至光明新区根玉路艺和厂路段，由于驾驶操作不慎，车身左侧同路中央的路肩发生碰撞，造成奥迪车部分损坏的道路交通事故。小王未按操作规范安全驾驶，负事故的全部责任。查勘员现场查勘后，要求小王开车到维修厂向保险公司报定损，定损员接到定损调度后到维修厂对该车本次损失进行拍摄和损失确定。对配件进行询价，缮制定损单，录入系统，发送案件。接到定损平台发来的案件，进行核损，审核估损工时费用是否合理。依据是什么？小王于 2012 年 8 月 19 日在某保险公司投保了车损险、三者险 50 万、车上人员责任险和不计免赔险等险种。

【学习内容】

1）核损范围只限于本次事故所造成的车辆损失（包括车身损失及各种机械件损失）。

2）能局部修复的不能扩大到整体（主要是对车身钣金和面漆的处理）。

3）损坏零部件的更换，按照零件编号查看，有单件的不能更换总成件。

4）根据修复工艺的难易程度准确核定维修工时（并按照当地行业管理和物价部门制定的工时取费标准及参照当地的工时费用水平核定工时费）。

5）准确掌握各种车辆的4S店及市场原装的配件价格。

【学习目标】

1）熟悉事故车辆的总体结构及整体性能。

2）受损部位及零部件拆装及整修的难易程度和相关的作业量。

3）掌握受损零部件的检测技术及标准，熟悉修理工艺和维修及检测所需的设备及工具。

4）掌握修理过程中所需的其他辅助材料和用量。

5）掌握和了解事故车辆维修竣工后检查鉴定的技术标准。

【相关知识】

事故车定损应当严格按照规定的流程进行，这个流程的控制目标是准确负责、合理赔付。流程中的关键控制点如下：

1）是否在保险责任期内：审核事故是否在保险有效期内。

2）是否属于保险财产：核对受损财产是否属于保单列明的财产。

3）是否属于保险责任：审定发生损失是否由保险条款规定的自然灾害或意外事故所致，应以保险合同条款为“准绳”，特别是注意审核被保险人是否履行了义务。

4）是否是合理费用：审核费用应考虑是否“必要”和“合理”。施救费用与损余残值能否互相抵消。

5）是否属第三者责任：根据交强险的规定，保险事故由第三者责任造成的，应由保险人先行赔付。商业三责险相关法律和条款也规定，应被保险人要求，也可由保险人先行赔付。同时由被保险人填写授权书，将追偿权转移给保险人，并积极协助追偿。如第三者因经济困难或其他不可抗力原因无法履行赔偿责任的，保险人赔偿后结案。

6）确定本次事故损伤的具体部位，并由此判断和确定此次事故由于撞击和振动产生的纵向和横向分力，可能引起的其他部件的损伤，并确定远离撞击部位的损坏件与此起事故有无因果关系。

7）制订维修方案，首先对损坏的零部件按类别，由前至后由表及里进行登记，确定可以修复无须更换的部位及配件。

8）根据已制订的维修方案以及修复工艺的难易程度，准确地核定工时。

9）根据所掌握的主机厂4S店和市场原厂配件价格，确定该车的损坏配件价格，以及修复过程中所需的其他耗材价格。

10）对损坏后无法修复，或修复后影响使用功能、影响外观、影响安全性，或修理费达到零件价格的80%时，以换为主；对不提供单件的总成件和隶属关系复杂的更换配件，需提供维修站的文字说明及标准的配件关系图资料，更换项目的确定由核损负责。

【工作实施】

一、修理工时的核定

目前在事故车辆修复工时的确定问题上，各个部门大多数都是凭经验对修复工时进行大致的估算。事故车辆由于碰撞的轻重不同，其各个部位的变形程度也千差万别，尤其是钣金的工作量差异更大，很难有一个统一标准，不像4S店的主机厂对维修保养更换配件，有一个明确的取费标准，但对事故车辆的修复到目前各部门均无一个统一的标准。因此要对事故车辆的定损、估价准确合理，就要求核损估价人员不但要精通汽车维修技术，而且要熟悉事故车辆修复的整个工艺流程，还要掌握各种汽车零部件的维修标准和检验技术及修复方法。

事故车辆修理工时的确定，一般按工种分类，确定它所涉及的工种范围包括机修、电气、漆工、铆焊、塑件焊接、皮件、空调等。但现在的修理厂及4S店，基本将工种分为三大类：钣金、机电、漆工，事故车辆除特大事故外，一般事故较多。从各个工种所占比例看，钣金、漆工所占工时较多，因此在事故车辆工时核定时，应认真做好钣金、漆工的工时核定。

1. 钣金工时部分

按照钣金件所在部位进行了大类的划分，轻度损伤、中度损伤、重度损伤，具体受损程度可参见《钣金件受损程度说明》。钣金部位超过3件时，钣金工时整体按照90%计算；钣金部位超过7件时，钣金工时整体按照80%计算；钣金部位超过14件时，钣金工时整体按照70%计算（部分钣金工艺包含焊接及内饰部分拆装）。

2. 喷漆部分

本标准为金属漆限价，如为实色漆按照本标准下浮20%计算。各项喷漆价格均为整体喷漆，如前后杠及其他带有明显分隔线的部位可以进行半喷的，按照整体的50%计算。各喷漆部位支持部分补漆，补漆可按照整体喷漆金额的30%作为限价。喷漆部位超过3处的，喷漆金额整体按照90%计算；喷漆部位超过6处的（仅包含前杠、叶子板、车门、发动机室盖、行李箱盖、后杠、大顶13块），喷漆费=实际喷漆面数/13×全车喷漆价格。

3. 拆装工时部分

拆装工时按照零配件所在部位进行了大类划分。拆装部件超过8处的，拆装工时整体按照90%计算；拆装部件超过15处的，拆装工时整体按照80%计算；拆装部件超过30处的，拆装工时整体按照70%计算；拆装部件超过50处的，拆装工时整体按照60%计算。

4. 机修电工工时部分

机修电工部件超过3处的，机修电工工时整体按照90%计算；机修电工部件超过6处的，机修电工工时整体按照80%计算；机修电工部件超过9处的，机修电工工时整体按照70%计算。

5. 工时核定的方法

机动车碰撞后其车身部分很可能产生变形，因撞击后车体变形的随意性，其变形损坏的程度也千变万化。修复难易程度及修复的工作量也千差万别，很难有一个比较标准的准确的工时定额。目前通常的做法是，按车类、车型进行分类工时核定，即机电工种的损坏件经核损后的拆装更换工时，钣金工种的校正、平修、验装工时，漆工的整车、单件及多组件喷漆工时。

6. 工时定额和费率

事故车的损失主要由工时费和零件费用组成。工时费的计算方式：工时费 = 工时费率 × 工时定额。工时定额是根据修理的项目确定的，在主机厂工时手册或专业估损手册中，通常将工时分为拆卸和更换项目工时、修理项目工时、大修工时、喷漆工时、辅助作业工时等。不同车型、不同总成的工时定额一般差别较大，甚至不同年款的车型也有较大的差别，因此，工时手册中的工时数据经常更新。工时费率一般随着地域（如经济发达的大城市和中小城市）、修理厂（如一类修理厂、二类修理厂、三类修理厂、4S 店和综合型修理厂）、工种（如钣金、机修和漆工）的不同而不同，保险公司应当经常对各个地区的工时费率进行调研，以确定当前适用于该地区的平均工时费用。

对于事故车的估损和修理，工时定额和工时费率一般有以下几个来源，可供估损员参考。第一类是在事故车的车型《碰撞估损指南》或主机厂的工时手册和零件手册中查找工时定额。第二类是各保险公司或公估公司内部使用的工时费限额。第三类是使用各省市汽车维修行业协会及交通局和物价委员会制定的《汽车维修工时定额与收费标准》。《碰撞估损指南》或主机厂的工时手册和零件手册中提供的工时定额，是由专业的汽车估损数据公司或主机厂针对具体车型制定的，并且包括各总成的拆装工时、更换工时、大修工时等，准确性高，针对性强，非常适合事故车的定损需要，是今后汽车估损工时定额的发展方向，也是本书重点讲解的内容。

对于部分进口乘用车，可以查阅该车型的《碰撞估损指南》，如 MITCHELL 公司和 MOTOR 公司编写的《碰撞估损指南》，里面不仅提供了各总成的拆装和更换工时，部分总成还提供了大修工时，并且考虑了各部件之间的重叠工时，是比较好用的估损工具。对于国产车型和部分进口车型，可以按照本书讲述的估损办法，并结合使用各车型主机厂的工时手册和零件手册，估算修理费用。主机厂的工时手册和零件手册中一般包含各总成及零件的更换和拆装工时。例如，关于更换裙板，本书的讲述中不仅考虑到更换裙板本身的工时，如钻除焊点、拆除旧板、安装和对齐新板所需的时间，还考虑到拆卸和安装车内地毯、隔音隔振材料和前围装饰件的工时，这些操作都是必需的，因为在前围板上焊接新板件时会产生热量，如果不拆除这些部件，可能造成损坏。

估损员可以根据提示的修理项目，在主机厂的工时手册和零件手册中查找到各个项目的工时，并进行累加。但需要特别注意的是重叠工时的问题。如在上面的例子中，更换裙板时需要拆卸和安装车内地毯。如果该车同时还需要修理地板，也需要拆卸和安装车内地毯，那么拆卸和安装车内地毯的工时只能计算一次，不能重复计算。这样做的优点是工时费估算比较准确，能够合理地降低保险公司的理赔费用。而且每一步骤都有据可查，能有效避免车主与修理厂和保险公司或公估公司之间因价格差异较大而产生矛盾。各种工时包含的操作如下：

“拆卸和更换工时”（R&R）：把损坏的零件或总成从车上拆下来，拆下该零件上的螺栓安装件或卡装件，并把它们转移到新件上，然后再把这个新零件或总成安装到车辆上，并调整和对齐好。

“拆卸和安装工时”（R&I）：有时为了修理一个受损零件，需要把一个相邻的零件拆下来然后再安装上去。这种工时可以称作“拆卸和安装工时”，有时主机厂工时手册或专业估损手册中也单独给出拆卸和安装工时。注意：它与上面的“拆卸和更换工时”是不同的。

“修理工时”：分解/重新组装、检查、测量、调整、确认、诊断、故障排除（电气系统）等操作的工时。修理工时的确定比“拆卸和更换工时”要复杂得多。零件价格的不同、地域的不同、修理工艺的差异等都可能造成修理工时的不同。部分主机厂的工时手册和零件手册中提供了主要总成和零部件的修理工时。

“大修工时”（O/H）：把一个总成或分总成（如保险杠和悬架）从事故车上拆下来，将其拆解开来检查，更换掉损坏的部件，然后再重新安装到车辆上，并调整对齐好。对估损人员而言，大修时间实际上是一条计算工时的捷径。例如，对于被撞坏的保险杠，很多情况下只需更换其中的部分零件而不是整个总成。此时如果没有大修工时，需要计算保险杠中各个零件的拆卸和安装工时和重叠工时，比较烦琐，如果有大修工时，则只需查阅这个大修工时即可。

在汽车修理作业中除包括更换件工时、拆装件工时、修理工时，还应包括辅助作业工时，这部分工时通常包含以下操作：

1）把汽车安放到修理设备上并进行故障诊断。

2）用推拉、切割等方式拆卸被撞坏的零部件。

3）相关零部件的矫正与调整。

4）去除底漆、沥青、油脂及类似物质。

5）修理生锈或腐蚀的零部件。

6）松动锈死或冻结的零部件。

7）检查悬架系统和转向系统的定位。

8）除去破碎的玻璃渣子。

9）更换防腐蚀材料。

10）修理作业中当温度超过60℃时，拆装主要电脑模块。

11）拆装车轮和轮毂罩。

12）如果新件上没有安装孔而需要重新打孔。

13）因使用副厂件而需要进行一定的改装或改动。

上述各项虽然每项工时不大，但对于较大的碰撞事故，各作业项累计通常是一项不能忽视的重要工作。

各保险公司或公估公司内部使用的工时费限额，是由不同类别车型，按照拆装、钣金、机修、电工、油漆等实际工作量，按车辆的新车购置价分为6万元以下、6万~15万元、15万~25万元、25万~35万元、35万~60万元、60万元以上六个计算档次。具体车型分类如下：

1）6万元以下代表车型：比亚迪F0、昌河爱迪尔、昌河北斗星、长安奔奔、长城哈佛、海马王子、华普、吉利、江淮同悦、力帆、羚羊、奥拓、奇瑞旗云、QQ、奇瑞A1、夏利、雪佛兰乐驰、哈飞路宝等。

2）6万~15万元代表车型：比亚迪F3、比亚迪F6、比亚迪G3、标致207、标致307、长安志翔、长安CX30、长城赛弗、长城赛影、捷达、高尔、桑塔纳、嘉年华、福美来、奇瑞A5、千里马、骊威、奔腾、宝来、思域、骐达、威驰、飞度、凯越、波罗、骏捷、思迪、朗逸、高尔夫、雅士利、花冠、卡罗拉、福克斯、圣达菲。

3）15万~25万元代表车型：本田CRV、奥德赛、雅阁、君威、君越、荣威、帕萨特、途安、途观、迈腾、凯美瑞、RAV4、蒙迪欧、M6、天籁。

4）25 万 ~35 万元代表车型：汉兰达、锐志、森林人、奥迪 A4、沃尔沃、皇冠、普锐斯。

5）35 万 ~60 万元代表车型：奥迪、宝马 3 系、奔驰 E 系、讴歌 TL、宝马 MINI、翼豹、别克林荫大道、华晨宝马 5 系。

6）60 万元以上代表车型：宝马 X3、宝马 X5、路虎、雷克萨斯 ES/IS 系、奥迪 TT/Q7、途锐、林肯、奥迪 A8、悍马、保时捷、雷克萨斯 LS 系、宝马 7 系、陆虎揽胜、捷豹。

各车型适用金额区间，以该车型低配置价格所在区间为准，根据当地市场价格确定工时费用。这种工时费限额只是把车型分成不同的类别，没有具体到每个车型，并且只有常用操作的工时费限额，因此数据量比较小，虽然查找使用方便、直观，但准确性和数据的覆盖范围不如第一类工时定额。这种工时费限额也是目前保险公司和公估公司广泛采用的方法。

二、施救费用的核定

1. 确定施救费用应遵循的原则

施救费用是在发生保险事故之后，被保险人为了减少损失而支出的额外费用。施救费用是一种替代费用，其目的是用一个相对较小的费用支出，减少一个更大的损失。定损人员在确定施救费用时应遵循以下原则：

1）施救费用应是保险标的已经受到损失时，为了减少损失或者防止损失的继续扩大而产生的费用。在机动车辆保险中主要是倾覆车辆的起吊费用、抢救车上货物的费用、事故现场的看守费用、临时整理和清理费用以及必要的转运费用。

2）被保险车辆出险后，雇用吊车和其他车辆进行抢救的费用以及将出险车辆拖运到修理厂的运输费用，按当地物价部门颁布的收费标准予以理赔。被保险人使用他人（非专业消防单位）的消防设备，施救被保险车辆所消耗的费用及设备损失可以列为施救费用。

3）在进行施救过程中，由于意外事故可能造成被施救对象损失的进一步扩大、造成他人财产的损失以及施救车辆和设施本身的损失。如果施救工作是由被保险人自己或他人义务进行的，只要没有存在故意和重大过失，原则上保险人应予赔偿。如果施救工作是雇佣专业公司进行的，只要没有存在故意和重大过失，原则上应由专业公司自己承担。同时，被保险人还可以就进一步扩大损失的部分要求专业施救公司承担赔偿责任。但在施救时，施救人员物品的丢失，一般不予赔偿。

4）被保险车辆发生保险事故后，需要施救的受损财产可能不仅仅局限于保险标的，在这种情况下，施救费用应按照获救价值进行分摊。如果施救对象为受损保险车辆及其所载货物，且施救费用无法区分，则应按保险车辆与货物的获救价值进行比例分摊，机动车辆保险人仅负责保险车辆应分摊的部分。

5）车辆损失险的施救费用是一个单独的保险金额，但是如果施救费用和保护费用、修理费用相加，估计已达到或超过保险车辆的实际价值时，则应作为推定全损案件处理。同时，一般情况下保险公司不要接受权益转让。而第三者责任的施救费用与第三者损失金额相加不得超过第三者责任险的保险赔偿限额。

2. 在确定施救费用时应注意的问题

1）目前，施救费用的处理仍然存在一定的行业垄断问题。较为突出的就是受损车辆的施救问题，有的地方对于受损车辆采用统一施救的方式，这种方式本身是无可厚非的，但是如果利用这种垄断的优势，收取不合理的费用，甚至借以牟取暴利则应予以抵制。

2）保险车辆出险后，被保险人赶赴肇事现场处理所支出的费用不予理赔。

3）如果被保险车辆为进口车或特种车，发生保险责任范围的事故后，在当地确实不具备修理能力，事先经保险公司书面同意可以移送外地修理，对相应的移送费保险公司将予以赔偿。但是应当明确该项费用属于修理费用的一部分，而不是施救费用。

在确定施救费是否“合理”“必要”时，应当看：

① 是否发生了保险事故，施救费用必须是以发生保险灾害事故为前提的。

② 是否以减少保险财产损失为目的。

③ 是否以“直接”“必要”“合理”为原则。支付的费用必须是为施救、保护保险财产支出的直接费用。

4）施救中，需要注意的问题见表 1-8。

表 1-8　施救中需要注意问题

险　　种	注 意 问 题
机动车辆险	1. 损坏车辆的抢救费用
	2. 抢救过程中造成他人财产损失
	3. 只对保险车辆救护费用负责，涉及两辆以上应按责任分摊施救费用。受损车辆与所载货物同时被施救，其救货物费用应剔除，分不清时应按被保险车辆与货物的实际价值比例分摊赔偿
	4. 施救、保护费用与修理费用相加理算，费用相加超过车辆实际价值的，按推定全损赔偿

三、残值处理

残值处理是指保险公司根据保险合同进行了赔偿并取得受损标的的所有权后，对于这些受损标的的处理。通常情况下，对于残值的处理均采用协商作价归被保险人的做法，并在保险赔款中予以扣除。如协商不成，也可以将已经赔偿的受损物资收回。这些受损物资可以委托有关部门进行拍卖处理，处理所得款项应当冲减赔款。一时无法处理的，则应交保险公司的损余物资管理部门收回。

【实操练习】

一、实训步骤（表 1-9）

表 1-9　实训步骤

步　　骤	内　　容
第一步骤	换件项目的复核
第二步骤	配件价格的复核
第三步骤	维修项目和方式的复核
第四步骤	维修工时和单价的复核

二、情境设计

1. 案例设计

2013 年 2 月 19 日早上，×先生驾驶标的车沪 A×行驶在上班的路上，由于前一天晚上下雪，路面湿滑。在行驶到申滨路与仙霞西路交汇处，躲一行人时，由于路面较滑，踩制动不及时，刮到路边的路基上，造成标的车右前部受损，向保险公司报案，查勘员接到任务调派。到达现场，审核相关信息。相关信息审核完毕，进行现场取证。取证完毕，进行查勘资料的填写。现场查勘完毕，查勘员指导客户到修理厂进行定损，拨打报案电话。定损员接到调度派工，客户已经到达×修理厂，等待定损。联系完客户，到达修理厂，进行损失取证。取证完毕，对配件进行询价，缮制定损单，录入系统，发送案件。接到定损平台发来的案件，进行核损，审核定损结果。

2. 工具

M-AI 车险业务综合实训系统。

3. 场地

车险理赔综合实训道场。

4. 情境考核

核损界面系统操作如图 1-53 所示。

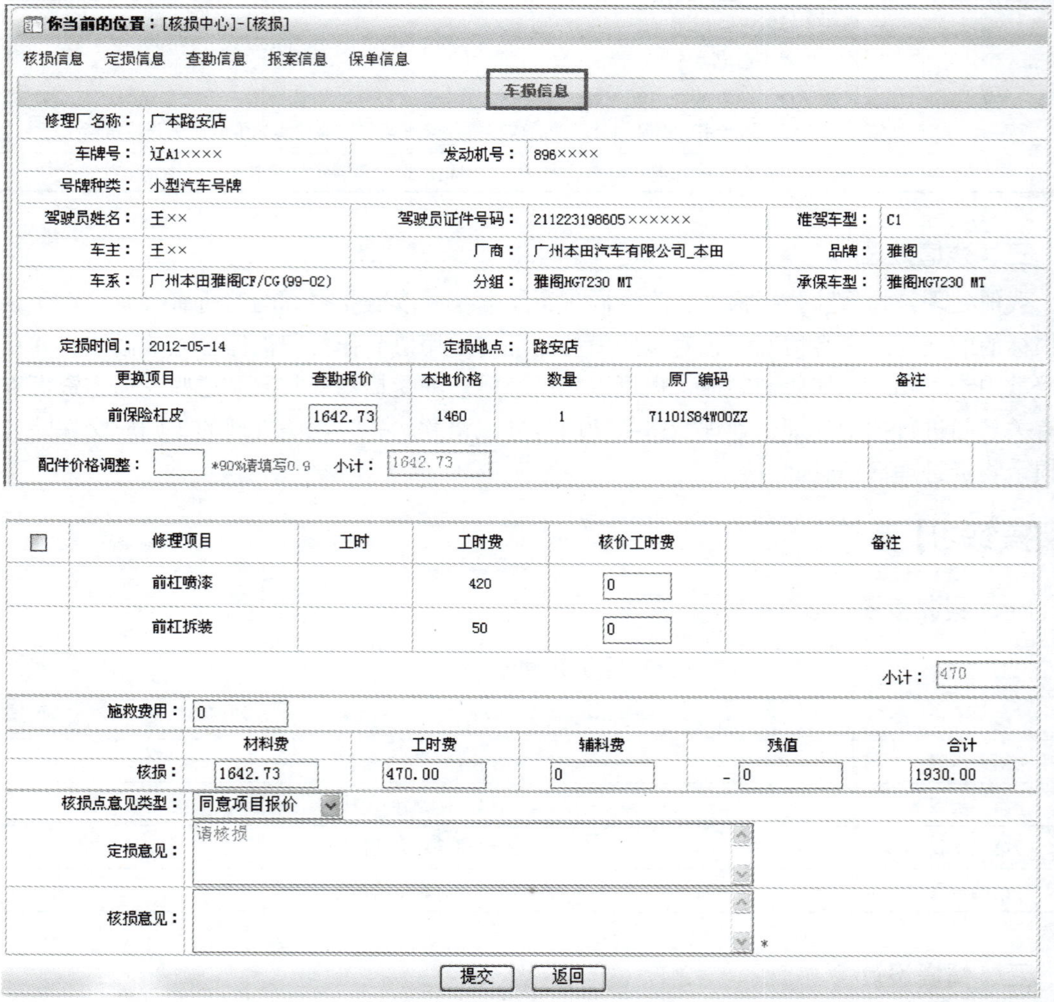
你当前的位置：[核损中心]-[核损]

核损信息 定损信息 查勘信息 报案信息 保单信息

车损信息

修理厂名称：	广本路安店				
车牌号：	辽A1××××	发动机号：	896××××		
号牌种类：	小型汽车号牌				
驾驶员姓名：	王××	驾驶员证件号码：	211223198605××××××	准驾车型：	C1
车主：	王××	厂商：	广州本田汽车有限公司_本田	品牌：	雅阁
车系：	广州本田雅阁CF/CG(99-02)	分组：	雅阁HG7230 MT	承保车型：	雅阁HG7230 MT
定损时间：	2012-05-14	定损地点：	路安店		

更换项目	查勘报价	本地价格	数量	原厂编码	备注
前保险杠皮	1642.73	1460	1	71101S84W00ZZ	

配件价格调整： *90%请填写0.9 小计：1642.73

	修理项目	工时	工时费	核价工时费	备注
	前杠喷漆		420	0	
	前杠拆装		50	0	

小计：470

施救费用：0

	材料费	工时费	辅料费	残值	合计
核损：	1642.73	470.00	0	-0	1930.00

核损点意见类型：同意项目报价

定损意见：请核损

核损意见： *

提交 返回

图 1-53 核损操作界面

任务九 其他财产损失的确定

保险事故导致的财产损失，除了车辆本身的损失和第三者人员伤害，还可能会造成第三者的财产损失。第三者财产损失包括：第三者车辆所载货物、道路、道路安全设施、房屋建筑、电力水利设施、道旁树木花卉、农田庄稼等。在处理这些涉案案件损失时，理赔员如何界定核定其损失件修换标准呢？需要注意哪些事项？

【情境案例】

2013 年 2 月 19 日 × 时，小王开着一辆奥迪在光明新区根玉路由东往西方向行驶至光明新区根玉路艺和厂路段，由于驾驶操作不慎，车身左侧同路中央的路肩发生碰撞，造成奥迪车部分损坏及路肩有损的道路交通事故。小王未按操作规范安全驾驶，负事故的全部责任，查勘员现场查勘后，对于路肩损失赔偿，保险公司怎样处理呢？小王于 2012 年 8 月 19 日在某保险公司投保了车损险、三者险 50 万、车上人员责任险和不计免赔险等险种。

【学习内容】

1）学习涉案非车险财产损失受损勘察。

2）学习非车财产损失部件鉴定依据标准和方法。

【学习目标】

1）能够掌握交通事故造成非车财产物件损失损伤程度的鉴别。

2）能够掌握交通事故造成非车财产物件损失损伤鉴定方法与赔偿标准。

【相关知识】

非车辆财产损失的定损原则如下。

1）财产损失应会同被保险人和有关人员逐项清理，拍摄损失照片，确定损失数量、损失程度和损失金额，同时要求被保险人提供有关货物、财产的原始发票。定损人员核实修复费用或重置价值后，制作《财产损失确认书》，由被保险人签字认可。

2）对受损财产技术性强、定损难度较大的物品，如较难掌握赔偿标准可聘请技术监督部门或专业维修部门鉴定，严禁盲目定价，必要时请生产厂家进行鉴定。

3）残值处理：根据车险条款规定，损失残值应尽可能协商折价折归被保险人，并在赔款中扣除。

4）常见的非车财产损失分类及定损依据（赔偿标准见附件）如下：

① 市政和道路交通设施：如广告牌、电线杆、防护栏、隔离桩、绿化树等，在定损中按损坏物产的制作费用及当地市政、路政、交管部门的赔偿标准定损。

② 房屋建筑：了解房屋结构、材料、损失状况，然后确定维修方案，最后请当地数家建筑施工单位对损坏部分及维修方案进行预算招标，确定最低修复费用。

③ 农田庄稼：在青苗期按青苗费用加上一定的补贴即可，成熟期的庄稼可按当地同类农作物平均产量测算定损。

④ 家畜、牲畜：牲畜受伤以治疗为主，受伤后失去使用价值或死亡的，凭畜牧部门证明或协商折价赔偿。

⑤ 车上货物及其他货品：应根据不同的物品分别定损，对一些精密仪器、家电、高档物品等应核实具体的数量、规格、生产厂家，可向市场或生产厂家了解物品的价格。另外，对于车上货物还应取得运单、装箱单、发票，核对装载货物情况，防止虚报损失。

5）物损照片的拍摄要求：受损财产的照片能够反映出财产损失的全貌及损失部位，多处受损应分别拍摄；带包装的物品受损应将包装拆下后拍摄，并注意拍摄包装物上的数量、类型、型号、重量等；价值较高的货物在分类后单独编号拍摄。

【工作实施】

常见第三者财产损失的定损处理方法如下。

1）市政设施。对于市政设施的损坏，市政部门对肇事者所索要的损失赔偿往往有一部分属处罚性质以及间接损失方面的赔偿。但保险公司依据条款规定只能承担因事故造成的直接损失。因此查勘定损人员在定损过程中应该掌握和区分在第三者索要赔偿部分，哪些属于间接费用，哪些属于罚款性质。同时，为使定损合理，查勘定损人员要准确掌握和收集当地的损坏物的制造成本、安装费用及赔偿标准。一般情况下，各地市内绿化树木及草坪都有规定的赔偿标准及处罚标准。在定损过程中，只能按损坏物体的制造成本、安装费用及赔偿标准进行定损。

如图 1-54 所示，该事故造成道路旁的绿化树损坏，这样怎样来核定损失？哪些属于赔偿范围？

图 1-54　绿化树损坏

2）道路及道路设施。车辆倾覆后很容易造成对道路路面的擦痕以及油料对道路的污染。很多情况下路政管理部门都要求对路面进行赔偿，尤其是高速公路路段。道路两旁的设施（护栏等）也可能因车辆碰撞造成损坏。对于以上两方面所造成的损失，保险公司有责任与被保险人一起同路政管理部门商定损失。因道路及设施的修复施工一般都由路政管理部门组织，很难以招标形式进行定损。大部分损失核定都以路政管理部门为主，但在核损时查勘定损人员必须掌握道路维修及设施修复费用标准，定损范围只限于直接造成损坏的部分。对于路基路面塌陷应视情况确定是否属于保险责任。

图 1-55 所示中哪个损失属于油料对道路的污染？

3）房屋建筑物（图 1-56）。在对房屋建筑物的损失核定方面，除要求查勘定损人员掌握有关建筑方面的知识外，在定损方面最好采取招标方式进行，请当地建筑施工单位进行修复费用预算招标。

图 1-55 道路污染

图 1-56 非车财产损失

4）农田庄稼。车辆倾覆可能会导致庄稼（青苗）造成损失，可参照当地同类农作物亩产量进行测算定损。

5）第三者车上货物的损坏。实际确定的损失费用往往与第三者向被保险人所索要的赔偿费用有一定的差距。查勘定损人员应当向被保险人解释清楚，即保险只能对第三者的实际损坏部分的直接损失费用进行赔偿，超出部分应当由被保险人与第三者进行协商处理。

【实操练习】

根据图 1-57 所列三个案例，指出分别属于哪类损失，找出每个案例中损失如何确定。分别指出损失内容，如何确定损失范围。

a)

b)

图 1-57 涉三者财物损失案例

c)

图 1-57 涉三者财物损失案例（续）

案例：由于驾驶员在驾驶 113 路公交车时不慎撞上路边的消防栓，消防栓破损致使附近二楼居民家中被水淹。造成二楼居民家中有部分装饰和家具损坏。经交警认定，被告公司驾驶员承担全部责任，该车投保了交强险和三者险。问题：

1）本事故中涉及哪些三者物损损失？并指出分别属于哪类损失？

2）上述损失是否属于保险责任？并说明原因。

任务十 人身伤害案件中相关费用的核定

对于交通事故中涉及人身损害的案件，依照《中华人民共和国道路交通安全法》（以下简称交通安全法）和《最高人民法院关于审理人身损害赔偿案件适用法律若干问题的解释》（法释〔2003〕20 号）（以下简称《法释》）规定的赔偿范围、项目、标准以及保险合同的约定，在保险单载明的赔偿限额内核定赔偿金额。对被保险人自行承诺或支付的赔偿金额，保险人有权重新核定或拒绝赔偿。人伤案件中重点审核的是《法释》第十七条规定和保险合同规定的 14 个项目，这 14 个项目可以分为以下三大类。

第一类为受害人受到一般伤害的损害赔偿范围，有医疗费、误工费、护理费、就医期间的交通费、住宿费、住院伙食补助费、必要的营养费、适当的整容费；第二类为受害人因伤残的损害赔偿范围，除根据抢救治疗情况赔偿一般伤害的相关费用，增加有残疾赔偿金、残疾辅助器具费、被扶养人生活费、康复费、护理费、后续治疗费；第三类为受害人死亡的损害赔偿范围，除根据抢救治疗情况赔偿一般伤害的相关费用，增加丧葬费、被扶养人生活费、死亡赔偿金、交通费、住宿费、误工损失。

【情境案例】

2013 年 2 月 19 日 × 时，下暴雨，小王开着一辆奥迪在光明新区根玉路由东往西方向行驶至光明新区根玉路艺和厂路段，由于驾驶操作不慎，车身左侧同路中央的路肩发生碰撞，造成奥迪车部分损坏和车上一乘客受伤的道路交通事故。小王未按操作规范安全驾驶，负事故的全部责任。车上人员受伤保险公司怎样赔偿？小王于 2012 年 8 月 19 日在某保险公司投保了车损险、三者险 50 万、车上人员责任险和不计免赔险等险种。

【学习内容】

1）人身伤害医疗范围只限于本次事故所造成的人员伤害损失。

2）医疗药费仅限于国家合规用药。

3）学受害人受到一般伤害及伤残的损害赔偿范围。

【学习目标】

1）熟悉交通事故人身伤害处理办法。

2）能够掌握涉人伤案件医疗用药规则。

3）能够了解人伤伤残医疗鉴定规则。

4）能够了解人伤伤残等级赔偿标准。

【相关知识】

人伤调查工作完毕将系统调查信息确认后提交至人伤核损。确定人身伤亡损失时应注意的几个问题如下。

1）医疗费用是目前人身伤亡损失控制中的一个突出问题。

一些医院尤其是一些中、小型医院因管理不善和利益驱动，对受害者及其家属提出的不合理要求采取无原则的迁就态度。有的出于自身利益的考虑，故意引导受害者进行不合理的治疗，甚至与受害者及其家属串通损害保险人的利益。定损人员对这些问题应予以充分重视。主要的对策是尽早介入，即在受害者送医时就开始全程介入，全面了解受害者受伤和治疗的情况，主要应了解各类检查和用药情况。对于一些疑难的案件，必要时可以委请有医疗专业知识和经验的人员协助。事故中伤者在门诊、住院期间的医疗费限公费医疗范围，其标准严格参照当地《国家基本医疗保险诊疗项目和医疗设施管理办法》的规定执行。

① 甲类药100%赔付，乙类、丙类药物根据事故发生地的医保政策为准，其他自费药及外购药不予赔付，超出医保标准的诊疗项目及材料费不予赔付，其中植入型材料和残疾辅助用具均采用国产普及型，进口类材料根据事故发生地的医保政策为准。

② 与本次事故伤情无关的一切医疗费用保险公司均不予赔偿，如治疗原有疾病、“搭车开药”、小伤大养、以伤养病，主管医生明确诊断“痊愈”后出现的任何治疗。

③ 无诊断价值的检查，非正常反复过大剂量治疗的费用不予赔付。

④ 违反国家医疗管理规定的诊断和休假证明，违反国家司法鉴定管理规定的鉴定结论不予认可。

⑤ 续医费医院出具证明并取得保险人同意方可赔付。

⑥ 属于保险除外责任的其他费用不予赔付。

2）伤者住院期间经医院确定需要护理时，护理人员最多不超过两人。伤者需要转院赴外地治疗的，须由所在医院出具证明并经事故处理部门同意。伤残鉴定费用需经过保险人同意。

3）抚养费用也存在较多问题，如受害人户籍所在地的有关人员提供虚假证明，伪造和虚构抚养对象等。

4）被保险人和受害者提供的索赔支持材料，如被抚养人的情况及生活费、医疗费、伤残鉴定证明等缺乏真实性、合法性、合理性。

5）关于交警在事故处理过程中出具的《交通事故经济赔偿调解协议书》的法律效力问题。

尽管交警在事故处理过程中是代表国家行使执法权，但是《交通事故经济赔偿调解协议书》是在其主持下由事故双方进行协商的结果。如果这种结果违背了相关法律法规的规定，可视同被保险人对自己合法权益的不当放弃，保险人对应赔偿的金额可以根据有关规定进行二次计算，并以此作为赔偿依据。

【工作实施】

一、医疗费的审核

医疗费是指自然人的身体受到侵害后所接受的医学上的检查、治疗和康复所必需的费用。医疗费用应根据《法释》第十九条进行审核：“医疗费根据医疗机构出具的医药费、住院费等收款凭证，结合病历和诊断证明等相关证据确定。赔偿义务人对治疗的必要性和合理性有异议的，应当承担相应的举证责任。医疗费的赔偿数额，按照一审法庭辩论终结前实际发生的数额确定。器官功能恢复训练所必要的康复费、适当的整容费以及其他后续治疗费，赔偿权利人可以待实际发生后另行起诉。但根据医疗证明或者鉴定结论确定必然发生的费用，可以与已经发生的医疗费一并予以赔偿。结合保险合同中约定的责任免除“不属于医保规定范围内的费用”进行审核。

上述医保是指国家制定的《城镇职工基本医疗保险制度》和各省、市、自治区、计划单列市的《省市城镇职工基本医疗保险制度》的相关规定。在审核中涉及的主要是国家劳动和社会保障部下发的《国家基本医疗保险和工伤保险药品目录》《国家基本医疗保险诊疗项目范围》《关于确定城镇职工基本医疗保险医疗服务设施范围和支付标准的意见》三个目录，以及各省、市、自治区、计划单列市制定的《药品目录》《诊疗项目范围》《服务设施范围和支付标准》。

1. 医疗费计算的截止时间

医疗费计算的截止时间直接关系到受害人的合法权益，也直接涉及医疗费用审核截止的时间。在《法释》第十九条第二款规定了医疗费计算的截止时间，即医疗费的赔偿数额，按照一审法庭辩论终结前实际发生的数额确定。但是，在实践中还可能出现以下两种情形：第一，受害人在一审法庭辩论终结后伤情没有治愈，肯定要进一步治疗，如果以一审法庭辩论终结作为计算医疗费用的截止日期，是否意味着在一审法庭辩论终结后支出的医疗费用无法得到赔偿？第二，受害人在一审法庭辩论终结后伤情虽然稳定或者基本痊愈，但是仍然需要进行后续治疗或者进行器官功能恢复训练，这些医疗费用是否就无法获得赔偿呢？对于上述两种情形，《法释》第十九条第二款第二、三句也做出了明确的规定：“器官功能恢复训练所必要的康复费、适当的整容费以及其他后续治疗费，赔偿权利人可以待实际发生后另行起诉。但根据医疗证明或者鉴定结论确定必然发生的费用，可以与已经发生的医疗费一并予以赔偿。”

在医疗费计算截止时间上，必须遵守《法释》的规定，将时间分为一审辩论终结之前及之后两个时间段，同时结合医疗终结时间做好医疗费用的审核工作。

2. 就诊医院

《法释》中对就诊医院和转院没有限制性的条文，故保险公司应提前介入跟踪记录，提醒双方当事人应在医保的定点医院或县级以上能提供电脑发票的医院就医；若伤情紧急需就地救治，应在当地乡镇卫生院进行简单的清创、止血、伤口包扎、骨折外固定或病情稍稳定后转县级以上医院（一般皮外伤除外），避免赔偿义务人对就诊医院的必要性和合理性产生争议；若病情特殊需转院治疗的，需提供就诊医院的转院证明或保险人的同意。

3. 医疗费具体项目的审核

（1）挂号费　我国各地医院均实行门诊挂号制度，挂号费包括医院门诊挂号、专家门诊挂号。从保险合同的角度讲，挂号费属医保政策规定中的自费项目，故保险人原则上不予承担此项费用。同时，对病历工本费、磁卡工本费等费用也不予承担。

（2）门诊观察治疗费　目前我国县级以上的医疗机构大部分都设立了门急诊观察治疗室，一般用于以下几种情况，由此产生的费用只要符合医保规定均可列入保险赔偿。

1）根据病情需要住院治疗，但暂时没有床位，而又需要不间断地治疗的伤者，经门诊医师的同意住进门急诊观察治疗室。

2）伤者的生命受到严重侵害后危在旦夕、需要随时观察抢救，以及经过抢救暂时不宜移动的伤者，只能暂时在门急诊抢救室进行各种抢救，待度过危险期，可以移动后再搬入病房。

3）伤者的伤情一般，属于住院也可，不住院也行，加之病房病床紧张，在门诊观察室进行治疗，只要伤者的目的是治疗损伤，没有其他的不良目的，原则上也可列入赔偿。

4）一些伤者的损伤情况检查结果需要较长时间才能出来，而伤者远道而来，往返极不方便，经门诊医师同意住进门急诊观察病室，对此类的门急诊观察床位费可以列入赔偿。

5）相关费用：经过允许的观察期间的护理费、误工费等视伤情需要可以酌情给予考虑。经查证并有证据证明以下几种情况的门诊观察室治疗费不能列入赔偿。

① 伤者伤情较轻，医院外科门诊医师只作了一般的门诊处理，没有同意住进观察室，床位费原则上不予赔偿，应予剔除。

② 某些县级以下医疗部门，可能管理比较混乱，应重点引起重视。对那些交了观察费就能入住观察室、一些小伤大养、无伤住院的情况，经核实，其在此期间的费用不应予以赔偿。

③ 伤者的损伤极轻，由于种种心理作用或其他非正常目的，托关系找门诊医师同意住进门诊观察室，并在此期间进行各项不必要的检查、乱开药，故意扩大治疗费用，其不合理、不必要的门诊观察治疗费予以剔除。

（3）医药费　在伤者的医疗过程中医药费占了一个很大的比重，一般在三级医院其医药费占整个医疗费用的50%左右，而在低级别的医院中占比更高，因此，医药费的审核在医疗核损中占了一个相当大的比重。即使保险合同约定的在医保范围内进行赔偿，在医保范围内的医疗费用也存在使用的合理性、必要性问题。《法释》将医疗的合理性、必要性有异议的举证责任归于赔偿义务人。

医药费包括中药、中成药、西药，限于当地医保药品目录范围。若伤情必需，且医保目录中无替代的，可酌情使用。在审核中主要依据国家劳动和社会保障部《关于印发国家基本医疗保险和工伤保险药品目录的通知》（劳社部发〔2004〕23 号）所附《药品目录》和经国家劳动和社会保障部审核过的各省、市、自治区、计划单列市部分调整的《乙类药品目录》进行审核，对《药品目录》外的药品予以剔除，目录内的药品，结合伤情进行必要性和合理性分析。在审核时原则上重点把握以下几点：

1）对不属于劳动和社会保障部核准的《药品目录》的药品予以剔除。

2）乙类药品自负比例部分予以剔除。

3）《药品目录》中标注了适应症的药品，应有相应的临床体征、实验室和辅助检查证据，以及相应的临床诊断依据。如有可能应复印或摘录病程记录和医嘱单，否则，应予以剔除。

4）《药品目录》中标注为“限二线用药”的药品，应有使用《药品目录》一线药品无效或不能耐受的依据，否则，应予以剔除。

5）经省级药品食品监管部门批准的治疗性医院制剂，应列在各医保统筹地区制定的《医院制剂目录》中，须按相应规定核定，否则，应予以剔除。

6）紧急抢救期间用药，必须符合各医保统筹地区的管理办法中的相关规定，对不符合规定的、超出范围的和自负部分应予以剔除。

7）被列入《药品目录》中“中药饮片部分”系单味或复方均不予支付费用和单味使用不予支付费用的中药饮片及药材，均应予以剔除。

8）对虽在《药品目录》之内，但药品收费超过各地物价部门核定的收费标准的部分，应予以剔除。

9）各类用药应符合医学用药规范，应根据伤情和药品剂量规定核实所用药品的剂量，对超过合理剂量且没有医院合理解释的用药，应予以剔除。

10）各类用药应与交通事故创伤有关，对无关的用药应予以剔除。

11）对伤者原发疾病的治疗用药，应予以剔除。

12）对交通事故创伤导致原疾病加重，不经治疗难以治愈或有生命危险的，应结合伤病情，合理承担一部分原发疾病的医药费用。

13）抢救用血必须符合各地医保的相关规定，符合用血指征，但用血互助金不应予以承担。

14）对需要请专家会诊或外请专家手术的，可以根据实际情况酌情考虑，但其费用必须低于转院的预测费用。

（4）检查费 确定检查项目的必要性和合理性，一定要根据实际情况具体问题具体分析。在检查费的核定中最重要的是看这种检查对伤者的损害有无必要使用，同时，结合劳动和社会保障部《关于印发城镇职工基本医疗保险诊疗项目管理、医疗服务设施范围和支付标准意见的通知》（劳社部发〔1999〕22 号）和各省、市、自治区、计划单列市的《基本医疗保险支付部分费用诊疗项目范围、支付办法》及《基本医疗保险不予支付费用的诊疗项目范围》进行详细核定：

1）检查设备的功能与伤者伤情毫无关系的，此项检查费应予剔除。

2）若伤者恶意进行了多项的全方位的检查，检查的项目大部分与损伤无关，对不合理的、与损伤无关的检查费用应予以剔除。

3）对医保规定不予支付费用的大型医疗设备的检查、检验，一律予以剔除，如：

① 应用正电子发射断层扫描装置（PET）。

② 电子束 CT。

③ 临床基因扩增（PCR）检验。

4）医保规定的部分支付费用的医疗设备的检查，对规定的自负部分应予以剔除。如：

① 应用 X-射线计算机体层摄影装置（CT）。

② 核磁共振成像装置（MRI）。

③ 单光子发射电子计算机扫描装置（SPECT）。

④ 单光电子发射计算机断层显像（ECT）。

⑤ 心脏及血管造影 X 线机（含数字减影设备 DSA）。

⑥ 彩色多普勒仪。

⑦ 左心室超声三维彩色图。

⑧ 动态脑电图仪。

⑨ 超声胃镜。

⑩ 直线加速器。

5）检查加急费，予以剔除。

6）凡与病程记录无关的检查、化验，对临床伤情的诊断治疗没有价值的检查化验项目，无报告单的检查、化验所发生的检查、化验费用，应予以剔除。对化验费用中医保规定的自负比例部分，予以剔除。

7）对各地劳动保障部门通报的没有检查资格的大型医用检查设备的检查费用，应予以剔除。

8）各类监护仪所具备的检查功能一律不得以各种名义分解收费，如有分解的，应予以剔除。

（5）治疗费　治疗费一般包括注射、换药、针灸、理疗、手术、化学疗法、激光疗法、骨折固定、骨牵引、矫形等一系列与治疗有关的费用。原则上，只要是与治疗损伤有关的治疗技术的费用就可以列入赔偿，同时，要结合劳动和社会保障部《关于印发城镇职工基本医疗保险诊疗项目管理、医疗服务设施范围和支付标准意见的通知》（劳社部发〔1999〕22号）和各省、市、自治区、计划单列市的《基本医疗保险支付部分费用诊疗项目范围、支付办法》及《基本医疗保险不予支付费用的诊疗项目范围》进行详细核定。常规治疗费一般包括：注射、输血、换药、心电监护、抢救监护、牵引、引流、吸氧等；麻醉费包括麻醉操作、麻醉用品、麻醉监护；康复理疗费。上述费用限于当地医保规定。其中：

1）对治疗与损伤无关的疾病治疗费用，应予以剔除。但损伤治疗过程中，损伤对某些原发疾病有明显加重的，或使用的药物对原发疾病有影响的应适当考虑一定的疾病治疗费用。

2）对医保规定不予支付的治疗项目的治疗费用，应予以全部剔除；对医保规定应自负的部分治疗费用，自负部分应予以剔除。

3）治疗费的各项费用中超过医保和物价规定价格标准以上的费用，应予以剔除。

4）应用各种大型治疗设备的治疗，其伤情必须符合相应的治疗指征，必须符合医保使用规定，并有相应的审批手续。对不符规定的应予以剔除，符合规定的，但自负比例部分也应予以剔除。

5）符合医保规定的一次性使用和植入型人工器官和医用材料所发生的材料费，对各地医保规定的自负比例部分，应予以剔除。

6）物价部门规定的不得单独收费的一次性医用材料，应予以剔除。

7）物价部门规定可以单独收费的一次性医用材料（含植入性材料），对医保规定的自负比例部分，应予以剔除。

（6）医院护理费　根据伤者伤情，依照国家卫生部的“分级护理制度”决定伤者的护理等级并根据相应医嘱，在住院患者一览表和患者床头卡上设不同标记确定护理等级。护理等级共分为四级，即特别护理（特别专护）、一级护理、二级护理和三级护理（普通护理）。护理费基本标准：特别护理≤30元/日，一~三级护理≤10元/日。

1）特别护理（特护）用大红色标记，凡病情危重或重大手术后的患者，随时可能发生意外，需要严密观察和加强照顾。特护的都是重危患者，但重危患者不一定都要特护。特护由专门护士承担，并制订特护计划，定时测量体温、脉搏、呼吸、血压，密切观察病情，记录饮食和排出物的量，进行基础护理和生活护理，翻身按摩等。

2）一级护理用粉红色标记，表示重点护理，但不派专人守护。对绝大多数重危患者来说，这就算是高等级的护理。按规定，对一级护理的患者，护士每隔15~30min巡视1次，既了解病情和治疗情况，又帮助饮食起居。

3）二级护理用蓝色标记，表示病情无危险性，适于病情稳定的重症恢复期患者，或年老体弱、生活不能完全自理、不宜多活动的患者。对二级护理患者，规定每1~2h巡视1次。

4）三级护理是普通护理，不作标记。对这个护理级别的患者，护士每3~4h巡视1次。

在护理费的核定上，只要伤情符合各个阶段的护理级别，医院收费符合物价和医保部门的规定，原则上均应予以承担。

在实际中如下情况可能引起争议：

1）伤者在受伤前就患有其他严重疾病，受伤后使原来的疾病加重。如果按外伤以较低级别的护理即可，但按疾病的实际情况就需要较高级别的护理。而由于疾病的原因，外伤康复特别慢，造成住院时间长，护理级别高，使护理费高于一般的受伤人员，此种情况，一般不能全部承担护理费，而是按照实际情况协商承担部分护理费用。

2）伤者入医院时伤势严重，医师根据伤情确定的护理级别比较高，经过一段治疗后，伤情已大有好转，护理级别应适时调低，但医师并未及时调整护理级别，护士也未按照原级别进行相应护理，这种因医护人员未按损伤好转日期确定护理级别，多计算的护理费应予以剔除。

3）对于伤者住院期间由非专业护理人员进行护理的，应该根据其伤情、医嘱和实际护理情况确定，不属于本项费用范畴。

（7）医疗服务设施费用　医疗服务设施是指由医疗机构提供的，伤患者在接受诊断、治疗和护理过程中必需的生活服务设施。医疗服务设施费用主要包括：

1）住院床位费及门（急）诊留观床位费。对已包含在住院床位费及门（急）诊留观床位费中的日常生活用品、院内运输用品和水、电等费用，医院不能再向伤患者单独进行收费。

2）床位费一般分为普通病房床位费、血液病房床位费、监护病房床位费、抢救病房床位费、急诊观察床位费、超过普通标准的床位费。对床位费的核定原则上应根据伤情确定不同阶段的病房床位，床位费不能超过物价和医保的规定，超过的部分应予以剔除。

住院时间计算：按计入不计出的原则，即不论当天什么时间入院，按一天计算；出院时，不论当天何时离开，不计收当天住院费。

3）附加收取的如取暖费、空调费（根据各地情况酌情核定）、电炉费、电话费、电视费、电冰箱费等一律予以剔除。

对部分地区物价和医保部门核定的监护病房中含监护病房费、抢救费、护工费、护理费、空调费及电极、打印纸、复印纸、氧饱和测定、输液泵等各种材料费，如医院清单中仍有重复收费部分应予以剔除。

病房根据标准应配备的设备不得另行收费，如有应予以剔除。

（8）救护车费和救护出诊费　对遭到严重损害的伤者，使用救护车和急救人员是必要的，其产生的救护车费和急救费用应根据情况合理予以承担，审核时应结合实际情况处理，对于伤势较轻却包出租车前往就治的费用，应予剔除。

（9）必要的康复费、适当的整容费、其他后续治疗费　《法释》第十九条第二款中规定，器官功能恢复训练所必要的康复费、适当的整容费以及其他后续治疗费，赔偿权利人可以待实际发生后另行起诉。但根据医疗证明或者鉴定结论确定必然发生的费用，可以与已经发生的医疗费一并予以赔偿。由于现行第三者责任险条款均采用的是一次性赔偿结案原则，对三责险赔偿后再增加的任何费用不再承担赔偿责任，故在实务中大都采用与医疗费一并赔偿的办法，在条款中康复费、整容费和必要的营养费这三项有一定的赔偿限额限制，在合理确定这些费用时，应注意以条款中约定的赔偿限额为限。

1）器官功能恢复训练所必要的康复费。伤者在遭受人身损害之后，除需要对伤情进行治疗，在伤者的器官功能遭受损伤后还需要进行各种康复治疗。按照世界卫生组织的界定，康复是指综合地、协调应用医学的、教育的、社会的、职业的各种方法，使病、伤、残者（包括先天性残）已经丧失的功能尽快地、能尽最大可能地得到恢复和重建，使他们在体格上、精神上、社会上和经济上的能力得到尽可能的恢复，使他们重新走向工作，重新走向社会。

康复治疗的方法主要包括以下几种：

① 物理疗法（PT）：包括物理治疗、体育疗法、运动疗法。

② 作业疗法（OT）：包括功能训练、心理治疗、职业训练及日常生活训练方面的作业疗法，目的使患者能适应个人生活、家庭生活及社会生活的环境。

③ 语言治疗：对失语、构音障碍及听觉障碍的患者进行训练。

④ 心理治疗：对心理、精神、情绪和行为有异常患者进行个别或集体心理调整或治疗。

⑤ 康复护理：如体位护理、心理支持、膀胱护理、肠道护理、辅助器械的使用指导等，促进患者康复、预防继发性残疾。

⑥ 康复工程：利用矫形器、假肢及辅助器械等以补偿生活能力和感官的缺陷。

⑦ 职业疗法：就业前职业咨询，职业前训练。

⑧ 传统康复疗法：利用传统中医针灸、按摩、推拿等疗法，促进康复。

康复费一般以就诊医院出具的正式报告或法医部门的鉴定报告为依据进行核定，对于伤者自行要求和被保险人自行承诺的康复费用，原则上不予承担。

《法释》第十九条中的“器官功能恢复训练所必要的康复费”仅指为使伤者遭受损害的器官功能重新恢复而进行的训练，包括物理疗法、语言疗法以及作业疗法中的“功能训练”（认知功能训练，手足功能训练）所支付的费用。至于心理治疗、职业疗法所付出的费用不包括在“器官功能恢复训练所必要的康复费”之内，对伤者因人身伤害而遭受的心理痛苦而需要心理治疗所需要的费用，属于精神损害范畴，不在物质赔偿范围之内。

2）适当的整容费。伤者的面容由于事故造成毁容的，在治愈标准上应以治疗到损伤前的容貌情况为终结。毁容的部位可参照人体重伤和轻伤鉴定标准文件，其范围是前额部、眶部、鼻部、口唇部、颏部、颧部、腮腺咬肌部和耳部，整容手术又分为近期手术、再次手术、远期手术等几个阶段。审核中应根据医院证明、鉴定结论和医疗调查核损情况，确定较为适当的整容费用，但对整容手术过程中附带的其他不属于事故所造成的如消除雀斑、痣、皱纹等则不应予以承担。同时，对医疗过失造成增大的整容费用也应予以剔除。对留有后遗障碍和无法治愈的疤痕，在现有医疗条件下无法进行治疗的则为终结，不予赔偿整容费。

3）其他后续治疗费。其他的后续治疗费主要是指伤情尚未恢复需继续治疗所需要的费用。常见的再次手术有颅骨镶补术、镶牙、假眼安装、骨折矫形术、取钢夹板手术和取髓内钉手术、消除内脏粘连术等。对后续的治疗费的审核一是要有原主治医师和医疗机构的建议或意见，二是结合前期治疗情况，三是当地的医疗水平，合理地确定相应的治疗费用。

4）后期治疗与评残的关系

① 如果经过后续治疗能够确定使评定的伤残等级降低，可以考虑给予一定的后续治疗费，但核定额度应以下降的伤残等级金额为限。

② 对于经过后期治疗不能改变伤残等级的（如仍须配置残疾辅助器具），对于其必要的后续治疗费可以给予合理确定，其他费用原则上不予给付。

（10）材料费的一般分类

1）常规材料费：注射输液（血）器、敷料、引流管（袋，瓶）、胸腹带、手术麻醉耗材等，限于医保规定。

2）特殊材料费：内固定材料（螺钉、钢板、髓内针、人工骨板和关节）、造影剂等，按医保规定执行。

（11）各类常见创伤的诊疗方案

1）四肢创伤。主要指四肢骨折、关节韧带损伤、血管神经损伤。

① 检查：X 光摄片，关节镜（膝关节），血管造影，神经电位测定（肌电图）。

② 治疗原则

a. 手法复位，外固定或牵引。

b. 手术内固定。

c. 药物治疗：活血化瘀止痛，抗感染，神经损伤的予神经营养药。

③ 手术指征

a. 复位不成功。

b. 开放性或粉碎性骨折。

c. 合并血管神经损伤。

d. 手术材料：骨圆针、加压螺钉、髓内针、接骨板、张力钢丝、人工股骨头、人工髋关节。

2）颅脑和脊髓创伤。主要指颅骨骨折、脑损伤、颅内出血和血肿、脊髓损伤。

① 检查：X 光摄片，CT，MRI，脑电图等。

② 治疗原则

a. 病情观察：颅内压、生命体征监测，维持呼吸循环，重症者予呼吸机支持。

b. 药物治疗：抗生素、脱水剂、止血药、神经营养药，重症不能进食的予静脉营养。

c. 手术治疗：降颅压、清除血肿和失活脑组织、止血、引流。

③ 手术指征

a. 颅骨骨折、颅内出血和血肿致颅高压。

b. 截瘫综合症，不稳定的脊柱损伤。

④ 手术材料：钛夹、人造颅骨板（后期修复）。

3）腹部创伤。指肝、脾、肾等实质性脏器和胃、肠、膀胱等空腔脏器损伤。

① 检查：B 超，X 光摄片，腹腔穿刺，偶尔 CT。

② 治疗原则

a. 手术治疗，对实质性脏器修复或切除（止血）；对空腔脏器行消化道重建。

b. 药物治疗：抗生素、止血药，重症不能进食的予静脉营养。

③ 手术指征

a. 腹腔内出血。

b. 空腔脏器穿空。

4）胸部创伤。主要指肋骨骨折、肺损伤、心脏及大血管损伤。

① 检查：X 光摄片。

② 治疗原则

a. 生命体征监测，维持呼吸循环，重症者予呼吸机支持。

b. 药物治疗：抗生素、止血药、重症不能进食的予静脉营养。

c. 手术治疗，骨折固定、止血、引流、心脏血管修补。

③ 手术指征

a. 多根多处肋骨骨折、颅骨骨折、颅内出血和血肿致颅高压。

b. 胸腔大出血。

c. 心脏血管损伤。

二、误工费的审核

误工费是指伤者因伤害治疗期间甚至恢复期间、定残之日以前或非现场死亡的人员在自出险之日至死亡的抢救期间，不能生产、劳动、上班工作和承包经营而减少的收入，以及死者的家属办理丧葬事宜导致的合理的误工损失。

1. 审核要点

（1）非持续性误工　误工时间应根据伤者自接受治疗到康复所需的时间确定，以就治医疗机构出具的有效证明为依据。例如，门诊病历、疾病证明书、住院记录以及医疗机构出具的要求在家休养的证明等，结合实际情况确定在多长的时间内无法正常从事工作与劳动。

1）“有固定收入的”包括非农业人口中有固定收入的和农业人口中有固定收入的两部分。非农业人口中有固定收入的，是指在国家机关、企业事业组织、社会团体等单位按期得到收入的，以伤者实际收入减少计算，但超过国家计税点的需提供完税证明。农业人口中有固定收入的，是指直接从事农、林、牧、渔业的在业人员，其收入按照交通事故发生地该行业平均工资计算，其他农业人员的收入按照交通事故发生地农村居民人均年纯收入计算。

2）“无固定收入的”，是指有街道办事处、乡镇人民政府证明或者有关单位证明，在交通事故发生前从事某种劳动，其收入能维持本人正常生活的，包括城乡个体工商户、家庭劳动服务人员等，其收入按照交通事故发生地同行业平均工资计算。

3）“无收入的”，是指本人生活来源主要或者全部依靠他人供给，或者偶然有少量收入，但不足以维持本人正常生活的，原则上没有误工收入的减少，不赔付误工费，但有主张误工费的权利，以下两种情况仅供参考：

一类是家庭主妇：家庭主妇虽没在外挣钱，但她们的劳动对于家庭其他人员的工作有价值，能支持和保障其他家庭成员获得收入，误工可以参照当地一般家庭服务人员或护工的平均工资标准进行核定。

二类是无业人员：无业人员虽然暂时没有工作，但他们仍然有机会就业并获得收入，如果他们人身受到损害，这种获得收入的可能性就会在一定时间内丧失，误工费可以参照没有固定收入的人群进行核定。

4）有固定收入，但并没有因交通事故误工而减少收入，误工费不予赔偿。如带薪休假或退休人员，虽然受伤，但工资也是照领，也就是说受害人并没有因为交通事故而遭受经济损失，除非受害人可以证明自己除了正常工资外还可以获得其他收入，因受伤而不能获得，造成实际收入减少（专业技术或文艺人员，休假期间在外兼职）。

（2）伤者因伤致残而持续性误工　伤者因伤致残的，误工时间可以计算至定残之日的前一日；因伤致死的，误工时间自事故发生日计算至死亡之时止。

定残日是指伤残鉴定机构对受害人的残疾程度或残疾等级出具鉴定意见之日。至于定残日之后，因完全或部分丧失劳动能力而导致的预期收入损失应当以残疾赔偿金的方式给予赔偿，就不属于误工费之列。

对于伤者可能评残的，应适时跟踪了解，督促伤者在治疗终结之日后尽快评残。

（3）死者亲属办理丧葬事宜合理的误工时间　在核定时应准确把握“办理”和“合理”的认定。由于在《法释》中没有明确界定，在核损时应充分了解办理丧葬事宜的死者亲属的人数、职业、所在地方，以及具体办理丧葬事宜的时间，必要时应与交警部门、被保险人进行充分沟通，尽量做到合理支付。由于没有明确的依据，在实务中可参照处理交通事故调解不超过三人，死者亲属在十日内办理丧葬事宜的原则进行协商，或依照法院判决处理。

2. 误工费的计算标准

1）受害人有固定收入的，误工费按照实际减少的收入计算。

固定收入是指受害人能够按照一定的期限获得的收入，例如，按月领取的工资酬劳或按星期、按天领取的报酬等。该固定收入的合法证明应由受害人供职单位出具，同时附具事故前后几个月工资发放单作为附件；对于一些高收入的受害人，还应提供完税证明，根据纳税情况确定实际收入。

根据《法释》规定，误工费应该是受害人实际减少的收入。有些受害人受到损害后，其供职单位并不会扣发或者全部扣发其（工资）收入，对这部分受害人而言，不存在或者不存在全部的误工损失；另外，企业经营者的经营利益损失不属于误工费损失的范围。因此，如何确定是否实际收入减少，也是一项十分重要的审核工作。在实务中可以通过事故前后的税单对比、工资单对比以及受害人单位的相关规章制度的规定，合理确定实际收入的减少，不能简单以单位的工资证明来代替实际收入的减少。

2）受害人没有固定收入的，按照其最近三年的平均收入计算。

受害人没有固定收入，但其能够举证其近三年的收入情况，可以以其三年收入的算术平均值作为计算标准。在审核中着重审核其提供的证据的真实性和有效性。

3）受害人没有固定收入，不能举证证明其最近三年的平均收入状况的，可以参照受诉地法院所在地相同或者相近行业上一年度职工的平均工资计算。

职工平均工资具体数据应按照一审法庭辩论终结时政府统计部门公布的各省、自治区、直辖市以及经济特区和计划单列市上一年度相关统计数据确定。

对于没有劳动能力的无收入人员，由于其不存在实际的收入减少，不应当给予误工费的赔偿。

对于受害人属于城市户口，达到退休年龄的无其他收入的，不予承担误工费；农村户口的受害人，可以参照男60周岁、女55周岁的年龄，根据实际工作情况核定误工费。

三、护理费的审核

本条所指的护理费，是指事故受害人的人身受到损害后，在医疗或者康复过程中所必须的陪护人员的误工费或工资，主要根据受害人的护理依赖程度或者护理级别、需要的护理人数等确定金额，护理根据受害人所处的治疗阶段分为治疗阶段和定残以后的护理。

这里所指的护理人员不是医疗机构的护理人员，而是在受害人住院或者在家休养期间专门陪伴他们、为其做些日常生活料理、简单医务护理工作的人，因此护理费或者是以亲属等专门护理的人员误工费为表现形式，或者是以支付给雇佣的专门护工的费用为表现形式。

护理费涉及的根本问题是人体损害后暂时或一段时间内丧失生活能力的问题，正确合理地确定生活能力的丧失程度和期限是确认护理费用的关键。人体损伤后伤者本人的生活能否自理、是否需要他人帮助，通过护理依赖来判断。所谓护理依赖是指伤、病致残者因生活不能自理需依赖他人护理，生活自理范围主要包括五项：进食；翻身；大小便；穿衣、洗漱；自我移动。护理依赖的程度分三级，上述五项均需护理者为完全护理依赖，五项中有三项需要护理者为大部分护理依赖，五项中有一项需要护理者为部分护理依赖，一般认为完全护理依赖和大部分护理依赖者应当给予护理，部分护理依赖者可以给予护理。

护理费是护理受害人而发生的费用，赔偿的前提是，受害人受到损害，生活不能自理或者不能完全自理，需要有人进行护理。是否需要护理，应当有医疗单位或鉴定机构的明确意见。证明需要陪护的，实际上也陪护，则应予以赔偿，没有必要的，则不予以赔偿。护理费根据护理人员的收入状况和护理人数、护理期限确定，护理人员的收入状况乘以护理人数，再乘以护理期限，所得出的数额就是护理费。

1. 护理费的计算标准

1）当护理人员有收入的时候，参照误工费的规定计算。

2）护理人员没有收入时，参照当地护工从事同等级别护理的劳务报酬标准计算。可以参照当地物价部门核定的护工收费标准确定，如无成文规定，可以参照当地实际护理人员的平均工资标准计算。

3）对于评残之后的护理费，一般根据法院裁定或法医机关的鉴定结果来确定，同时还应结合护理等级计算，如高度残疾（如5级以上）的，如果还需支付后续治疗费，或者配置了残疾用具的，其护理等级应低于治疗期间的护理等级，在计算时应根据医疗或法医机构的鉴定合理审定。

人伤核损员应注意收集当地“护理人员用工收入标准”或相关规定，合理确定上述费用。

2. 护理人数的确定

护理人数的多少，既关系到对受害人能否适当地照顾，又关系到赔偿护理费的数额。根据《法释》规定护理人数原则上为一人，但在医疗机构或者法医鉴定机构有明确意见的，可以参照意见确定护理人数。

医疗调查人员应随时跟踪以确定实际护理情况，以合理确定护理人数。在重症监护（ICU）期间，非医护人员一般不能进入，故在此期间原则上没有护理人员。

3. 护理期限的确定

护理期限是指对受害人进行护理的时间长度，护理期限一般应计算至受害人恢复生活自理能力时止。受害人因残疾不能恢复生活自理能力的，可以根据其年龄、健康状况等因素确定合理的护理期限，但最长不能超过20年。

1）受到一般伤害的人员，原则上只考虑住院期间护理费用，对出院后一般不予以考虑。住院期间也要根据具体伤情变化确定护理时间。对于因各种原因未住院而又确实需要护理的，可结合实际情况酌情考虑，但必须从严掌握。

2）受伤致残的人员，对于暂时丧失生活自理能力的，计算时间应到治疗后恢复生活能力时止。

3）受伤致残不能恢复生活自理能力的，可以考虑将受害人受害时的年龄与受诉法院所在的省、自治区或直辖市、计划单列市的人均期望寿命进行比较（多数以70岁为参照年龄），用该人均期望寿命减去受害人遭受损害时的年龄，再结合受害人的身体健康状况因素进行适当调整后，确定一个期限，但最长不能超过20年。

4）对于受害人实际被护理期限超过了法院判决确定的护理期限，有时甚至超过20年的最长期限时，人民法院可以根据起诉请求，继续给付相关费用5~10年，但根据第三者责任险条款的一次性结案原则，此项费用不再予以追加赔偿。

5）对受害人原来就患有严重疾病，如高血压、心脏病、肝硬化、癌症等，受到伤害后使原来的旧病复发或加重，护理期限一般可考虑至外伤治愈时为止。如果能确实证明伤害与旧病复发或加重有直接因果关系，其护理期限可以适当延长，但延长时间必须由人伤核损员与医院方进行沟通后确定。

6）受害人还患有精神病（或间歇性）、重度精神发育不全等，护理期限原则上以治疗外伤期间为主，当外伤治愈后即应终止。但是，外伤或外因性重度精神刺激使原来的精神病复发或加重住院的，就该将复发或加重的症状治愈为止，以后再复发住院的即不负责。对于有监护管理条件的专门精神病医院，住院期间可以不用支付护理费。重度精神发育不全的患者受到伤害而住院的，原则上以治疗外伤期间的护理费为主，损伤治愈后即行终止。

7）对于进入高龄期的老年人，由于生活自理能力逐年下降，再加上某些疾病的困扰，有一些人已失去了一部分生活自理能力，这种老年人一旦受伤直接就涉及护理问题，护理期限原则上应以外伤的医疗终结时间为止，也可根据老年人的年龄，结合损伤程度，协商确定一个护理的限定时间。

四、交通费的审核

交通费是受害人及其必要的陪护人员因就医或者转院治疗所实际发生的用于交通的费用。《法释》中强调交通费是受害人就医时实际发生的费用，以及死者亲属办理丧葬事宜支出的合理的交通费。在交通费的审核中应注意以下几点：

1）交通费应当以正式票据为凭且应当与就医地点、时间、人数、次数相符合。这里的“正式票据”，包括汽车票、火车票、船票、出租汽车票等，不吻合的应予剔除。对于有些受害人提供了大量连号的票据，这些票据虽是“正式票据”，但大都与实际不符，应选出合乎规定的予以赔偿，其他均予以剔除。

2）交通费的主体是伤者本人和其陪护人员或死者亲属，是在就医和转院时支出的交通费用或办理丧葬事宜时支出的交通费用。办理丧葬事宜的交通费应以合理为标准，其主体只能是死者的亲属。

3）关于交通费的计算标准在《法释》中没有具体说明，但实践中原则上参照当地国家机关一般工作人员出差的车旅费标准支付交通费。乘坐的交通工具以普通公共汽车为主，特殊情况下可以乘坐出租汽车，但应当有合理的解释；乘坐火车应当以普通硬座火车为主，特殊情况需要乘坐硬卧的，也应当有合理的解释；一般情况下不允许乘坐飞机，紧急情况除外，但也需要有合理的解释。

4）由于《法释》中对死者亲属的交通费界定为办理丧葬事宜的交通费，而办理丧葬事宜是在公安部门尸体检验之后的十日内，故办理丧葬事宜不存在十分紧急的情况，对外地亲属前来办理丧葬事宜的飞机票原则上不予承担，但应承担火车票的票价部分；死者直系亲属在国外的，其前来办理丧葬事宜的作为特例应予以承担经济舱的飞机票，但必须持有效证明；飞机票一般应承担单程费用。

5）交通费的承担人数，应根据实际情况进行核定，原则上受伤人员在转院治疗时期应承担一人的交通费；对死者亲属办理丧葬事宜的交通费，以不超过三人为限。

五、住宿费的审核

住宿费分为两个部分：一是受害人确有必要到外地治疗，因客观原因不能住院，受害人本人及其陪护人员实际发生的合理的住宿费用；二是死者亲属办理丧葬事宜支出的合理的住宿费用。

在住宿费的审核中应注意：

1）住宿费必须以合规的正式发票为凭据。

2）住宿费必须是“受害人确有必要到外地治疗，因客观原因不能住院”而发生的。这里着重对单据的审查，一是证明“确有必要”到外地治疗，如当地没有条件治疗这种病，当地不具备实施这种手术的条件等；二是证明“因客观原因”不能住院，如因医院无床位或其他原因确需候诊，且伤情不允许返回家中或不能返回家中，或往返家中的交通费用高于住宿费等。

3）住宿费必须是“合理”的部分。《法释》对住宿费没有规定具体的标准，原则上可以参照事故发生地国家机关一般工作人员的出差住宿标准计算，如果外地治疗的标准高于事故发生地的也可按治疗地的标准计算；对外地治疗亲属陪护的住宿费原则上应予以承担，原则上以一人为限，如医疗机构证明确需超过一人的，应结合具体伤情酌情考虑，从严把握。

4）死者亲属办理丧葬事宜的住宿费应是在死者居住地之外的事故发生地发生的住宿费用。根据法规中关于交通事故处理的时效规定，原则上按照死者亲属的人数不超过三人，时间不应超过 15 天。

5）住宿费的核定还应该考虑就近原则，即住宿地距离就治医院较近。对于舍近求远入住的，应重点核实其住宿费的真实性、合理性。

6）住宿费的标准应该以侵权行为地国家机关一般工作人员出差住宿标准计算。从《法释》的规定我们可以理解住宿费在实践中也是统一按侵权行为地国家机关一般工作人员出差的标准计算，但没有票据证明受害人确实花费了住宿费，也不能得到赔偿。住宿天数应该结合在外地治疗的情况或处理事故的情况来计算。受害人不能以自己在外就医或者其家属以处理事故为由长期在外地居住，如果受害人只有住宿费票据，而没有对应的就诊票据或处理事故的凭证，那么不合理的住宿费是得不到支持的。

六、住院伙食补助费的审核

住院伙食补助费是用于受害人住院医疗期间加强营养或者配合医疗的伙食的补助费用，对于受害人及其陪护人员到外地治疗因客观原因无法住院期间发生的伙食费也可以给予合理赔偿，但本项必须经过认真审核后确定。

1）住院伙食补助费仅限于住院的受害人。受害人未住院的没有这项赔偿费用，陪护人员没有住院伙食补助费。

2）根据《法释》规定，对受害人确有必要到外地治疗的，除承担受害人本人的伙食费外还要承担其陪护人员的伙食费，对于陪护人员的伙食费的人数原则上为亲属一人。

3）伙食补助费的标准。伙食补助费的标准参照当地国家机关一般工作人员的出差伙食补助标准予以确定，原则上应以住院地的标准为限。

七、必要的营养费的审核

营养费是指人体在遭受损害后发生代谢改变，通过日常饮食不能满足受损肌体对热能和各种营养素的要求，必须增加营养品作为对身体补充所支出的费用。对于伤害情况较为严重的受害人，或者年龄较大或者较小的受害人，可以根据伤残情况、治疗机构意见决定是否予以赔偿。

对营养费限制比较严格，大多数情况下对患者加强营养的过程都在医疗机构认为有必要的情况下通过伙食、用药等完成，因此，要在确有必要的情况下才能考虑营养费的赔偿。一般只应考虑在住院治疗期间，由医疗机构出具相应的意见，并由医院实施。

下面简单列举几种常见的营养费赔偿类型供参考：

1）受害人身体受到伤害后不能进食的，不论其年龄大小都应该有营养费。例如，严重的口腔撕裂伤、上下颌骨骨折致张口困难、舌损伤、喉部损伤、咽部损伤、食道损伤（化学性、物理性）、胃穿孔、肠破裂和昏迷患者等，都应赔偿营养费，赔偿时间应考虑到伤者能正常进食为限。

2）损伤性大出血、大手术、失血性休克等，可以考虑营养费。对于失血量达伤者体重的1%以上，不足2%的可适当酌情付给部分营养费；对于其他严重损伤，例如，大面积的烧烫伤、大面积皮下出血、体腔内出血等，失血量不易测量的，可以根据伤情表现、休克程度、化验结果等综合分析判断是否给予营养费。

3）对于外伤引起精神障碍的，如果伤者不能进食，消瘦、机体衰竭的应该补充一定的营养，防止并发症出现。

4）受害人在受到伤害之前就患有严重疾病，损伤后致使原来旧病加重，根据损伤后的实际情况很需要补充营养，营养费承担一部分较为合理。

八、被扶养人生活费的审核

《法释》第二十八条规定“被扶养人生活费根据扶养人丧失劳动能力程度，按照受诉法院所在地上一年度城镇居民人均消费性支出和农村居民人均年生活消费支出标准计算。被扶养人为未成年人的，计算至18周岁；被扶养人无劳动能力又无其他生活来源的，计算20年。但60周岁以上的，年龄每增加一岁减少一年；75周岁以上的，按5年计算。

被扶养人是指受害人依法应当承担扶养义务的未成年人、丧失劳动能力又无其他生活来源的成年近亲属。被扶养人还有其他扶养人的，赔偿义务人只赔偿受害人依法应当负担的部分。被扶养人有数人的，年赔偿总额累计不超过上一年度城镇居民人均消费性支出额或者农村居民人均年生活消费支出额。在交通事故损害赔偿诉讼中，被抚养人适于直接受害人有法定，对此我们可以从以下几个方面来正确理解和审核被扶养人的生活费。

1. 被扶养人的确定

依照《法释》的规定，被扶养人应包括以下两类人：

1）受害人依法应当承担扶养义务的未成年人。依照我国《婚姻法》规定，受害人依法应当承担扶养义务的未成年人包括：

① 未成年子女。

② 父母已经死亡或父母无力抚养的未成年孙子女与未成年外孙子女。

③ 父母已经死亡或父母无力抚养的未成年的弟妹。

④ 履行法定收养手续的未成年的养子女。

2）受害人依法应当承担扶养义务的丧失劳动能力又无其他生活来源的成年近亲属。根据《民法通则》和《婚姻法》的规定，受害人依法应当承担扶养义务的丧失劳动能力又无其他生活来源的成年近亲属包括：

① 丧失劳动能力又无其他生活来源的配偶。

② 丧失劳动能力又无其他生活来源的父母。

③ 丧失劳动能力又无其他生活来源的继父母（必须是继父或继母对继子女承担过抚养教育义务）。

④ 不能独立生活子女（是指尚在校接受高中及其以下学历教育，或者丧失或未完全丧失劳动能力等非主观原因而无法维持正常生活的成年子女）。

⑤ 子女已经死亡或子女无力赡养的丧失劳动能力又无其他生活来源的祖父母、外祖父母（有负担能力）。

⑥ 丧失劳动能力又无其他生活来源的兄、姐（有负担能力的弟、妹由兄、姐扶养长大）。

上述近亲属被承担扶养的前提条件是丧失劳动能力又无其他生活来源，根据目前实际情况，在被抚养人的人数确定上存在诸多“水分”，是影响人伤核损的重要因素之一，因此在实际工作中，应重点对上述两个条件是否同时具备进行充分调查取证。

“丧失劳动能力”的证明一般由当地劳动部门的有效证明为依据，或以人伤调查员的实地调查为依据，丧失劳动能力应根据实际情况确定全部丧失或部分丧失；“无生活来源”一般是指生活来源主要或全部依靠他人供给，或者偶然有少量收入，但不足以维持本人正常生活的。

2. 共同扶养人的确定

共同扶养人是指与扶养人具有同样法律意义上，依照法律规定对同一被扶养人承担扶养义务的人。比如，父母对子女有抚养教育的义务，父母不履行抚养义务时，未成年的或不能独立生活的子女有要求父母给付抚养费的权利，这里父母是未成年子女的共同扶养人；子女对父母有赡养扶助的义务，这里的子女包括收养的子女，都是父母的共同扶养人。

3. 特殊群体

还有一个比较特殊的群体就是胎儿，如果死者的妻子处于怀孕期间是否可以要求赔偿被抚养人生活费？实践证明是可以的，为了避免胎儿出生后的再次主张权利以及由此带来的找不到加害人的风险，通常的处理办法是，法院判决赔偿义务人将胎儿的抚养费提存到法院，胎儿出生时如果是活体，法院将该笔抚养费支付给胎儿的母亲保管；胎儿出生时不是活体，法院将该笔抚养费退还给赔偿义务人。

如果被抚养人在交通事故发生后、赔偿前死亡，那么被抚养人生活费将不再给付，但是被抚养人在这段时间的生活费要给予一定补偿。

4. 被扶养人生活费的计算

《法释》中对被扶养人应承担的年限和标准有明确规定，审核的难点在于存在多个共同扶养人，又存在多个被扶养人时如何确定被扶养生活费。

（1）共同扶养人的分摊问题　《法释》中规定“被扶养人还有其他扶养人的，赔偿义务人只赔偿受害人依法应当负担的部分”。由于法律上讲的是具有共同扶养义务的人，应该具有相同的扶养义务，采取平均说较为合理，即按照扶养义务人的人数比例分担，这也比较易于接受和理解，在现有的经济生活环境下也易于操作。

（2）多个被扶养人的问题　《法释》中对多个被扶养人的生活费问题确定了一个最高赔偿额度，可以理解为，在每一个赔偿年度里，无论有多少被扶养人需要扶养，他们所获得的被扶养人生活费相加之和不能超过上一年度城镇居民人均消费性支出额或者农村居民人均年生活消费支出额，即一个计算标准。

例如，一个扶养人 38 岁（独生子女），2005 年 6 月 3 日在广州交通事故致一级残废，上有父亲 65 岁，母亲 63 岁，均无劳动能力又无生活来源（农村居民）下有一个 12 岁女儿（城市居民）需要扶养（其妻子因病已去世），如何计算这多个被扶养人的生活费（广州一般地区 2005 年城镇居民人均消费支出 13627 元，农村居民人均平均生活费支出 4365.87 元）？

1）计算每个被扶养人应扶养的年限：其父亲应扶养 15 年，其母亲应扶养 17 年，其女儿应扶养 6 年。

2）计算每个被扶养人在每一个赔偿年度内应获得的生活费，计算他们的总额情况是否超出了法释规定的标准，如超过只能计算一个年标准：在一个扶养年度内其父亲可获得 4365.87 元，其母亲可获得 4365.87 元，其女儿可获得 13627 元，三人之和就是 22358.74 元，超过了法释的“年赔偿总额累计不超过上一年度城镇居民人均消费性支出额或者农村居民人均年生活消费支出额”的规定，也就是说在前 6 年里不能超过其女儿的城镇居民人均消费支出 13627 元；在第 7 至第 15 个年度里，由于女儿 18 岁成人，已达到了不需再扶养的标准，剩其父母 2 人，但相加之和为 8731.74 元，超过年农村居民人均生活费支出标准，故只能按 4365.87 元计算；第 16 个至 17 个年度里，其父的扶养义务已结束，故只剩其母亲一人，按标准为每年 4365.87 元。

3）计算全部被扶养人生活费的金额。

只要在上述每个年度应承担的最高额度内，进行连加即可计算出全部被扶养人的生活费总额。

这三个被扶养人的生活费计算如下：

6 年 × 13627 元/年 + (15 − 6) 年 × 4365.87 元/年 + (17 − 15) 年 × 4365.87 元/年 = 129786.57 元。

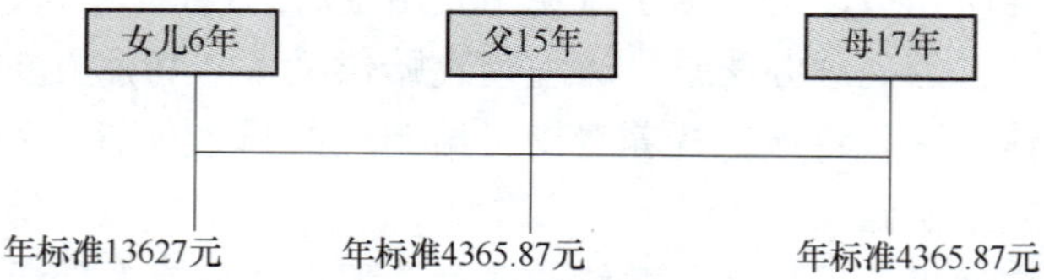

这样的计算每个年度内均没有超出法释所规定的标准，又没有遗漏任何一个人的扶养年数。

（3）多个共同扶养人和多个被扶养人同时存在的计算问题　这里需要满足两个条件：一是共同扶养人要对共同扶养的对象进行分摊，二是所有被扶养人每个年度的累计赔偿总额不超过上一年度城镇居民人均消费性支出额或者农村居民人均年生活消费支出额。计算顺序如下：

1）首先计算每个被扶养人的扶养年数。

2）根据被扶养人的户籍采用相应的城镇或农村标准，对扶养人每个年度相对应每一被扶养人应承担的份额进行分摊，即用相应年标准除以共同扶养人的人数即可。

3）将每个年度内扶养人应承担的所有被扶养人的生活费相加与上一年度城镇居民人均消费性支出额或者农村居民人均年生活消费支出额相比，未超过的按实际数字，超过的按城镇或农村支出额年标准计算。

4）将每个年度的被扶养人生活费相加，就是被扶养人生活费总数。

需要注意的是，对于每个被扶养人在扶养人已尽完扶养义务后，应在下一年度内予以剔除，即在每超过每一被扶养人的扶养年数后应将此人从下一年度的年累计赔偿总额中剔除。

举例说明：

一个男性受害人40岁，2005年4月8日在广州发生交通事故致一级残废，上有父亲68岁，母亲66岁，均无劳动能力又无生活来源（农村居民），下有一个15岁小儿麻痹症的女儿（农村居民）和4岁的儿子（城镇居民）需要扶养，其有哥哥1人，姐姐1人，妻子健在，如何计算此例被扶养人的生活费（广州一般地区2005年城镇居民人均消费支出13627元，农村居民人均平均生活费支出4365.87元）？

1）计算每个被扶养人应扶养的年数：其父亲应扶养12年，其母亲应扶养14年，其女儿应扶养20年，其儿子应扶养14年。

2）计算扶养人在每一个赔偿年度内应承担的每一个被扶养人的生活费的份额：父母应由兄弟姐妹3人分摊，女儿和儿子应由夫妻2人分摊。

父亲=4365.87元/3人=1455.29元/年

母亲=4365.87元/3人=1455.29元/年

女儿=4365.87元/2人=2182.9元/年

儿子=13627元/2人=6813.5元/年

3）在前12年度里每年有4个人要扶养，其承担的金额为

每个年度=1455.29(父)+6813.5(子)+1455.29(母)+2182.9(女)=11906.98元/年，未超过城镇年标准13627元，按11906.98元/年为标准计算。即12年×11906.98元/年=130976.78元。

在第13个年度至第14个年度里，去掉父亲还有三个人要扶养，其承担的金额为

每个年度=6813.5(子)+1455.29(母)+2182.9(女)=10451.69元/年，未超过城镇居民年标准13627元/年，按实际数10451.69元/年为标准计算。即2年×10451.69元/年=20903.38元。

在第14个年度至第20个年度里，去掉儿子和母亲还有女儿一个人要扶养，其承担的金额为

每个年度=4365.87/2(女)=2182.9元/年，未超过农村居民年标准4365.87元，按实际数2182.9元/年为标准计算。即(20-14=6)年×2182.9元/年=13097.4元。

4）计算全部被扶养人生活费的金额。

被扶养生活费=12年×11906.98元/年+(14-12)年×10451.69元/年+(20-14)年×

2182.9 元/年 = 130976.78 元 + 20903.38 元 + 13097.4 = 164977.56 元

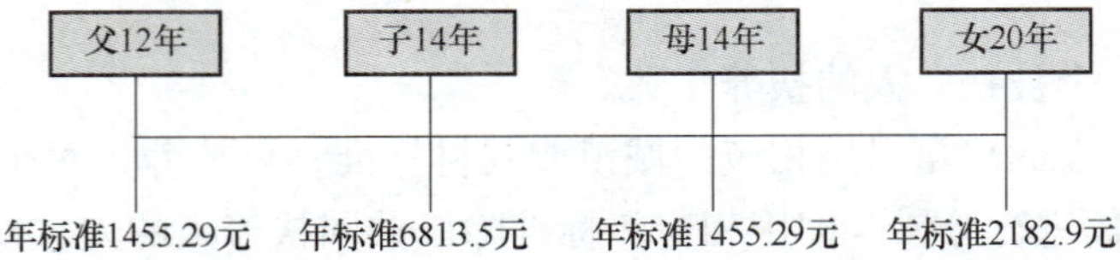

九、残疾赔偿金的审核

残疾赔偿金是对因残疾而导致的劳动能力丧失所给予的财产损害性质的赔偿，劳动能力的丧失程度或伤残等级作为赔偿的基本依据，在治疗终结后，应当由具有评估资格的伤残鉴定机构评定伤残等级。伤残鉴定机构应当依照中华人民共和国国家标准 GB 18667—2002《道路交通事故受伤人员伤残评定》（以下简称《伤残标准》）进行交通事故伤残等级的评定。

《法释》规定："残疾赔偿金根据受害人丧失劳动能力程度或者伤残等级，按照受诉法院所在地上一年度城镇居民人均可支配收入或者农村居民人均纯收入标准，自定残之日起按 20 年计算。但 60 周岁以上的，年龄每增加一岁减少一年；75 周岁以上的，按五年计算。受害人因伤致残但实际收入没有减少，或者伤残等级较轻但造成职业妨害严重影响其劳动就业的，可以对残疾赔偿金作相应调整。"

1. 伤残等级评定机构和评定人的规定

根据道路交通事故处理程序的规定，具备资格的检验、鉴定、评估机构应当向省级人民政府公安机关交通管理部门备案。这些机构可由公安交通管理部门向当事人介绍，由当事人自行选择。

评定人必须具有法医学鉴定资格，可以理解为接受法医学教育并从事法医学鉴定、教学或科研的技术人员，同时已获得所在鉴定机构授予的鉴定权；对于没有专业的法医学鉴定机构，交通事故伤残评定由公安交警部门或其上级公安部门的法医做出评定的，如果其具备鉴定资格，原则上也应承认其鉴定结果；对于一部分地区没有法医学鉴定机构也没有公检法机关法医的情况下，聘请临床医师从事交通事故伤残评定问题，可以采用兼职法医鉴定人执业资格制度。但此类人员应经考核合格，由聘任鉴定机构核发"兼职法医鉴定人执业资格证"，授予鉴定权，规定鉴定权限和鉴定领域。

2. 伤残评定的程序

（1）伤残评定的程序　原则上没有规定由何人何部门来启动，实际可由公安交通管理部门启动或者当事人自行委托启动，只要符合有关规定即可。

（2）重新评定程序　无论是公安交通管理部门委托还是当事人自行委托，在接到评定书后如有异议的，对公安交通管理部门委托的可在三日内经县级以上公安交通管理部门负责人批准，另行指派或委托重新鉴定；对当事人自行委托的，也可以在三日内另行委托，并告知公安交通管理部门，公安交通管理部门应予以备案。

3. 伤残评定的原则

在伤残评定过程中，评定人必须遵循伤残评定的原则进行伤残评定，以求全面、细致、科学、客观、实事求是地做出伤残评定。

（1）治疗终结原则　伤者损伤后经采取医疗手段对伤情进行诊治，而至损伤痊愈、好转或稳定，预计一般不需再实行特殊治疗，为治疗终结。关于伤残的程度评定，必须在治疗终结以后，这主要基于：①损伤在现代医疗水平的情况下，按照一般医疗常规，继续治疗已无意义。②伤者所遗留的功能障碍相对为永久固定性或呈不可逆转性。治疗终结不同于医疗依赖，后者指损伤致残后，于治疗终结时仍然不能脱离治疗者，如外伤后糖尿病不能脱离胰岛素治疗者。医疗依赖并不等同于一般的对症治疗，赔偿时应予以注意。

治疗终结与评定时机的关系，一般理解治疗终结点就是评定时机，但对功能障碍的损害，如肢体或神经损伤等，评定时机应晚于治疗终结。评定时机相对损伤的发生时限，在司法实践中根据不同的损伤，分为伤后若干个月，具体损伤的评定时机没有统一的标准，在实际工作中可以参考有关较为权威的伤残鉴定与赔偿中对各种伤情的医疗终结时间，作为相应的评定时机。

（2）文证审查与活体检验相结合原则　文证审查是法医学的鉴定方法之一，在法医临床学和法医病理学鉴定中经常遇到。法医学文证审查，是指法医学鉴定人根据案件中有关文证的内容，进行审查和研究，答复委托机关所提出的问题。在法医学鉴定中，文证审查与鉴定结论的关系分为两种情况：①由于条件所限或失去其他检验时机，文证审查是唯一的鉴定方法，根据文证审查直接得出鉴定结论；②文证审查与活体检验或尸体体验等同时作为鉴定的方法，依据审查意见和检验结果作出鉴定结论。

在交通事故伤残评定中，文证是确定交通事故发生和损伤存在的原始重要证据。文证审查与活体检验相结合是鉴定与评定的重要方法，其目的是明确认可、完善和变更医院诊断。伤残评定涉及伤者的功能障碍问题，活体检验是不可缺少的鉴定方法，缺少活体检验的伤残评定是不能采用的。

（3）鉴定与评定相结合原则　鉴定是由公安、司法机关委托有专门知识或特种技术的人，应用检查、检测等方法，进行分析、对照、筛选和摒除假象后所下的判断。评定是通过评价或比照并加以确定的意思。在交通事故的评定中，鉴定是前期首要工作，是对特定个体损伤存在、损伤作用机体所造成功能障碍的程度，以及依据临床医学理论和技术作出客观诊断的过程。鉴定明确后，由若干人或小组比照标准得出评定结果。另外，交通事故的伤残评定应由二人以上的有资格人员进行。

（4）伤残评定中应遵循的技术原则

1）类推评定原则。在《伤残标准》条文 5.1 中规定：遇有本标准之外的伤残程度者，可根据伤残的实际情况，比照本标准中最相似等级的伤残内容和附录 A 的规定，确定其相当的伤残等级。由于伤残程度评定标准属罗列式，科学地评价标准不可能做到绝对的穷尽，类推实质是对少见、罕见具体技术问题的研究判断，是鉴定专家的学识和经验所决定的，对《伤残标准》未尽情况进行比照类推，使鉴定的公正性有章可循，充分保护了双方当事人的合法权益，也有助于司法公正。

适用于类推的情形有以下三种：①《伤残标准》没有规定的类推，属于比较常见的类型。一般是指少见、罕见的交通事故损害，或者目前未被发现及报道的特殊情况。比照类推有一定的难度。②等级规定不全的类推，属于较少见的类型。可以参照其他伤残程度评定标准进行类推。③间接损害的类推，主要是指由于治疗的需要，医疗因素对伤者产生的合理损害，且该损害永久遗留功能障碍。

类推时应遵循以下几个重要原则：①把握低限性原则，对于《伤残标准》中没有相应规定的情形，首先应考虑是否未达到最低级伤残标准，这是进行类推的前提条件，是类推遵循的基本原则。②严格程序性原则，按照法律规定，否则，随意类推和滥用类推将导致标准条款不统一，甚至可能为评定人提供暗箱操作的借口。在程序上一是要由评定机构集体研究确定，二是需按规定报批，方能适用，三是评定人应在评定书中注明类推的理由和依据。③比照相当性原则，类推时可比照其他相关伤残程度评定标准，比照《伤残标准》中类似的条款，同时，感觉、体会日常生活能力、职业能力和社会交往方面受到的影响，通过三名以上评定人共同讨论形成意见，遇有争议较大的情况，可以聘请临床专家分析具体情况。

2）分别评定原则。这里讲的分别评定原则包括两层含义，一是指两处以上的多部位损伤，或为多发伤；二是指一处损伤而引起的不同的功能障碍，且功能障碍均可以在《伤残标准》中找到相应的条款，或言之“标准中两处以上伤残等级者”。

对同一部位和性质的伤残应理解为同一功能障碍状态，“不应……同一条文两次以上进行评定”，这里的“同一条文”是指相同功能系统而因功能障碍程度不同划分为不同等级的伤残，不能使用不同的条款重复评定，功能系统相同的伤残只能评定一次，只对应一个条款。如一人左上肢受伤致左上肢完全丧失功能符合 4.5.10.d）属五级伤残，同时，左上肢在腕关节以上缺失，对照标准符合 4.6.9.c）又属六级伤残，这里就只能按五级评定而不能按两个级别分别予以评定。

3）伤病关系评定原则。《伤残标准》5.3 规定，评定道路交通事故受伤人员伤残程度时，应排除其原有伤、病等进行评定。在伤残评定中，应当扣除伤残者受伤前的伤、病程度予以评定，也是合理的。在具体的操作过程中还应具体情况具体分析，考虑一部分伤病吸收原则和医疗过失原则，合理地确定伤残等级。

4. 伤残等级划分

《伤残标准》根据道路交通事故受伤人员的伤残状况，将受伤人员的伤残程度划分为 10 级，从第Ⅰ级（100%）到第Ⅹ级（10%），每级相差 10%。

5. 对伤残等级的审核

一般来讲，经过合法鉴定的结论都是真实可信的，但也不排除一些技术问题和人为差错，因此，对伤残评定结论还是要结合前期医疗调查情况及《伤残标准》的有关规定进行审核，从程序上和技术上进行审核，对明显不符合《伤残标准》的应尽早提出异议，要求重新进行评定，必要时可以借助检察技术力量进行相应的司法鉴定。因此，加强人伤核损的前期介入和定期跟踪是十分重要的，介入得越早，越能保证伤残等级评定的合理性。

6. 残疾赔偿金的计算

（1）计算前的准备工作

1）应确定伤残人的身份是城镇居民还是农村居民。根据身份确定是使用事故发生地或受害人住所地或经常居住地或受诉法院地的上一年度城镇居民人均可支配收入或者农村居民人均纯收入标准。

2）核实伤残者的实际年龄，对临界点即 60 周岁以上的年龄应重点核实，应以户口簿、身份证、户籍证明为依据，因为《法释》规定 60 周岁以上的，年龄每增加一岁减少一年；75 周岁以上的，按 5 年计算，并不全部都是 20 年。

3）确定伤残等级的赔偿百分比。

① 一处伤残等级赔偿百分比的确定。从第Ⅰ级（100%）到第Ⅹ级（10%），每级相差

10%，只要伤残评定为几级，应取相应的赔偿百分比即可。

② 多等级伤残等级赔偿百分比的确定在《伤残标准》的附录 B 中给出了多等级伤残的综合计算方法，现摘录如下：

附录 B（资料性附录）：

多等级伤残的综合计算方法

B.1 多等级伤残的综合计算

多等级伤残的综合计算是按伤者的伤残赔偿计算方法加以计算。

B.2 多等级伤残者的伤残赔偿计算

根据伤残赔偿总额、赔偿责任系数、赔偿指数等，有下式：

$$c = C_{\mathrm{t}} \times C_1 \times \left(I_{\mathrm{h}} + \sum_{i=1}^{n} I_{\mathrm{a},i}\right)\left(\sum_{i=1}^{n} I_{\mathrm{a},i} \leqslant 10\% \quad i = 1,2,3,\cdots,n,\text{多处伤残}\right)$$

$$C = C_{\mathrm{t}}$$

式中 C——伤残者的伤残实际赔偿额，元；

C_{t}——伤残赔偿总额，元；

C_1——赔偿责任系数，即赔偿义务主体对造成事故负有责任的程度；

I_{h}——伤残等级最高处的伤残赔偿指数，即多等级伤残者，最高伤残等级的赔偿比例，用百分比（%）表示；

I_{a}——伤残赔偿附加指数，即增加一处伤残所增加的赔偿比例，用百分比表示，$0 \leqslant I_{\mathrm{a}} \leqslant 10\%$；

B.3 伤残赔偿指数

伤残赔偿指数是指伤残者应当得到伤残赔偿的比例。以伤残者的伤残程度比例作为伤残者的伤残赔偿比例。

从上述计算公式可以看出，无论有多少处伤残，在最高处的伤残赔偿比例基础上再增加的赔偿比例必须小于等于 10%（伤残赔偿附加指数 I_{a}），总赔偿比例之和不能超过 100%。但这个公式的最关键一点伤残赔偿附加指数 I_{a}，即增加一处伤残所增加的赔偿百分比例，附录中没有规定具体的计算办法，也没有规定具体的标准，造成多处伤残等级除最高级之外，其他的伤残等级赔偿比例在 10% 以内较为混乱。

从目前各地公安交通机关调解事故中采用了各种各样的方式看，计算的方法有所区别（如重庆 6 ~ 10 级伤残附加指数为 2%，2 ~ 5 级伤残附加指数为 2%；湖南 6 ~ 10 级伤残附加指数为 3%，2 ~ 5 级伤残附加指数为 5%），但有些省份的公安交通管理部门在调解中采用了如下办法确定赔偿附加指数，具有一定的公平性和合理性，在此提出供参考：

例如，从 10 级伤残至 2 级伤残按 1% 的增加比例确定赔偿附加指数，即 10 级为 1%、9 级为 2%、8 级为 3%、7 级为 4%、6 级为 5%、5 级为 6%、4 级为 7%、3 级为 8%、2 级为 9%。

如果一个人有 6 级伤残 1 处，8 级、9 级、10 级各 1 处，他的伤残比例如何确定呢？

首先，他的最高一处伤残（伤残等级最高处的伤残赔偿指数 I_{h}）是 6 级，赔偿比例应是 50%，其他各处依照上述办法可以分别相应增加 3%、2%、1%，即可再增加 6%，也就是附加指数 I_{a} 为 6%，符合不超 10% 的规定，那么赔偿的总比例就是 56%。

（2）计算公式。残疾赔偿金 = 城镇居民人均可支配收入或农村居民人均纯收入标准 ×

伤残等级赔偿百分比 × {20 年 − [0 ≤ (年龄 − 60) ≤ 15]}

如：广东省一般地区一城镇居民男 72 岁，2005 年 7 月受伤致残被评定为Ⅴ级（5 级）伤残，广东省一般地区 2005 年度城镇居民人均可支配收入为 13627 元。

$$
\begin{aligned}
\text{残疾赔偿金} &= 13627 \times 50\% \times \{20 - [0 \leqslant (72 - 60) \leqslant 15]\} \\
&= 13627 \times 50\% \times (20 - 12) \\
&= 54508\ \text{元}
\end{aligned}
$$

如果上述居民受伤致多处伤残，等级分别为 4 级 1 处，8 级、9 级、10 级各 1 处时，先要确定多处伤残的赔偿百分比，最高一处为 4 级为 70%，其他分别为 3%、2%、1% 计 6%，合计赔偿比例为 76%

$$
\begin{aligned}
\text{残疾赔偿金} &= 13627 \times 76\% \times \{20 - [0 \leqslant (72 - 60) \leqslant 15]\} \\
&= 13627 \times 76\% \times (20 - 12) \\
&= 82852.16\ \text{元}
\end{aligned}
$$

十、残疾辅助器具费的审核

残疾辅助器具，是因伤致残的受害人为补偿其遭受创伤的肢体器官功能、辅助其实现生活自理或者从事生产劳动而购买、配制的生活自助器具，如瘫痪后购买的轮椅、截肢后购买的假肢、失明后安装的义眼、听力减弱购买的助听器等。《司法解释》第二十六条“残疾辅助器具费按照普通适用器具的合理费用标准计算。伤情有特殊需要的，可以参照辅助器具配制机构的意见确定相应的合理费用标准”。由此可见，《司法解释》按照损害赔偿的“利益说”，确定残疾辅助器具费属于赔偿权利人因增加生活上需要而支出的必要费用，应当按照“普通适用”的原则，并参照辅助器具配制机构的意见确定其合理的赔偿费用标准。

残疾辅助器具费计算公式：

残疾辅助器具费 = 普通适用型器具标准 × 赔偿次数 + 维修费用

1. 残疾辅助器具费的赔偿标准

1）普通适用器具的合理费用标准。“普通适用”，本身不是标准，而是人民法院在确定什么是“合理费用”标准时的一项指导原则。该原则的基本要求一是“普通”，即配制的辅助器具应排斥奢侈型、豪华型，不能一味追求高品质。二是“适用”，适用又有两个测试标准：一是确实能起到功能补偿作用，包括有助于恢复生活自理能力，有助于从事生产劳动，有助于恢复性、回归性社交（如安装仅具装饰作用的义眼）；二是符合“稳定性”和“安全性”要求。不具有稳定性或者不符合安全性要求的，即非“适用”，是否“国产”在所不问。

2）参照辅助器具配制机构的意见确定相应的合理费用标准。本条确立了“普通适用器具的合理费用标准”之外，为符合受害人伤情的实际需要，也作了例外规定，即如果受害人“伤情有特殊需要的，可以参照辅助器具配制机构的意见确定相应的合理费用标准”。何为伤情有特殊需要？主观方面是指受害人伤情有异于常人，对辅助器具的配制须“个别化”处理；客观方面是指“普通”器具达不到安全性或者稳定性的“适用”要求，须配制“普通”以上的器具才具有“安全性”“稳定性”，才能起到帮助受害人恢复生活自理或者从事生产劳动的功能补偿作用。对这两种情形，人民法院可以根据鉴定机构的意见确定相应的费用标准。

2. 辅助器具的更换周期与赔偿期限

《法释》对辅助器具的更换周期与赔偿期限只是规定参照配置机构的意见确定，未明确规定如何操作，辅助器具的更换周期是一个技术问题，关系到使用残疾辅助器具的受害人的切身利益，可以参照配置机构的意见，但核损人员必须介入调查。在赔偿期限上可以结合更换周期、残疾人的年龄计算出残存寿命，以残存寿命作为赔偿期间，除以更换周期就是更换次数。

1）对残疾辅助器具的配制包括费用评估、更换周期、赔偿年限进行鉴定并出具鉴定意见的机构。

我国民政部门的假肢与矫形康复机构，是从事辅助器具研究和生产的专业机构，可以从事残疾辅助器具的鉴定和配制。但应引起注意的是目前很多中外合资的机构并不是民政部门直属的假肢与矫形康复机构，很多是利益主体，故不能完全以他们的鉴定意见作为确定依据。

在有些省份公安交通管理部门与民政部门出具了当地假肢等标准，应以此标准作为处理的依据。

2）我国民政部下属的“假肢协会”是假肢行业的行业协会组织，对假肢行业的行为规范和价格标准等进行相应管理，在进行残疾辅助器具的核定时，应该通过该行业组织与加入该组织的生产厂商联系，合理确定费用标准；同时，人伤核损员应注意搜集相关厂家的费用标准，并与当地假肢机构建立合作联系，互相沟通信息，加强配合。

3）在核定残疾辅助器具的赔偿年限时，还应考虑受害人的年龄和实际伤情，如对于年龄较大的伤者就不用配置长期使用的器具；对超过 70 岁的伤者，考虑其年龄和身体状况，不适合配置残疾器具；对一些暂时置留体内、短期需要更换或去除的就不需要使用高档耐用型材料等。

十一、丧葬费的审核

丧葬费是指安葬受侵害死亡的自然人的遗体所应支出的费用。《法释》第二十七条规定丧葬费按照受诉法院所在地上一年度职工月平均工资标准，以 6 个月总额计算。此项费用原则上按照事故地的上一年度职工月平均工资标准计算赔偿。值得注意的是丧葬费中包括了丧礼费、停尸费，尸体整容费，火化费（土葬费）及治丧期间的有关人员的吃住、停尸费交通费等一切费用。

$$丧葬费 = 受诉法院所在地上一年职工月平均工资 \times 6 个月$$

十二、死亡赔偿金的审核

交通事故致人死亡的，应赔偿当事人近亲属死亡赔偿金，死亡赔偿金按照受诉法院所在地上一年度城镇居民人均可支配收入或者农村居民人均纯收入标准，按 20 年计算。但 60 周岁以上的，年龄每增加一岁减少一年；75 周岁以上的，按 5 年计算。

上一年度城镇居民人均可支配收入或者农村居民人均纯收入标准，原则上应采用事故发生地的标准，但如果受诉法院地标准高于事故发生地标准的可采用受诉法院地标准。如果赔偿权利人能够举证证明其住所地或者经常居住地的标准高于受诉法院所在地标准的，可以按照其住所地或者经常居住地的标准计算。

这里的住所地或者经常居住地的举证，应有相应的证据证明：住所地是指户籍所在地；

经常居住地是指公民离开住所地至起诉时已连续居住一年以上的地方，但公民住院就医的地方除外。住所地要有户籍证明，经常居住地应有如房屋租赁合同、租金收条、自有房屋产权证、公司单位的合同、工资发放单、单位证明等。

【实操练习】

例如：一40岁湖南城镇户口的人，在深圳居住并在某公司工作5年，2005年8月5日在江苏省发生交通事故被撞身亡，当事人亲属在江苏省诉讼要求赔偿，如何计算其死亡赔偿金。

首先确定其身份是城镇居民，2005年城镇居民人均可支配收入湖南省为8617.48元，深圳市为25864元，江苏10481.9元。如果受害人亲属举证受害人的经常居住地在深圳，可以采用深圳标准进行赔偿。

死亡赔偿金＝25864元/年深圳市×20年＝517280元

学习情境二 赔款理算

审核赔案材料，对保险责任、索赔材料的真实合理性进行初审，对有疑问的材料提出复审意见。对定损录入数据有误的案件提出修改意见。在本环节发现可疑赔案的情况，应提出处理意见后交调查岗审核。对资料齐全的赔案进行理算，并保证数据的准确性和完整性。

【知识目标】

1）学习保险险种其条款知识。

2）学习保险金额、实际价值、新车购置价的概念。

3）学习各类险种的理算流程与公式。

【能力目标】

1）能够进行各类险种的理算。

2）能够缮制赔偿计算书。

3）能够初审理赔单证资料。

【工作流程】

赔款理算流程如图 2-1 所示。

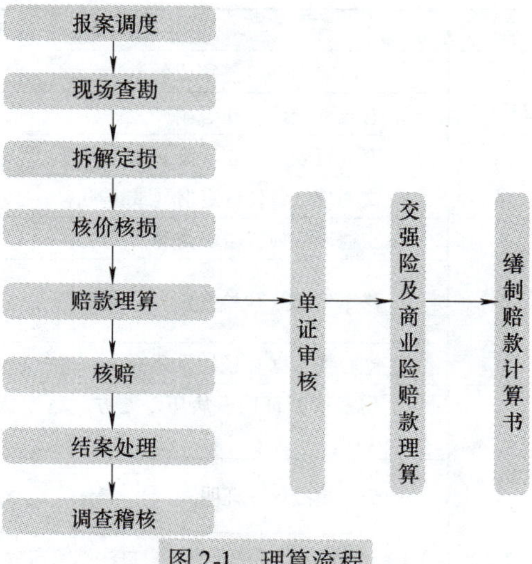

图 2-1　理算流程

任务一　单证审核

【情境案例】

2013 年 2 月 19 日 × 时，下暴雨，小王开着一辆奥迪在光明新区根玉路由东往西方向行驶至光明新区根玉路艺和厂路段，由于驾驶操作不慎，车身左侧同路中央的路肩发生碰撞，造成奥迪车部分损坏和车上一乘客受伤的道路交通事故。小王未按操作规范安全驾驶，负事故的全部责任。保险公司怎样对赔款进行理算？小王于 2012 年 8 月 19 日在某保险公司投保了车损险、三者险 50 万、车上人员责任险和不计免赔险等险种。

【学习内容】

1）学习单证审核工作流程。

2）学习车险案件要求的基本单证和审核要求。

【学习目标】

1）审核赔案单证，对案件进行初步审核。

2）将相关理赔单证上传系统。

3）发现疑难或问题赔案应及时与相关岗位人员沟通。

4）负责跟踪处理退回的案件，解答客户咨询工作。

5）核实查勘岗获取的客户信息真实性，录入财务支付账户信息。

【相关知识】

索赔单证一览见表 2-1，各家保险公司根据案件类型的不同，收集资料也略有差别，总体差别不大。

表 2-1　索赔单证一览表

事故类型	资料代码	代码对应资料名称	
单方肇事 无人员伤亡	1、2、3、4、 6、7、23	1. 出险通知书（签字或公章）	14. 盗抢车辆报告表
		2. 有效驾驶证（正、副）复印件	15. 行驶证原件
单方肇事 涉及人员伤亡	1、2、3、4、5、6、7 8、9、10、11、12、23	3. 有效行驶证（正、副）复印件	16. 附加费证原件
		4. 交通事故责任认定书（或证明）	17. 购车发票原件
双方肇事 车损案	1、2、3、4、 5、6、7、23	5. 交通事故损害赔偿调解书	18. 车钥匙
		6. 修车发票（税检发票）及清单	19. 县级以上公安机关未破获证明
		7. 施救费票据（税检发票）	20. 养路费注销证明
双方肇事 车损涉及 伤人案	1、2、3、4、5、6、 7、8、9、10、 11、12、23	8. 伤残诊断证明、病历、处方、医疗费收据（原件）	21. 权益转让书
		9. 交通事故评残证明	22. 被保险人营业执照或身份证复印件
		10. 交通事故死亡证明及户口注销复印件	23. 营运车辆有效准驾证

（续）

事故类型	资料代码	代码对应资料名称	
盗抢险案件	1、13、14、15、16、17、18、19、20、21、22、23	11. 被抚养人户籍证明 12. 伤者及护理人员工资证明及医院护理证明 13. 保单正本	备注：火灾车需提供公安消防部门出具的火灾鉴定报告或证明；水灾需提供气象部门出具的气象证明

【工作实施】

单证收集审核工作流程如图 2-2 所示。

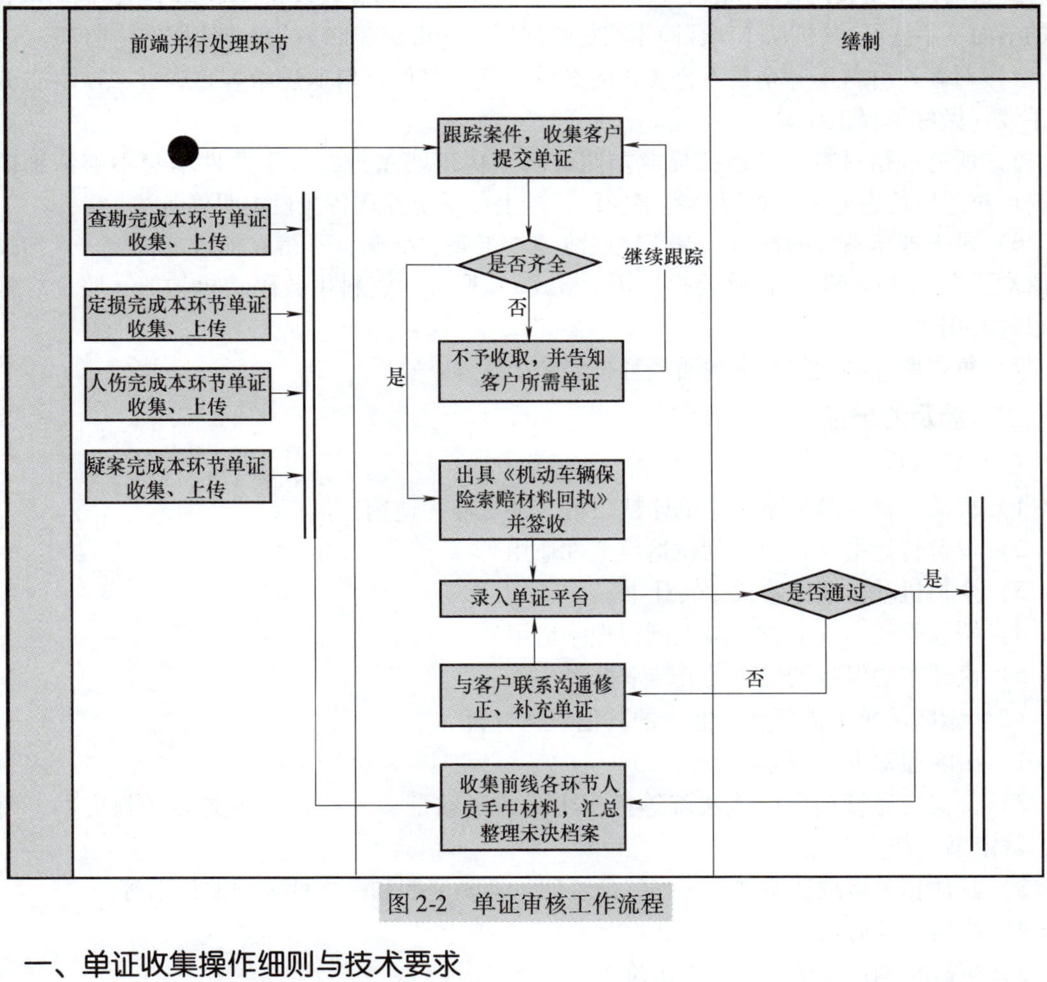

图 2-2　单证审核工作流程

一、单证收集操作细则与技术要求

在进行理算工作之前，应先进行相关单证的收集。单证的收集主要是要求被保险人在向保险人提出索赔申请的同时提供支持其索赔请求的有关单证。保险公司理赔人员根据被保险人提供的有关单证进行理算。

《保险法》第二十三条第一款规定：“保险事故发生后，依照保险合同请求保险人赔偿或者给付保险金时，投保人、被保险人或者受益人应当向保险人提供其所能提供的与确认保险事故的性质、原因、损失程度等有关的证明和资料。”

理赔人员依照保险合同约定，认为有关单证不完整的，应当通知被保险人补充提供相关单证。但理赔人员应当尽可能一次性提出要求提供的单证种类，避免出现多次、反复要求提供单证，从而延长理赔时限，影响保险服务质量。

接收客户交来的索赔单证，对案件的真实性进行以下初步审核：

1）审核客户提供的索赔材料是否齐全有效，索赔申请书、定损单等是否有被保险人签字或签章，所有书面材料应字迹清晰、无涂改，或涂改处有出具材料的相关单位签章。

2）索赔单据、事故证明以及其他证明材料必须是原始材料，如使用复印件必须有充分的理由。

3）经审核资料齐全的案件，应给予书面（《机动车辆保险索赔材料回执》一式两份）签收，要求回执单签收内容与所收客户资料一一对应，并注明签收人和日期及时间，同时取得客户的书面签字认可。《机动车辆保险索赔材料回执》一份交客户，一份未决赔案内留存。

4）对客户材料不齐全或不合要求的案件，须将案件材料退还给客户，并一次性告知所缺手续，做好解释工作。

5）所有理赔材料，必须扫描或拍照清晰上传理赔系统，对于原件本身不够清晰的材料，可对照原件内容完整抄写后签字确认，再上传系统并在备注栏中明确备注。

6）录入理赔系统的材料，保持字迹清楚、工整、准确，不得有涂改或不实，（扫描仪的像素要求：800×600；存储要求：JPG 格式）；照片、资料用数码相机拍照，照片容量不得超过 150KB。

7）每张照片必须附文字说明，且按照顺序编号。

二、涉及的单证

（1）基本单证

1）机动车辆保险理赔照片单证粘贴单（冲洗照片适用）。

2）权益转让书（盗抢、代位追偿案件适用）。

3）全损机动车辆保险权益转让书。

4）授权委托书（非被保险人到司理赔适用）。

5）机动车辆保险纸质赔案流转审批表。

（2）索赔清单上需要客户缴纳的其他系列材料

1）出险通知书（或索赔申请书）。

2）公安交通管理部门或法院等机构出具的事故证明、有关法律文书（判决书、调解书、裁定书、裁决书等）。

3）其他相关事故证明文件，如气象证明、消防证明和一次性定损协议书等。

4）检验/查勘报告。

5）事故车辆定损单，零配件报价单。

6）保险单抄件。

7）行驶证和驾驶证复印件。

8）支付凭证，包括：修理费发票、零配件发票、施救费发票、查勘费发票和向第三者支付赔偿金的收据。

（3）涉及人员伤亡　还需提供医院诊断证明，出院通知书，需要护理人员证明，医疗费报销凭证、处方、治疗用药明细单据，伤、残、亡人员的误工证明及收入情况证明，法医伤残鉴定书，死亡证明，被抚养人的证明材料，派出所出具的受害者家庭情况证明，户籍证明，丧失劳动能力证明，交通费、住宿费报销凭证，参加事故处理人员工资证明以及向第三方支付赔偿费用的过款凭证等。主要凭证如下：

1）第三方受害者病历。

2）休息或者继续治疗的证明或转院证明。

3）医疗费发票以及院外购买药品的发票。

4）死亡证明。

5）有关部门出具的残疾鉴定证明材料。

6）死亡和伤残人员户籍所在地政府部门出具的抚养人员情况证明。

7）由于误工造成收入减少证明等。

（4）涉及车辆盗抢案件　还需提供机动车行驶证（原件）、公安刑侦部门出具的盗抢案件立案证明、车辆购置费（税）凭证、机动车登记证书、车辆停驶手续证明、机动车来历凭证、全套车钥匙等。被保险人按照要求提供理赔所需的单证（具体如下）之后，保险人应与被保险人办理单证的交接手续，并对被保险人提供的有关单证进行审核。

1）公安部门（出险地县级以上刑事侦查部门）出具的车辆失窃未侦破证明。

2）车辆管理部门出具的保险车辆已报停证明及登报遗失声明。

3）车辆购置费凭证。

4）车辆钥匙。

5）车辆权益转让书。

6）保险单证正本、保险卡。

7）索赔材料回执单

三、单证的审核

单证审核包括形式审核和实质审核两步。

（1）形式审核　形式审核是指理赔人员对被保险人提供的有关单证在形式上的符合性进行审核，确定这些证明文件是否符合保险合同及理赔实务的要求。

（2）实质审核　实质审核是指理赔人员对被保险人提供的有关单证的真实性、合法性和合理性。

1）真实性审核是对单证真伪的判定。在机动车辆保险案件中存在大量作为理算依据的各种证明文件，这些证明文件的真伪将直接影响赔偿金的给付。目前，在机动车辆保险案件的处理过程中发现的单证真实性的问题主要是伪造和涂改单证，使这些证明文件有利于其自身利益。

2）合法性审核是对单证出具部门的行政行为是否基于客观事实，是否依法行政进行确认。在机动车辆保险赔款理算过程中发现的单证合法性的问题主要是有关职能部门及其工作人员出于其他原因没有严格执行政策，出具了与实际情况不符的单证。例如，有的基层单位在出具事故死亡人员抚养对象的证明文件中弄虚作假等。

3）合理性审核是对伤员抢救、受损财产修复、事故处理等过程中的费用支出是否合理和必要进行认定。

保险人对被保险人提交的索赔单证认真审核后，对其中不符合规定的项目和金额予以剔除；认为有关证明和资料不完整的，及时通知被保险人补充提供有关单证。审核无误的，应根据保险事故的实际情况结合保险条款的有关规定，按照险种分别计算应向被保险人实际支付的赔款数额。

【实操练习】

一、实训步骤（表 2-2）

表 2-2 实训步骤

步　骤	内　容
第一步骤	M-AI 理算模块操作讲解 ➢ 多媒体（机房）课堂讲解 ➢ Flash 实训指导模块引导
第二步骤	M-AI 理算模块实操练习 ➢ 多媒体（机房）操作练习
第三步骤	出险通知书、有效驾驶证（正、副）复印件、有效行驶证（正、副）复印件、修车发票（税检发票）及损余物质的回收的审核及收集

二、情境设计

1. 案例设计

2013 年 2 月 19 日 × 时，下暴雨，小王开着一辆奥迪在光明新区根玉路由东往西方向行驶至光明新区根玉路艺和厂路段，由于驾驶操作不慎，车身左侧同路中央的路肩发生碰撞，造成奥迪车部分损坏及路肩损坏和车上一乘客受伤的道路交通事故。小王未按操作规范安全驾驶，负事故的全部责任。

保险信息：小王于 2012 年 8 月 19 日在某保险公司投保了车损险、三者险 50 万、车上人员责任险和不计免赔险等险种。

2. 工具

M-AI 车险业务综合实训系统。

3. 情境考核

理算平台操作界面如图 2-3 所示，审核单证是否齐全。

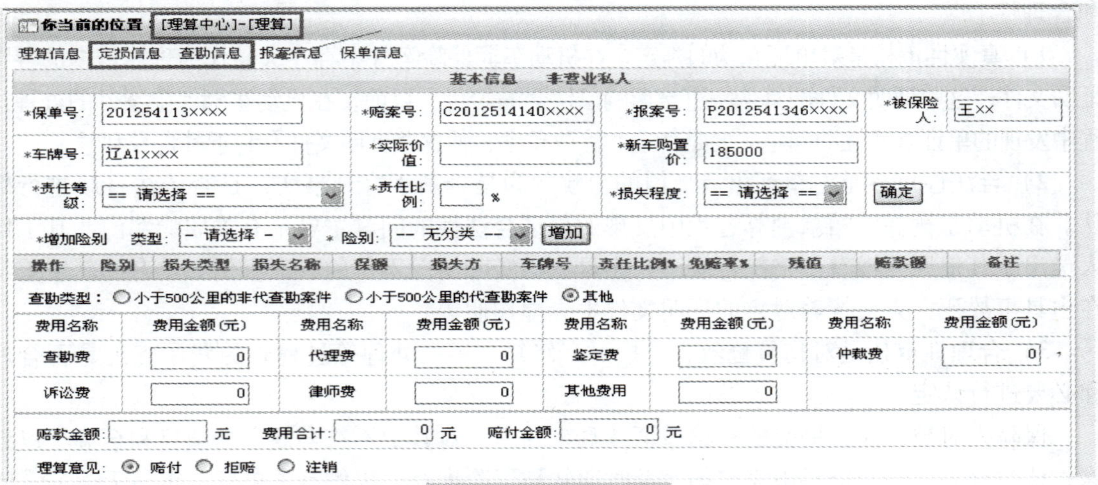

图 2-3 理算操作界面

任务二 缮制理算

【情境案例】

2013 年 2 月 19 日 ×时，下暴雨，小王开着一辆奥迪在光明新区根玉路由东往西方向行驶至光明新区根玉路艺和厂路段，由于驾驶操作不慎，车身左侧同路中央的路肩发生碰撞，造成奥迪车部分损坏和车上一乘客受伤的道路交通事故。小王未按操作规范安全驾驶，负事故的全部责任。保险公司怎样对赔款进行理算？小王于 2012 年 8 月 19 日在某保险公司投保了车损险、三者险 50 万、车上人员责任险和不计免赔险等险种。

【学习内容】

1）对经过前期定损核价核损后的案件，根据理算规则，进行综合理算。

2）核算理算之后的赔款金额。

3）发现疑难或问题赔案。

4）熟悉理算系统。

【学习目标】

1）能够完成对经过前期定损核价核损后的案件，根据理算规则，进行综合理算。

2）能够完成核算理算之后的赔款金额并提交理算结果至核赔平台。

3）能够发现疑难或问题赔案并及时与相关岗位人员沟通。

4）负责跟踪处理退回的案件，解答客户咨询工作。

【相关知识】

根据理算规则，对系统已经核损完毕且各项信息齐全的案件，根据保险条款与相关的法律、法规和条例规定，按照人、车、物损失费用对应承担赔偿的险种，分别计算拟定赔款。

【工作实施】

缮制工作流程如图 2-4 所示。

1. 审核案件的基本要求

1）按照赔案时效处理要求对赔案进行初步审核，进行正确计算。

2）对于不符合要求的案件应及时退回单证平台，并一次性提出整改意见。

3）认真按照缮制时效及时完成本职工作，对每日新增案件及时审核，不得积压，保证案件处理时效。

2. 审核案件的方法步骤

（1）审核赔案单证　根据公司对不同类型案件的要求，选择性地审核相关单证。对赔案单证进行审核，主要有以下几项：

1）审核所有索赔单证是否严格按照单证填写规范填写。

2）审核确认被保险人按规定提供的单证、证明及材料是否齐全有效，有无涂改、伪造。

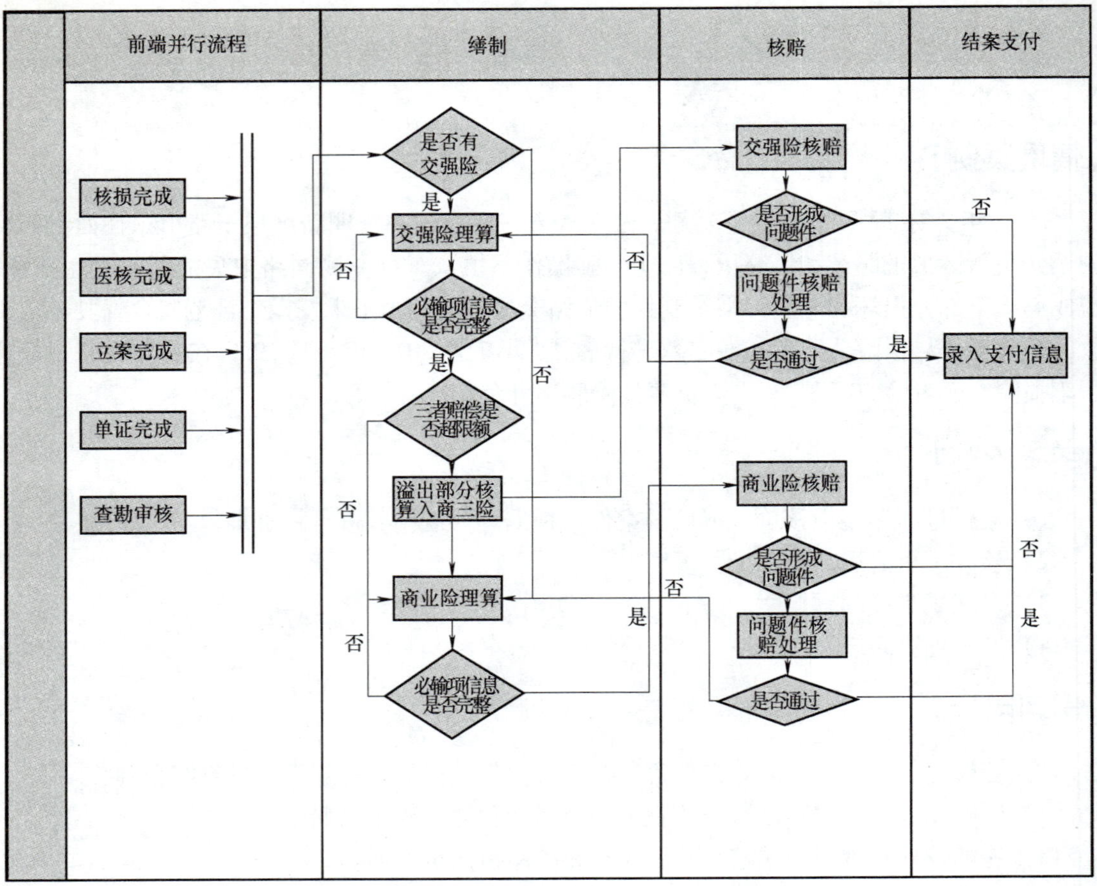

图 2-4 工作流程

3）审核各理赔经办人员是否规范填写赔案有关单证并签字，必备单证是否齐全。

4）重要信息涂改是否加盖修正章。

5）签章是否齐全。

（2）审核保险责任 对保险责任进行审核，主要项目如下：

1）确定被保险人是否有可保利益。

2）确定出险标的是否与保险标的符合。

3）出险原因是否属保险责任。

4）出险时间是否在保险期限内。

5）审核事故责任划分是否合理。

6）审核赔偿责任是否与承保险别相符。

7）审核有无涉及违反被保险义务或特别约定规定的情况。

8）是否涉及代位追偿。

（3）计算赔款

1）通过核损平台提取核损金额，与提交索赔票据比较，以低者为准。

2）通过配件系统审核更换配件价格有无异议。

3）确定赔偿比例。

4）确定责任比例。

5）确定免赔率（额）使用。

6）确定计算公式。

7）确定计算结果。

任务三 交强险赔款理算

【情境案例】

2013年2月19日×时，下暴雨，小王开着一辆奥迪在光明新区根玉路由东往西方向行驶至光明新区根玉路艺和厂路段，由于驾驶操作不慎，车身左侧同路中央的路肩发生碰撞，造成奥迪车部分损坏及路肩损坏和车上一乘客受伤的道路交通事故。小王未按操作规范安全驾驶，负事故的全部责任。保险公司怎样对赔款进行理算？小王于2012年8月19日在某保险公司投保了车损险、三者险50万、车上人员责任险和不计免赔险等险种。

【学习内容】

1）学习交强险保险责任赔偿。

2）学习按照赔偿限额计算各分项损失承担金额，并计算总的赔付金额。

【学习目标】

能够熟练计算交强险的各项赔付金额及其赔付总金额。

【相关知识】

在中华人民共和国境内（不含港、澳、台地区），被保险人在使用被保险机动车过程中发生交通事故，致使受害人遭受人身伤亡或者财产损失，依法应当由被保险人承担的损害赔偿责任，保险人按照交强险合同的约定对每次事故在下列赔偿限额内负责赔偿。

1. 赔偿范围

被保险人在使用被保险机动车过程中发生交通事故，致使受害人（不包括被保险机动车辆本车车上人员、被保险人）遭受人身伤亡或者财产损失，依法应当由被保险人承担的损害赔偿责任，保险人按照强制保险合同的约定对每次事故在分项赔偿限额内负责赔偿。

2. 赔偿项目

1）受害人的死亡伤残费用，其中包括死亡补偿费、丧葬费、受害人亲属办理交通事故支出的合理交通费、残疾赔偿费、残疾辅助器具费、护理费、康复费、被抚养人生活费、住宿费、误工费，被保险人依照法院判决或者调解所承担的精神抚慰金。

2）受害人的医疗费用，其中包括医药费、诊疗费、住院费、住院伙食补助费，必要的、合理的后续治疗费、整容费、营养费。

3）受害人的财产损失费用和施救费用。

3. 赔偿限额

1）死亡伤残赔偿限额为 110000 元。

2）医疗费用赔偿限额为 10000 元。

3）财产损失赔偿限额为 2000 元。

4）被保险人无事故责任时，无责任死亡伤残赔偿限额为 110000 元；无责任医疗费用赔偿限额为 1000 元；无责任财产损失赔偿限额为 100 元。

5）主车与挂车连接使用时发生交通事故，赔偿金额的总和在各自交强险限额内按责任比例分摊。

【工作实施】

交强险理算工作流程如图 2-5 所示。

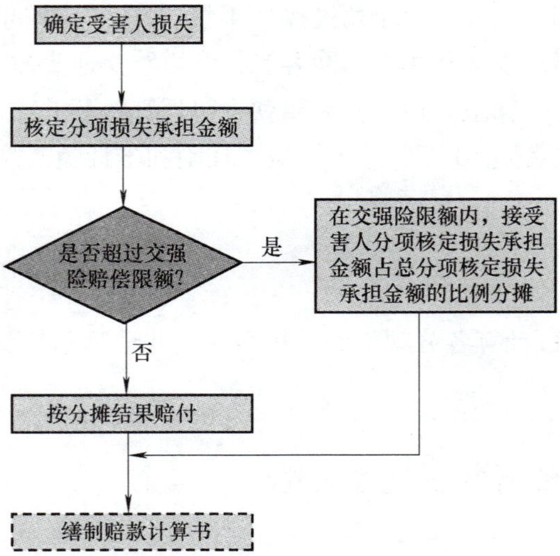

图 2-5 交强险理算工作流程

一、赔款计算

在强制保险各分项赔偿限额内，对受害人人身伤亡、财产损失分别计算赔偿：

$$\text{总赔款} = \sum \text{各分项损失赔款} = \text{受害人死亡伤残赔款} + \text{受害人医疗费用赔款} + \text{受害人财产损失赔款}$$

（1）两辆及两辆以上机动车交通事故的赔偿

1）交管部门未确定保险事故各方车辆在强制保险项下所承担的赔偿责任时：

$$\text{各分项核定损失金额} = \text{交通事故中被保险车辆以外的所有受害人的各分项核定损失金额之和} \div (N-1)$$

其中，N 为交通事故中肇事机动车的数量。

2）交管部门已确定保险事故各方车辆在强制保险项下所承担的赔偿责任时：

$$\text{各分项核定损失金额} = \text{交通管理部门确定的被保险车辆对事故中所有受害人承担的各分项损失之和}$$

3）肇事车辆中（除被保险车辆外）有未投保强制保险的，视同投保车辆计算赔款。

（2）机动车与非机动车、行人之间发生交通事故的赔偿

1）事故中所有受害人的分项核定损失之和在强制保险分项赔偿限额之内的，按实际损失计算赔偿。

2）事故中所有受害人的分项核定损失之和超过强制保险分项赔偿限额的，按分项赔偿限额计算赔偿。

（3）对于多车（三车及三车以上）相撞事故的赔偿处理　交管部门仅确定责任，没有确定各方车辆在强制保险项下所承担的赔偿金额时，各方车辆在强制保险项下按照有责、无责进行处理，不按照责任比例的大小进行处理，且各项赔偿限额在有责、无责限额下单独核算。基本赔偿比率计算公式如下：

$$主车(赔偿方)的赔偿比例=\frac{主车(赔偿方)对应的责任限额}{赔偿方对应的责任限额+其他赔偿方对应的责任限额}$$

1）确定被赔偿方在死亡伤残、医疗费用、财产损失三项赔偿下的各损失金额，以对应项目损失金额为基数，以主车（赔偿方）的赔偿比例为比率，进行计算。

2）根据以上计算结果，对于主车（赔偿方）需要赔偿给各个被赔偿方的总额不超过对应限额时，按照以上计算的分摊结果赔付给各方；总额超过对应限额的，按照需要赔偿给各个被赔偿方的金额占总赔偿额之和的比例乘以对应交强险的对应限额进行赔偿。

3）判断交强险是否赔足，若有受损方没有得到全额赔付，同时又有需赔付方交强险限额未赔足，则在交强险限额内补足。对于分摊的各项损失合计没有超过剩余赔偿限额的，按分摊结果赔付各方；超过限额的，则按每项分摊的金额占各项分摊金额总和的比例乘以剩余交强险赔偿限额分摊；直至受损各方均得到足额赔偿或应赔付方交强险无剩余限额。

（4）多辆被保险机动车碰撞非机动车或行人的处理　各被保险机动车的保险人分别在强制保险的责任限额内承担赔偿责任。若交通管理部门未确定事故各方车辆应承担的赔偿责任，各保险人平均分摊赔款金额。

（5）两辆及两辆以上机动车与多个非机动车、行人的交通事故　参照本节上述规定计算赔偿。

（6）受害人财产损失需要施救的　财产损失赔款与施救费累计不超过财产损失赔偿限额。

（7）被保险机动车投保一份以上强制保险的　各保险人的赔偿金额的总和不超过一份强制保险合同的责任限额，保险人按照强制保险合同的责任限额与各强制保险合同责任限额的总和的比例承担赔偿责任。

二、交强险预付赔款

被保险机动车发生涉及受害人受伤的交通事故，因抢救受害人需要保险人支付抢救费用的，在接到公安机关交通管理部门的书面通知和医疗机构出具的抢救费用（已发生）清单后，对于符合规定的抢救费用，在医疗费用赔偿限额内支付。被保险人在交通事故中无责任的，保险人在无责任医疗费用赔偿限额内支付。

三、交强险垫付赔款

凡符合强制保险中垫付条件的，致害人向医疗机构支付受害人人身伤亡的抢救费用不足

的，在接到公安机关交通管理部门的书面通知和医疗机构出具的抢救费用清单后，对不足的部分，在医疗费用赔偿限额内垫付。被保险人在交通事故中无责任的，在无责任医疗费用赔偿限额内垫付。（具体操作见特殊赔案“垫付赔案”中的规定。）

四、赔偿顺序

1）保险事故造成受害人财产损失，同时涉及受害人的车辆损失、受害人车辆以外的财产损失、受害人车上财产损失时，优先赔偿受害人车辆损失以外的其他财产的损失。

2）死亡伤残、医疗费用赔偿金额超过强制保险赔偿限额的，在限额内按以下顺序赔偿：

① 死亡伤残赔偿顺序：残疾赔偿金、残疾辅助器具费（丧葬费、死亡补偿费）；护理费、误工费、交通费、住宿费（受害人亲属办理交通事故支出的合理交通、住宿、误工费用）；被抚养人生活费。

② 医疗费用赔偿顺序：抢救费、医药费、诊疗费、住院费、住院伙食补助费、后续治疗费、整容费、必要的营养费。

③ 精神损害抚慰金：对被保险人依照法院判决或者调解承担的精神损害抚慰金，在其他赔偿项目足额赔偿后，在死亡伤残赔偿限额内赔偿。

五、死亡伤残费用和医疗费用的核定标准

按照《最高人民法院〈关于审理人身损害赔偿案件适用法律若干问题的解释〉》规定的赔偿范围、项目和标准，公安部颁布的《道路交通事故受伤人员伤残评定》（GB 18667—2002），以及《交通事故人员创伤临床诊疗指南》和《交通事故发生地的基本医疗标准》核定人身伤亡的赔偿金额。

交强险的计算过程：

1）确定受害人损失。确定哪些损失属于本方机动车交强险受害人的损失。

2）确定本方机动车交强险项下的分项核定损失承担金额。根据肇事机动车有无责任情况，按各被保险机动车的分项赔偿限额占总分项赔偿限额的比例分摊，其中均有责任或均无责任的，按平均分摊的方式计算。

对于分项核定损失承担金额没有超过交强险赔偿限额的，按分摊结果赔付；分项核定损失承担金额超过交强险赔偿限额的，在交强险限额之内，按受害人分项核定损失承担金额占总分项核定损失承担金额的比例分摊。

3）判断交强险是否赔足。若受害方没有得到全额赔付，同时又有需赔付方交强险限额未赔足，则在交强险限额内补足。对于待分配的各项损失合计没有超过剩余赔偿限额的，按照分配结果赔付各方；超过剩余赔偿限额的，则按每项分配金额占各项分配金额总和的比例乘以剩余赔偿限额分摊，直至受损各方均得到足额赔偿或应赔付方交强险无剩余限额。

【实操练习】

一、知识拓展

1. 单车肇事与行人（非机动车）**交通事故赔偿**

在强制保险各分项赔偿限额内，对受害人人身伤亡、财产损失分别计算赔偿：

$$总赔款 = \sum 各分项损失赔款 = 受害人死亡伤残赔款 + 受害人医疗费用赔款 + 受害人财产损失赔款$$

【交强险案例一：单车肇事，三者伤一人，损失财产，超限额】

被保险机动车A发生交通事故，导致骑车人王某受伤，事故造成伤者王某医药费12000元，护理费800元，误工费4500元，自行车损失200元。交强险死亡伤残赔偿、医疗费用、财产损失赔偿限额分别为5万、8000和2000元（下同），则A车交强险赔款计算如下：

$$\begin{aligned}赔款 &= 死亡伤残费用赔款 + 医疗费用赔款 + 财产损失赔款\\ &= 死亡伤残费用核定金额 + 医疗费用核定金额 + 财产损失核定金额\\ &= (4500 + 800)元 + 8000元 + 200元\\ &= 13500元\end{aligned}$$

因医疗费用12000元超过医疗费用责任限额，按责任限额计算。

2. 两辆及两辆以上机动车交通事故的赔偿

1）交管部门未确定保险事故各方车辆在强制保险项下所承担的赔偿责任时：

$$各分项核定损失金额 = 交通事故中被保险车辆以外的所有受害人的各分项核定损失金额之和 \div (N - 1)$$

其中，N为交通事故中肇事机动车的数量。

2）交管部门已确定保险事故各方车辆在强制保险项下所承担的赔偿责任时：

$$各分项核定损失金额 = 交通管理部门确定的被保险车辆对事故中所有受害人承担的各分项损失之和$$

3）肇事车辆中（除被保险车辆外）有未投保强制保险的，视同投保车辆计算赔款。

【交强险案例二：两车相撞，未定责，车损，三者伤一人，未超限额】

被保险机动车A与三者车B发生交通事故，造成A车与B车受损、B车车上人员柳某受伤，经交警现场处理但未划分责任。本案发生A车修理费2000元、B车修理费1000元、柳某医疗费用500元，则A车交强险赔款计算如下：

$$\begin{aligned}赔款 &= \sum 各分项损失赔款 \div (N - 1)\\ &= (受害人医疗费用赔款 + 受害人财产损失赔款) \div (N - 1)\\ &= (500 + 1000) \div (2 - 1)元\\ &= 1500元\end{aligned}$$

【交强险案例三：三车相撞，已定责，车损，三者伤一人，未超限额】

被保险机动车A在行驶过程中与机动车B发生追尾事故后又被机动车C追尾，造成三车损坏及B车车上人员王某和C车车上人员江某受伤。交警进行处理并确定A车负60%的责任、C车负40%的责任、B车没有责任。伤者痊愈出院后经交警裁定，事故费用如下：

A车维修费为2000元，B车维修费为1000元，C车维修费为1500元；

王某医药费1000元，诊疗费500元，住院费200元，误工费2800元，交通费200元，护理费600元；

江某医药费2000元，诊疗费600元，住院费800元，误工费3000元，交通费200元，护理费800元；

本案赔款计算如下：

先计算出各分项损失金额

① 王某的死亡伤残费用 = 误工费 + 交通费 + 护理费

= 2800 元 + 200 元 + 600 元 = 3600 元

② 王某的医疗费用 = 医药费 + 诊疗费 + 住院费

= 1000 元 + 500 元 + 200 元 = 1700 元

③ 王某的财产损失 = B 车维修费 = 1000 元

④ 江某的死亡伤残费用 = 误工费 + 交通费 + 护理费

= 3000 元 + 200 元 + 800 元 = 4000 元

⑤ 江某的医疗费用 = 医药费 + 诊疗费 + 住院费

= 2000 元 + 600 元 + 800 元 = 3400 元

⑥ 江某的财产损失 = C 车维修费 = 1500 元

再根据交通管理部门确定的赔偿责任计算各分项赔款

死亡伤残费赔款 = (王某死亡伤残费用 + 江某死亡伤残费用) × 事故责任比例

= (3600 元 + 4000 元) × 60% = 4560 元

医疗费用赔款 = (王某医疗费用 + 江某医疗费用) × 事故责任比例

= (1700 元 + 3400 元) × 60% = 3060 元

财产损失赔款 = (B 车维修费 + C 车维修费) × 事故责任比例

= (1000 元 + 1500 元) × 60% = 1500 元

交强险总赔款 = $\sum$ 各分项损失赔款

= 受害人死亡伤残赔款 + 受害人医疗费用赔款 + 受害人财产损失赔款

= 4560 元 + 3060 元 + 1500 元 = 9120 元

3. 机动车与非机动车、行人之间发生交通事故的赔偿

1）事故中所有受害人的分项核定损失之和在强制保险分项赔偿限额之内的，按实际损失计算赔偿。

2）事故中所有受害人的分项核定损失之和超过强制保险分项赔偿限额的，按分项赔偿限额计算赔偿。

3）交通管理部门已确定保险事故各方车辆在强制保险项下所承担的赔偿责任时：

各分项核定损失金额 = 交通管理部门确定的被保险机动车对事故中所有受害人承担的各分项损失之和。

【交强险案例四：车撞人，全责，多人受伤，未超限额】

A 车在行驶过程中超速加上临危处置不当造成将行人夏某和张某撞伤的事故，经交警判定 A 车负全部责任。经交警裁定两名受伤人员的费用如下：

夏某医药费 1500 元，诊疗费 500 元，住院费 200 元，误工费 1800 元；

张某医药费 1800 元，诊疗费 600 元，住院费 300 元，误工费 2100 元。

本案赔款计算如下：

① 死亡伤残费赔款

夏某死亡伤残费赔款 = 误工费 = 1800 元

张某死亡伤残费赔款 = 误工费 = 2100 元

② 医疗费用赔款

夏某医疗费用赔款 = 医药费 + 诊疗费 + 住院费 = 2200 元

张某医疗费用赔款 = 医药费 + 诊疗费 + 住院费 = 2700 元

伤者死亡伤残费总额 = 夏某死亡伤残费 + 张某死亡伤残费
= 1800 元 + 2100 元
= 3900 元

伤者医疗费用总额 = 夏某医疗费用 + 张某医疗费用
= 2200 元 + 2700 元
= 4900 元

本案的交强险总赔款 = 伤者死亡伤残费总额 + 伤者医疗费用总额
= 3900 元 + 4900 元
= 8800 元

【交强险案例五：车撞人，全责，多人受伤，超限额】

机动车 A 在途经某校园门口时由于采取措施不当将横过马路的学生周某、吴某撞伤，经交警大队裁定，何某负事故的全部责任。伤者被急救中心治疗后，周某于当日经抢救无效死亡，吴某经治疗后痊愈出院，经交警裁定两名受伤人员的费用如下：

周某医药费 10000 元，诊疗费 2000 元，住院费 200 元，丧葬费 5000 元，死亡补偿费 70000 元，亲属 2 人参加处理事故，误工费 4000 元，交通 1000 元；吴某医药费 12000 元，诊疗费 3000 元，住院费 1000 元，交通费 300 元，护理费 2000 元，住院伙食补助费 1200 元。

本案的赔款计算如下。

① 死亡伤残费赔款

周某的死亡伤残费用 = 丧葬费 + 死亡补偿费 + 事故处理人员交通费
= 5000 元 + 70000 元 + 1000 元
= 76000 元 （事故处理人员误工费不在赔偿范围）

吴某的死亡伤残费用 = 交通费 + 护理费
= 300 元 + 2000 元 = 2300 元

周某的死亡伤残赔款 = 该项目赔偿限额 × 周某的死亡伤残费用 ÷ 死亡伤残总费用
= 50000 元 × 76000 元 ÷ (76000 元 + 2300 元)
= 48531.29 元

吴某的死亡伤残赔款 = 该项目赔偿限额 × 吴某的死亡伤残费用 ÷ 死亡伤残总费用
= 50000 元 × 2300 元 ÷ (76000 元 + 2300 元)
= 1468.71 元

② 医疗费用赔款

周某的医疗费用 = 医药费 + 诊疗费 + 住院费
= 10000 元 + 2000 元 + 200 元 = 12200 元

吴某的医疗费用 = 医药费 + 诊疗费 + 住院费 + 住院伙食补助费
= 12000 元 + 3000 元 + 1000 元 + 1200 元
= 17200 元

周某的医疗费用赔款 = 该项目赔偿限额 × 周某的医疗费用 ÷ 医疗总费用
= 8000 元 × 12200 元 ÷ (12200 元 + 17200 元)
= 3319.73 元

吴某的医疗费用赔款 = 该项目赔偿限额 × 吴某的医疗费用 ÷ 医疗总费用
= 8000 元 × 17200 元 ÷ (12200 元 + 17200 元)
= 4680.27 元

周某的赔款 = 死亡伤残赔款 + 医疗费用赔款
= 48531.29 元 + 3319.73 元
= 51851.02 元

吴某的赔款 = 死亡伤残赔款 + 医疗费用赔款
= 1468.71 元 + 4680.27 元
= 6148.98 元

本案的交强险总赔款 = 周某的赔款 + 吴某的赔款
= 51851.02 元 + 6148.98 元
= 58000 元

二、实训步骤（表 2-3）

表 2-3 实训步骤

步　骤	内　容
第一步骤	M-AI 交强险理算模块操作讲解 多媒体（机房）课堂讲解 Flash 实训指导模块引导
第二步骤	M-AI 交强险理算模块实操练习 多媒体（机房）操作练习
第三步骤	交强险案例设计，损失赔款计算

三、情境设计

1. 案例设计

2013 年 2 月 19 日，某女士中午驾驶标的车沪 C × × × × × 出外办事，过交通岗时，由于前边车辆躲行人，突然停车，某女士、制动不及时，追尾前边三者车辆，造成前方三者车辆损失，经交警处理，标的车全责，保险公司进行查勘定损，标的车只投保交强险，三者车损失 1450 元。

2. 工具

M-AI 车险业务综合实训系统、签字笔、A4 纸。

3. 情境考核

1）机动车辆保险赔款计算书如图 2-6 所示。

2）理算平台，交强险操作如图 2-7 所示。

机动车辆保险赔款计算书

保险单号：　　　　　　　　　　　　　　　　　　　　立案编号：

报案编号：　　　　　　　　　　　　　　　　　　　　赔款计算书号：

<table>
<tr><td colspan="2">被保险人</td><td colspan="4"></td><td colspan="4">条款类别</td><td colspan="2"></td></tr>
<tr><td colspan="2">厂牌型号</td><td colspan="2"></td><td colspan="2">车辆购置价</td><td colspan="2"></td><td colspan="2">事故类别</td><td colspan="2"></td></tr>
<tr><td colspan="2">号牌号码</td><td colspan="2"></td><td colspan="2">车损险保险金额</td><td colspan="2"></td><td colspan="2">责任比例</td><td colspan="2"></td></tr>
<tr><td colspan="2">出险日期</td><td colspan="2">年 月 日</td><td colspan="2">三者险责任限额</td><td colspan="2"></td><td colspan="2">免赔比例</td><td colspan="2"></td></tr>
<tr><td colspan="2">出险地点</td><td colspan="2"></td><td colspan="2">保险期限</td><td colspan="6">自 年 月 日零时起至 年 月 日 24 时止</td></tr>
<tr><td colspan="12">分险别赔款计算公式</td></tr>
<tr><td colspan="12">交强险
医疗费用赔偿

死亡伤残赔偿

财产损失赔偿</td></tr>
<tr><td colspan="12">支付抢救费用（人民币大写）：　　　　元（¥：　　　　元）</td></tr>
<tr><td colspan="12">垫付抢救费用（人民币大写）：　　　　元（¥：　　　　元）</td></tr>
<tr><td colspan="12">交强险赔款合计（人民币大写）：　　　　元（¥：　　　　元）</td></tr>
<tr><td colspan="12">车损险

三者险

附加险</td></tr>
<tr><td colspan="4">鉴定费：　　　元</td><td colspan="4">代查勘费：　　　元</td><td colspan="4">诉讼、仲裁费：　　　元</td></tr>
<tr><td colspan="4">其他费用：　　　元</td><td colspan="4">预付赔款：　　　元</td><td colspan="4">损余物资/残值金额：　　　元</td></tr>
<tr><td colspan="12">商业保险赔款合计（人民币大写）：　元（¥：　　元）</td></tr>
<tr><td colspan="12">赔款总计（人民币大写）：　元（¥：　　元）</td></tr>
<tr><td colspan="3">经理签字：
年 月 日</td><td colspan="3">主管签字：
年 月 日</td><td colspan="3">赔师签字：
年 月 日</td><td colspan="3">经办人签字：
年 月 日</td></tr>
<tr><td colspan="12">上级审批意见：
年 月 日</td></tr>
</table>

图 2-6　机动车辆保险赔款计算书

图 2-7 交强险理算界面

任务四 商业车损险赔款理算

【情境案例】

2013 年 2 月 19 日 × 时，下暴雨，小王开着一辆奥迪在光明新区根玉路由东往西方向行驶至光明新区根玉路艺和厂路段，由于驾驶操作不慎，车身左侧同路中央的路肩发生碰撞，造成奥迪车部分损坏及路肩损坏和车上一乘客受伤的道路交通事故。小王未按操作规范安全驾驶，负事故的全部责任。保险公司怎样对赔款进行理算？小王于 2012 年 8 月 19 日在某保险公司投保了车损险、三者险 50 万、车上人员责任险和不计免赔险等险种。

【学习内容】

1）学习商业车损保险的赔偿方式。

2）学习商业车损保险赔款计算公式。

3）学习施救费用赔款计算公式。

【学习目标】

能够对商业保险赔款理算。

【相关知识】

1. 车辆损失险的赔偿范围

依照法律、法规和保险合同的约定，保险车辆的损失金额超出《道路交通事故责任强制保险》赔偿部分（以下简称强制保险车损部分）的赔款。

2. 商业保险的赔偿实行过错责任赔偿的原则

保险人依据保险车辆驾驶人在事故中所负责任比例，承担相应的赔偿责任。被保险人根据有关法律、法规规定选择自行协商或由公安交通管理部门处理事故未确定事故责任比例的，保险人按照下列规定确定事故责任比例：

1）保险车辆方负事故主要责任的，责任比例为 70%。

2）保险车辆方负事故同等责任的，责任比例为 50%。

3）保险车辆方负事故次要责任的，责任比例为 30%。

3. 有关免赔率的规定

（1）家庭自用汽车损失保险条款

第八条　保险人在依据本保险合同约定计算赔款的基础上，按照下列免赔率免赔：

1）负次要事故责任的免赔率为 5%，负同等事故责任的免赔率为 8%，负主要事故责任的免赔率为 10%，负全部事故责任或单方肇事事故的免赔率为 15%。

2）被保险机动车的损失应当由第三方负责赔偿的，无法找到第三方时，免赔率为 30%。

3）被保险人根据有关法律法规规定选择自行协商方式处理交通事故，不能证明事故原因的，免赔率为 20%。

4）投保时指定驾驶人，保险事故发生时为非指定驾驶人使用被保险机动车的，增加免赔率 10%。

5）投保时约定行驶区域，保险事故发生在约定行驶区域以外的，增加免赔率 10%。

被保险人或被保险机动车驾驶人根据有关法律法规规定选择自行协商或由公安机关交通管理部门处理事故未确定事故责任比例的，按照下列规定确定事故责任比例：

被保险机动车方负主要事故责任的，事故责任比例为 70%。

被保险机动车方负同等事故责任的，事故责任比例为 50%。

被保险机动车方负次要事故责任的，事故责任比例为 30%。

（2）非营业用汽车损失保险条款

第八条　保险人在依据本保险合同约定计算赔款的基础上，按照下列免赔率免赔：

1）负次要事故责任的免赔率为5%，负同等事故责任的免赔率为8%，负主要事故责任的免赔率为10%，负全部事故责任或单方肇事事故的免赔率为15%。

2）被保险机动车的损失应当由第三方负责赔偿的，无法找到第三方时，免赔率为30%。

3）被保险人根据有关法律法规规定选择自行协商方式处理交通事故，不能证明事故原因的，免赔率为20%。

4）投保时约定行驶区域，保险事故发生在约定行驶区域以外的，增加免赔率10%。

被保险人或被保险机动车驾驶人根据有关法律法规规定选择自行协商或由公安机关交通管理部门处理事故未确定事故责任比例的，按照下列规定确定事故责任比例：

被保险机动车方负主要事故责任的，事故责任比例为70%。

被保险机动车方负同等事故责任的，事故责任比例为50%。

被保险机动车方负次要事故责任的，事故责任比例为30%。

（3）营业用汽车损失保险条款

第八条　保险人在依据本保险合同约定计算赔款的基础上，按照下列方式免赔：

1）负次要事故责任的免赔率为5%，负同等事故责任的免赔率为8%，负主要事故责任的免赔率为10%，负全部事故责任或单方肇事事故的免赔率为15%。

2）被保险机动车的损失应当由第三方负责赔偿的，无法找到第三方时，免赔率为30%。

3）被保险人根据有关法律法规规定选择自行协商方式处理交通事故，不能证明事故原因的，免赔率为20%。

4）违反安全装载规定的，增加免赔率5%；因违反安全装载规定导致保险事故发生的，保险人不承担赔偿责任。

5）投保时约定行驶区域，保险事故发生在约定行驶区域以外的，增加免赔率10%。

6）保险期间内发生多次保险事故的，免赔率从第三次开始每次增加5%。但自然灾害引起的事故除外。

被保险人或被保险机动车驾驶人根据有关法律法规规定选择自行协商或由公安机关交通管理部门处理事故未确定事故责任比例的，按照下列规定确定事故责任比例：

被保险机动车方负主要事故责任的，事故责任比例为70%。

被保险机动车方负同等事故责任的，事故责任比例为50%。

被保险机动车方负次要事故责任的，事故责任比例为30%。

（4）摩托车、拖拉机保险条款

第十二条　保险人在依据本保险合同约定计算赔款的基础上，在保险单载明的保险金额（责任限额）内，按下列免赔率免赔：

1）负次要事故责任的免赔率为3%，负同等事故责任的免赔率为5%，负主要事故责任的免赔率为8%，负全部事故责任或单方肇事事故的免赔率为10%。

2）被保险拖拉机的损失应当由第三方负责赔偿的，无法找到第三方时，免赔率为10%。

被保险人或被保险机动车驾驶人根据有关法律法规规定选择自行协商或由公安机关交通

管理部门处理事故未确定事故责任比例的，按照下列规定确定事故责任比例：

被保险机动车方负主要事故责任的，事故责任比例为70%。

被保险机动车方负同等事故责任的，事故责任比例为50%。

被保险机动车方负次要事故责任的，事故责任比例为30%。

（5）特种车保险条款

保险人在依据本保险合同约定计算赔款的基础上，按下列免赔率免赔：

1）负次要事故责任的免赔率为5%，负同等事故责任的免赔率为10%，负主要事故责任的免赔率为15%，负全部事故责任或单方肇事事故的免赔率为20%。

2）被保险机动车的损失应当由第三方负责赔偿的，无法找到第三方时，免赔率为20%。

3）违反安全装载规定的，增加免赔率5%；因违反安全装载规定导致保险事故发生的，保险人不承担赔偿责任。

4）投保时约定行驶区域，保险事故发生在约定行驶区域以外的，增加免赔率10%。

4. 赔款计算方式

根据保险车辆的损失情况，赔款计算方式如下：

（1）全部损失　保险车辆在保险事故中发生整体损毁、受损严重失去修复价值或修复费用基本接近出险时车辆的实际价值，即形成实际全损或推定全损。

1）保险车辆发生全部损失后，如出险当时实际价值扣除强制险条款〈车损部分〉，高于保险金额的，赔款计算公式为

赔款＝(保险金额－残值)×事故责任比例×(1－免赔率之和)－绝对免赔额

2）保险车辆发生全部损失后，如出险当时实际价值扣除强制险赔款〈车损部分〉，低于保险金额的，赔款计算公式为

赔款＝(实际价值－强制险赔款〈车损部分〉－残值)×事故责任比例×(1－免赔率之和)－绝对免赔额

（2）部分损失　如果保险车辆部分损失一次赔款金额、责任强制险赔款〈车损部分〉及免赔金额之和大于或等于保险金额时，本保险的保险责任即行终止。

1）保险车辆的保险金额等于或高于投保时新车购置价的，赔款计算公式为

赔款＝(实际修复费用－强制险赔款〈车损部分〉－残值)×事故责任比例×(1－免赔率之和)－绝对免赔额

2）保险车辆的保险金额低于投保时新车购置价的，赔款计算公式为

赔款＝(实际修复费用－强制险赔款〈车损部分〉－残值)×(保险金额/新车购置价)×事故责任比例×(1－免赔率之和)－绝对免赔额

注：出险当时保险车辆的实际价值，即按保险事故发生时同种类型车辆市场新车购置价（含车辆购置附加费〈税〉）减去该车已使用年限折旧后确定。折旧率计算方法和标准参见各条款承保部分（每满一年扣除一年折旧，不足一年的部分不计折旧）。

施救费用在保险车辆损失赔偿金额以外另行计算，最高不超过保险金额的数额。

施救的财产中，含有本保险合同未保险的财产，应按保险车辆出险时的实际价值占总施救财产的实际价值比例分摊施救费用。

① 保险车辆的保险金额按投保时新车购置价确定的，施救费用计算公式为

赔款 =（实际施救费用 − 责任强制险赔款〈施救费用部分〉）× 保险车辆实际价值/施救财产总价值 × 事故责任比例 ×（1 − 免赔率之和）− 绝对免赔额

② 保险车辆的保险金额低于投保时的新车购置价，施救费用按保险金额与新车购置价的比例计算赔偿，计算公式为

赔款 =（实际施救费用 − 责任强制险赔款〈施救费用部分〉）× 保险金额/施救财产总价值 ×（保险金额/新车购置价）× 事故责任比例 ×（1 − 免赔率之和）− 绝对免赔额

保险车辆在使用过程中与其他机动车辆发生碰撞造成保险车辆损坏的，对应当由其他机动车辆的交强险赔偿的金额，本公司先予以扣除，再依据保险车辆驾驶人在事故中所负事故责任比例，按照本合同的规定负责赔偿。

保险车辆发生保险事故遭受损失后的残余部分，由本公司与被保险人协商处理。如折归被保险人，由双方协商确定其价值，并在赔款中扣除。

保险车辆发生部分损失，本公司一次赔款金额与免赔金额之和大于或等于保险金额时，本合同自动终止。

保险车辆重复投保机动车车辆损失险的，本公司按照本合同保险金额与重复保险合同保险金额总和的比例承担赔偿责任。

因第三者对保险车辆的损害而造成保险事故的，本公司自向被保险人赔偿之日起，在赔偿金额范围内代位行使被保险人对第三者请求赔偿的权利，但被保险人应当向本公司提供必要的文件和其所知道的有关情况。

因被保险人放弃对第三者的请求赔偿权利致使本公司不能行使代位求偿权的，本公司不承担赔偿责任；因被保险人过错致使本公司不能行使代位求偿权的，本公司相应扣减保险赔偿金。

发生的保险事故根据有关法律法规规定可以由当事人选择以自行协商方式处理的，被保险人应当及时通知本公司，本公司对被保险人自行承诺或支付的金额有权重新核定，并有权对其中无法核实的部分拒绝赔偿。

本公司受理报案、进行现场查勘、核损定价、参与案件诉讼、向被保险人提供建议以及对相关单证的出具和要求等行为，均不构成本公司对赔偿责任的承诺。

【工作实施】

车辆损失保险赔款理算工作流程如图 2-8 所示。

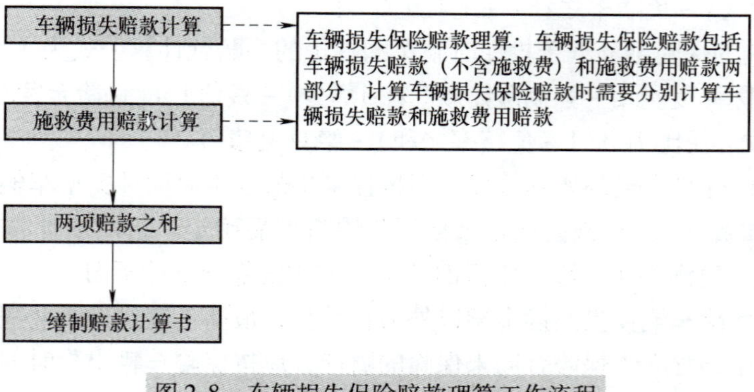

图 2-8 车辆损失保险赔款理算工作流程

1. 全部损失的赔款计算

保险车辆在保险事故中发生整体损毁，或受损严重失去修复价值，即形成实际全损或推定全损。当施救费用和修理费用之和大于或等于被保险机动车出险时的实际价值即可推定全损。

(1) 车辆损失赔款计算公式

车辆损失赔款 =（实际价值 – 残值 – 交强险对车辆损失赔偿金额）× 事故责任比例

公式说明：

①“实际价值”即保险车辆出险时的实际价值，按保险事故发生时保险合同签订地同种类型车辆市场新车购置价（含车辆购置附加费/税）减去该车已使用累计月数折旧后确定。即：

实际价值 = 出险时新车购置价 ×（1 – 已使用月数 × 月折旧率）

折旧率按月计算，不足一月的，不计折旧。折旧率按条款规定的比率计算。

② 如果保险金额低于出险时实际价值，因总残余价值里有一部分是保户自保的，所以这时残值应计算为

残值 = 总残余价值 ×（保险金额/实际价值）

(2) 施救费用赔款计算公式

施救费用赔款 = [（核定施救费用 – 交强险对施救费赔偿金额）× 事故责任比例 ×（保险金额/投保时保险车辆的新车购置价）]

核定施救费用 = 施救费用 ×（保险财产价值/实际被施救财产总价值）

交强险对施救费赔偿金额 = 交强险赔偿金额 × 核定施救费用/（核定施救费用 + 核定修理费用）

(3) 车辆损失保险赔款计算公式

车辆损失保险赔款 =（未计算免赔率的车辆损失赔款 + 未计算免赔率的施救费用赔款 ×（1 – 免赔率之和）

公式说明：

① 当车辆损失赔款≥保险金额时，代入保险金额进行计算。

② 当施救费用赔款≥保险金额时，代入保险金额进行计算。

③“免赔率之和”是指根据条款规定适用的各项免赔率之和。

2. 部分损失的赔款计算公式

车辆损失赔款 =（核定修理费用 – 残值 – 交强险对车辆损失赔偿金额）× 事故责任比例 ×（保险金额/投保时保险车辆的新车购置价）

施救费用赔款 =（核定施救费用 – 交强险对施救费赔偿金额）× 事故责任比例 ×（保险金额/投保时保险车辆的新车购置价）

车辆损失保险赔款 =（未计算免赔率的车辆损失赔款 + 未计算免赔率的施救费用赔款）×（1 – 免赔率之和）

此时仍有：

① 当车辆损失赔款≥保险金额时，代入保险金额进行计算。

② 当施救费用赔款≥保险金额时，代入保险金额进行计算。

另外，在确定“事故责任比例”时，被保险人根据有关法律、法规规定选择自行协商处理交通事故的，根据双方在《协议书》中明确的事故责任划分，依据保险条款约定的事

故责任比例计算赔偿。

【实操练习】

一、知识拓展

【商业保险案例一：车辆损失险，全部损失，全部责任】

2006年7月15日，冯某购买家庭用桑塔纳一辆，新车购置价13万元，在阳光投保了强制保险和商业车损险，车损险保额10万元，2006年8月5日晚22时，冯某驾车行驶在重庆外环高速路上，与同向行驶的解放货车追尾，致使车辆报废，经保险公司鉴定残值12000元，此事故经高管交警裁定冯某负事故全部责任，请计算商业车损险赔款。

根据案情确定：

事故责任比例为100%，事故责任免赔率为15%，强制险赔款为2000元。

出险当时实际价值扣除强制险条款车损部分限额2000元后为128000元，高于保险金额10万元，因此本案商业车损险赔款计算如下：

赔款＝(保险金额－残值)×事故责任比例×(1－免赔率之和)

＝(100000元－12000元)×100%×(1－15%)

＝74800元

【商业保险案例二：车辆损失险，全部损失】

2006年7月15日，重庆供电局的桑塔纳轿车向阳光投保了强制保险及商业车损险，保额13万元，2006年8月23日晚22时，冯某驾车行驶在重庆渝长高速路上，与同向行驶的解放货车追尾，致使车辆报废，经保险公司鉴定残值12000元，车辆出险时已使用三年，新车购置价13万。此事故经高管交警裁定冯某负事故全部责任，请计算商业车损险赔款。

根据案情可以确定：事故责任比例为100%；事故责任免赔率为15%；交强险赔款为400元。

本案商业车损险赔款计算为

出险时车辆的使用折旧金额＝出险时新车购置价×被保险机动车已使用月数×0.6%

＝130000元×36×0.6%

＝28080元

出险时车辆的实际价值＝出险时新车购置价－出险时使用折旧金额

＝130000元－28080元

＝101920元

本案赔款计算如下：

车损险赔款＝(实际价值－强制险赔款〈车损部分〉－残值)×事故责任比例×(1－免赔率之和)

＝(101920元－400元－12000元)×100%×(1－15%)

＝76092元

【商业保险案例三：车辆损失险，部分损失，全部责任】

一辆东风货车足额投保了营运车辆损失险，新车购置价8万元，在会车时，被对方车辆刮撞翻入路边沟内，造成本车车损3000元，施救费800元，经交警裁决双方各负其责。请计算商业车损险赔款。

根据案情确定：事故责任比例为100%；事故责任免赔率为15%；交强险赔款为2000元。

车损险赔款 =（实际施救费 - 强制险赔款〈施救费部分〉）× 事故责任比例 ×（1 - 免赔率之和）
=（3800元 - 2000元）× 100% ×（1 - 15%）
= 1530元

【商业保险案例四：车辆损失险，部分损失，主要责任】

出租车A在我司按70000元投保了营运车辆损失险，投保时新车购置价为100000元。在保险期限内与出租车B发生碰撞，造成双方车损的事故，经交警裁定，双方分别负事故同等责任。A车损失4000元，B车损失3000元，无残值，计算A车车损险赔款。

根据案情确定：事故责任比例为50%；事故责任免赔率为10%；交强险赔款为2000元。

车损险赔款 =（实际修复费用 - 强制险赔款〈车损部分〉- 残值）×（保险金额/新车购置价）× 事故责任比例 ×（1 - 免赔率之和）
=（4000元 - 2000元 - 0元）×（70000元/100000元）× 50% ×（1 - 10%）
= 630元

二、实训步骤（表2-4）

表2-4 实训步骤

步骤	内容
第一步骤	M-AI车损险模块操作讲解 ➤ 多媒体（机房）课堂讲解 ➤ Flash实训指导模块引导
第二步骤	M-AI车损险模块实操练习 ➤ 多媒体（机房）操作练习
第三步骤	车损险案例设计，赔款计算

三、情境设计

1. 案例设计

2013年2月19日早上，×先生驾驶标的车沪A×××××行驶在上班的路上。前一天晚上下雪，路面湿滑，在行驶到申滨路与仙霞西路交汇处，躲一行人时，由于路面较滑，制动不及，刮到路边的路基上，造成标的车右前部受损，需要更换前保险杠，前保险杠1760元。

2. 工具

M-AI车险业务综合实训系统。

3. 情境考核

（1）赔款计算

车损险赔款计算
车损险公式
车辆损失
施救费用

（2）理算平台，车损险操作（图 2-9）

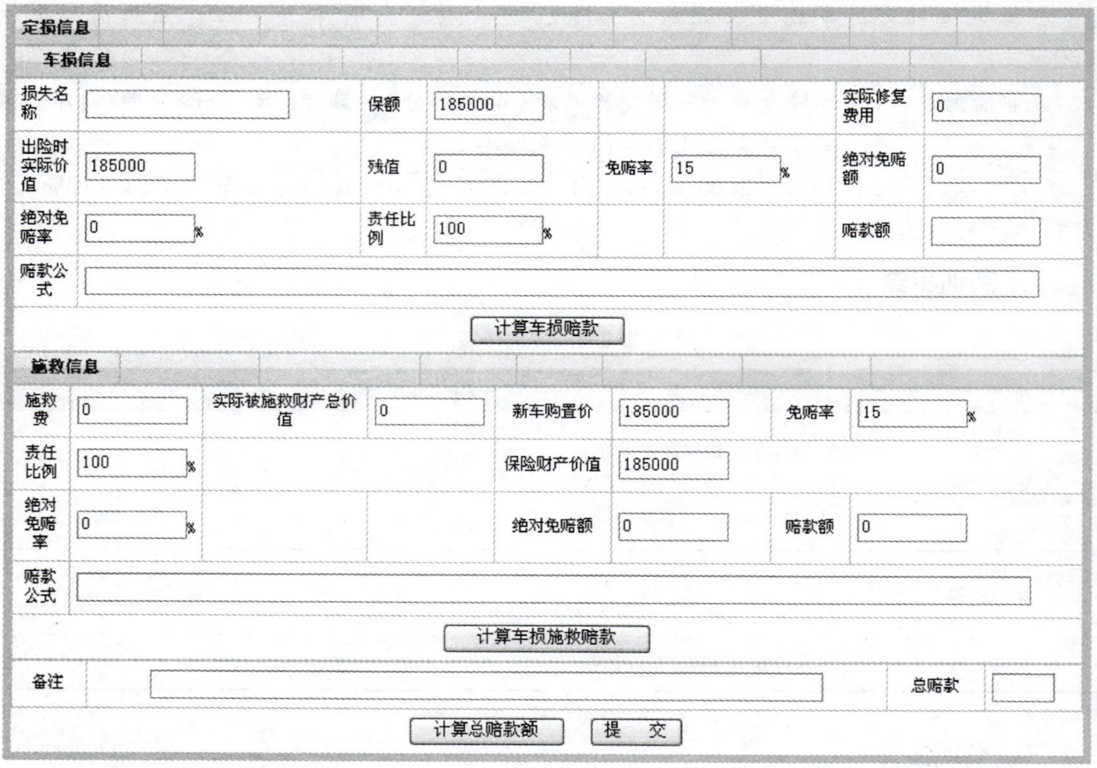

图 2-9 车损险理算操作界面

任务五 商业三者责任险的赔款理算

【情境案例】

2013 年 2 月 19 日 ×时，下暴雨，小王开着一辆奥迪在光明新区根玉路由东往西方向行驶至光明新区根玉路艺和厂路段，由于驾驶操作不慎，车身左侧同路中央的路肩发生碰撞，造成奥迪车部分损坏及路肩损坏和车上一乘客受伤的道路交通事故。小王未按操作规范安全驾驶，负事故的全部责任。保险公司怎样对赔款进行理算？小王于2012年8月19日在某保险公司投保了车损险、三者险50万、车上人员责任险和不计免赔险等险种。

【学习内容】

1. 学习三者险的赔偿方式。
2. 学习三者险赔款计算公式。

【学习目标】

能够对第三者责任险保险赔款理算。

【相关知识】

商业三者险的赔偿金额，按《道路交通安全法》、最高人民法院《关于审理人身损害赔偿案件适用法律若干问题的解释》规定的赔偿范围、项目和标准，以及本保险合同的约定进行确定和计算。

1. 赔偿范围

保险车辆发生责任事故时涉及第三者损失，保险人依照法律、法规和本保险合同的约定，在保险单载明的赔偿限额内核定应由被保险人承担的超出强制保险赔偿限额部分的赔款。

2. 商业三者险赔偿责任

保险人依据保险车辆驾驶人在事故中所负责任比例，承担相应的赔偿责任。被保险人根据有关法律、法规规定选择自行协商或由公安交通管理部门处理事故未确定事故责任比例的，保险人按照下列规定确定事故责任比例：

1）保险车辆方负事故主要责任的，责任比例为70%。

2）保险车辆方负事故同等责任的，责任比例为50%。

3）保险车辆方负事故次要责任的，责任比例为30%。

3. 免赔率规定

第九条　保险人在依据本保险合同约定计算赔款的基础上，在保险单载明的责任限额内，按下列免赔率免赔：

1）负次要事故责任的免赔率为5%，负同等事故责任的免赔率为10%，负主要事故责任的免赔率为15%，负全部事故责任的免赔率为20%。

2）违反安全装载规定的，增加免赔率10%。

3）投保时指定驾驶人，保险事故发生时为非指定驾驶人使用被保险机动车的，增加免赔率10%。

4）投保时约定行驶区域，保险事故发生在约定行驶区域以外的，增加免赔率10%。

第二十四条　被保险人或被保险机动车驾驶人根据有关法律、法规的规定选择自行协商，或者公安机关交通管理部门未确定交通事故责任比例的，保险人按照下列规定确定事故责任比例：

1）被保险机动车驾驶人负主要事故责任的，事故责任比例为70%。

2）被保险机动车驾驶人负同等事故责任的，事故责任比例为50%。

3）被保险机动车驾驶人负次要事故责任的，事故责任比例为30%。

4. 赔偿限额

应当由交强险赔偿的损失和费用，本条款不负责赔偿。

保险车辆未投保交强险或交强险合同已经失效的，对于交强险责任限额以内的损失和费用，本条款不负责赔偿。

本条款规定的每次事故赔偿限额分以下八档，由投保人与保险公司在签订保险合同时协商确定，并在保险单上载明：

5 万元、10 万元、15 万元、20 万元、30 万元、50 万元、100 万元和 100 万元以上，且最高不超过 5000 万元。

本保险在不考虑交强险的情况下按以下方法计算赔偿金额：

1）当被保险人应负赔偿金额高于赔偿限额时：

$$赔款 = 赔偿限额 \times (1 - 事故责任免赔率) \times (1 - 绝对免赔率)$$

2）当被保险人应负赔偿金额等于或低于赔偿限额时：

$$赔款 = 应负赔偿金额 \times (1 - 事故责任免赔率) \times (1 - 绝对免赔率)$$

被保险人应负赔偿金额为第三者人身伤亡或财产损失依法应由被保险人承担的经济赔偿责任超过交强险各分项限额以上的部分，乘以事故责任比例。

因保险事故造成第三者财产损失的，对于损失后的残余部分，由本保险公司与被保险人协商处理。如折归被保险人，由双方协商确定其价值，并在赔款中扣除。

挂车投保后与主车视为一体。发生保险事故时，挂车引起的赔偿责任视同主车引起的赔偿责任。本条款对挂车赔偿责任与主车赔偿责任所负赔偿金额之和，以主车赔偿限额为限。

主车、挂车在不同保险公司投保的，本公司按照保险单上载明的商业第三者责任保险赔偿限额比例分摊赔款。

保险车辆重复投保机动车商业第三者责任保险的，本公司按照本合同责任限额与重复保险合同责任限额总和的比例承担赔偿责任。

本公司与被保险人就赔款金额协商确定并赔偿结案后，受害人又就同一事故向被保险人提出赔偿请求的，本条款不负赔偿责任。

被保险人获得赔偿后，保险合同继续有效，直至保险期间届满 。

保险公司受理报案、进行现场查勘、核损定价、参与案件诉讼、向被保险人提供建议以及对相关单证的出具和要求等行为，均不构成本条款对赔偿责任的承诺。

【工作实施】

第三者责任险的赔款理算流程如图 2-10 所示。

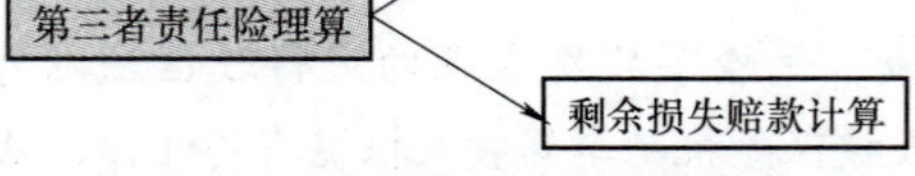

图 2-10　第三者责任险赔款理算工作流程

1. 基本计算公式

$$第三者责任险赔款 = (死亡伤残费用赔款 + 医疗费用赔款 + 财产损失赔款) \times 事故责任比例 \times (1 - 免赔率之和)$$

（1）应承担赔偿金额超过赔偿限额时

当被保险人按事故责任比例承担的死亡伤残费用赔款、医疗费用赔款、财产损失赔款之和超过责任限额时。

赔款 = 应负赔偿金额 ×（1 – 免赔率之和）

公式说明：

死亡伤残费用赔款 = 受害人死亡伤残费用核定金额 – $\sum$ 各肇事机动车交强险对受害人的死亡伤残赔偿总金额

医疗费用赔款 = 受害人医疗费用核定金额 – $\sum$ 各肇事机动车交强险对受害人的医疗费赔偿总金额

财产损失赔款 = 受害人财产损失核定金额 – $\sum$ 各肇事机动车交强险对受害人的财产损失赔偿总金额

（2）应承担赔偿金额低于赔偿限额时

赔款 = 应负赔偿金额 ×（1 – 免赔率之和）

注：应负赔偿金额指的是被保险人在事故中按照责任比例应承担的损失金额，即

应承担赔偿金额 = 损失金额 × 事故责任比例

2. 涉及挂车的赔款计算（公式同第三者责任险的赔款计算）

1）主车、挂车都在同一公司投保的，主车与挂车连接时发生保险事故，保险人在主车和挂车的责任限额之和以内承担赔偿责任。

2）主车、挂车在不同保险公司投保的，保险人按照保险单上载明的商业三者责任险赔偿限额比例在各自限额以内分摊赔偿。

① 分摊后应承担赔偿金额超过赔偿限额时：

赔款 = 应负赔偿金额 ×（1 – 免赔率之和）

② 分摊后应承担赔偿金额低于赔偿限额时：

赔款 = 应负赔偿金额 ×（1 – 免赔率之和）

注：分摊后应承担赔偿金额指的是被保险人在事故中按照责任比例和责任限额分摊比例应承担的损失金额，即

分摊后应承担赔偿金额 = 损失金额 × 事故责任比例 × 责任限额分摊比例

第三者责任险赔款计算应注意以下几点：

1）对不属于保险合同中规定的赔偿项目但被保险人已自行承诺或支付的费用，保险人不予承担。

2）法院判决被保险人应当赔偿第三者的金额，但不属于保险合同中规定的赔偿项目，如精神损害抚慰金等保险人不予承担。

3）保险人对第三者责任事故赔偿后，对受害第三者的任何赔偿费用的增加不再负责。

应注意以下要点：

① 赔款计算主要依据交通管理部门出具的《道路交通事故责任认定书》以及据此做出的《道路交通事故损害赔偿调解书》。当调解结果与责任认定书不一致时，对于调解结果中认定的超出被保险人按责任比例承担的赔偿金额部分，保险人不予赔偿；对于被保险人承担的赔偿金额低于其应按责任比例承担的赔偿金额，保险人只对被保险人实际发生的赔偿金额

在限额内赔偿。(就低补偿原则。)

② 对于不属于保险合同中规定的赔偿项目但被保险人已自行承诺或支付的费用，保险人不予承担。

③ 法院判决被保险人应赔偿第三者的损失包含间接损失的，保险人不予承担。

④ 保险人对第三者责任事故赔偿后，对受害第三者的任何赔偿费用的增加不再负责。

⑤ 第三者责任险诉讼、仲裁费用必须经保险人事先书面同意，按照最高人民法院下发的有关标准，在保险单载明的责任限额以外另行计算，最高不超过责任限额的30%。

【实操练习】

一、知识拓展

【商业保险案例五：交强险，商业三者险，双方事故，车辆部分损失，主要责任，未超限额】

A车于2006年7月5日投保了交强险和5万元商业三者险，于2006年8月3日与B车发生碰撞事故，造成对方车损13000元的事故。经交警裁定，A车负70%的责任，B车负30%的责任，计算赔款数额。

交强险赔款：B车损失13000元，已经超过了交强险财产损失赔偿限额2000元，交强险按2000元赔付。

事故责任比例为70%。

事故责任免赔率为15%。

$$A车按责任比例应赔偿金额=(13000-2000)元\times70\%=7700元$$

$$三者险赔款=A车按责任比例应赔偿金额\times(1-免赔率之和)$$

$$=7700元\times(1-15\%)=6545元$$

【商业保险案例六】

一在甲保险公司投保商业三者险的主车（责任限额20万）与在乙保险公司投保商业三者责任险的挂车（责任限额为5万元）连接时发生事故，驾驶员负事故的主要责任，造成第三者损失20万元。(不考虑免赔率等问题。)

此例中，由于被保险人按事故责任比例应承担赔偿金额＝20万元×70%＝14万元

甲公司：分摊后应承担赔偿金额＝14万元×【20÷(20+5)】＝11.2万元

乙公司：分摊后应承担赔偿金额＝14万元×【5÷(20+5)】＝2.8万

由于两个公司分摊后应承担赔偿金额都在各自限额以内，当不考虑免赔率等问题时甲公司应赔付11.2万，乙公司应赔付2.8万。

二、实训步骤（表2-5）

表2-5 实训步骤

步骤	内容
第一步骤	M-AI三者险模块操作讲解 多媒体（机房）课堂讲解 Flash实训指导模块引导
第二步骤	M-AI三者险模块实操练习 多媒体（机房）操作练习
第三步骤	第三者责任险案例设计，赔款计算

三、情境设计

1. 案例设计

2013 年 2 月 19 日中午，某女士驾驶标的车沪 C × × × × × 出外办事，过交通岗时，由于前边车辆躲行人，突然停车，某女士制动不及，追尾前边三者车辆，造成前方三者车辆损失，经交警处理，标的车全责，保险公司进行查勘定损，标的车只投保交强险、第三者责任险，三者险车损失 3500 元。

2. 工具

M-AI 车险业务综合实训系统、签字笔、A4 纸。

3. 情境考核

（1）三者险赔款计算

三者险赔款计算
三者险公式
三者险损失费用

（2）理算界面，三者险选择界面（图 2-11）

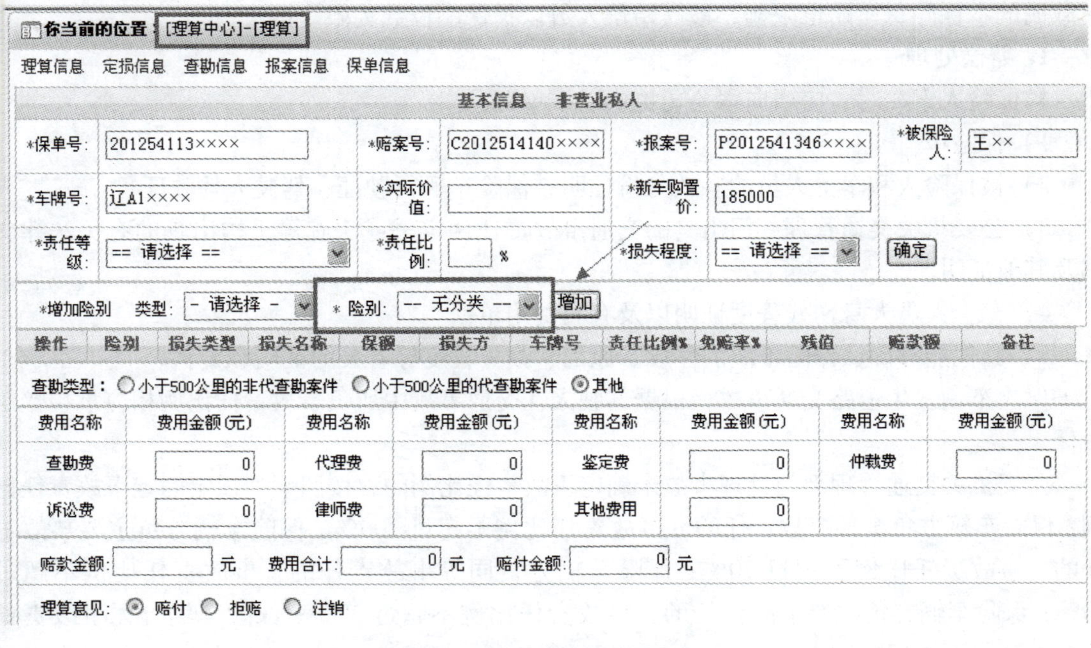

图 2-11 三者险理算选择界面

任务六 车上人员责任险的赔款理算

【情境案例】

2013 年 2 月 19 日 ×时，下暴雨，小王开着一辆奥迪在光明新区根玉路由东往西方向行驶至光明新区根玉路艺和厂路段，由于驾驶操作不慎，车身左侧同路中央的路肩发生碰撞，造成奥迪车部分损坏及路肩损坏和车上一乘客受伤的道路交通事故。小王未按操作规范安全驾驶，负事故的全部责任。保险公司怎样对赔款进行理算？小王于 2012 年 8 月 19 日在某保险公司投保了车损险、三者险 50 万、车上人员责任险和不计免赔险等险种。

【学习内容】

1）学习车上人员责任险赔偿方式。

2）学习车上人员责任险赔款理算的公式。

【学习目标】

能够根据不同情况计算车上人员责任险的赔款理算。

【相关知识】

车上人员人身伤亡按法律法规中规定的赔偿范围、项目和标准以及保险合同的约定，在扣除第三方强制保险赔偿本车人员部分的基础上计算赔偿，但每人最高赔偿金额不超过保险单载明的本保险每座赔偿限额，最高赔偿人数以投保座位数为限。

1. 赔偿处理

被保险人索赔时，应当向本公司提供以下单证：

1）保险单。

2）被保险人和车上人员的有效身份证明、保险车辆行驶证、驾驶人驾驶证。

3）公安机关交通管理部门出具的交通事故责任认定书或法院等机构出具的有关法律文书及其他证明。

4）车上人员人身伤残程度证明以及有关费用单据。

5）其他能够确认保险事故的性质、原因、损失程度等有关的证明和资料。

保险车辆发生道路交通事故，根据驾驶人在交通事故中所负事故责任比例相应承担赔偿责任。

公安机关交通管理部门处理事故未确定事故责任比例的，按照下列规定确定事故责任比例：保险车辆方负全部事故责任的，事故责任比例不超过 100%；保险车辆方负主要事故责任的，事故责任比例不超过 70%；保险车辆方负同等事故责任的，事故责任比例不超过 50%；保险车辆方负次要事故责任的，事故责任比例不超过 30%；保险车辆方无事故责任的，本公司不承担赔偿责任。

根据驾驶人在交通事故中所负事故责任比例，本保险实行相应的事故责任免赔率：负全部责任的免赔 15%，负主要责任的免赔 10%，负同等责任的免赔 8%，负次要责任的免赔 5%。单方肇事事故的事故责任免赔率为 15%。

发生保险事故时，保险车辆实际行驶区域超出保险单约定范围的，实行 10% 的绝对免赔率。

投保人在投保时可指定驾驶人或不指定驾驶人，并执行相应的费率。

指定驾驶人的，投保人应如实告知指定驾驶人的相关信息，包括驾驶人姓名、性别、年龄、准驾车型、初次领取驾驶证时间、身份证或其他有效证件号码等。

指定驾驶人的保险车辆，由非指定驾驶人驾驶保险车辆发生保险事故，或投保人提供的指定驾驶人的信息不真实的，赔偿时增加 10% 的绝对免赔率。

因保险事故造成车上人员人身伤亡的，未经本公司书面同意，被保险人自行承诺或支付的赔偿金额，本公司有权重新核定。不属于本公司赔偿范围或超出本公司应赔偿金额的，本公司不承担赔偿责任。

保险事故发生后，本公司按照国家相关法律法规规定的赔偿范围、项目和标准以及本保险合同的规定，并根据国务院卫生主管部门组织制定的交通事故人员创伤临床诊疗指南和国家基本医疗保险标准计算赔偿金额。驾驶人的赔偿金额不超过保单载明的驾驶座位最高赔偿限额，每位乘客的赔偿金额不超过保单载明的乘客座位每座最高赔偿限额，最高赔偿人数以投保座位数为限。

发生车上人员的人身伤亡后，本保险按以下方法计算车上人员的赔偿金额。

2. 赔款计算

$$总赔款 = \sum 每人赔款$$

1）当被保险人按事故责任比例应承担的每座车上人员伤亡赔偿金额扣除了已得到的强制保险赔偿本车人员部分，仍未超过保险合同载明的每人责任限额时：

$$每人赔款 =（应承担的赔偿金额 - 已得到的强制保险赔偿金额）\times（1 - 免赔率）$$

2）当被保险人按事故责任比例应承担的每座车上人员伤亡赔偿金额，扣除了已得到的责任强制保险赔偿本车人员部分，已超过保险合同载明的每人责任限额时：

$$每人赔款 = 责任限额 \times（1 - 免赔率）$$

保险车辆在使用过程中与其他机动车辆发生碰撞造成本车上人员人身伤亡的，对应当由其他机动车辆的交强险赔偿的金额，本公司先予以扣除，再依据保险车辆驾驶人在事故中所负事故责任比例，按照本合同的规定负责赔偿。

保险车辆重复投保机动车车上人员责任险的，本公司按照本合同责任限额与重复保险合同责任限额总和的比例承担赔偿责任。

本条款与被保险人就赔款金额协商确定并赔偿结案后，受害人又就同一事故向被保险人提出赔偿请求的，保险不负赔偿责任。

被保险人获得赔偿后，保险合同继续有效，直至保险期间届满。

3. 免赔率规定

第八条　保险人在依据本合同决定计算赔款的基础上，在保险单载明的责任限额内，按下列免赔率免赔：

1）次要事故责任的免赔率为 5%；负同等事故责任的免赔率为 8%；负主要事故责任的免赔率为 10%；负全部事故责任的免赔率为 15%。

2）投保时约定行驶区域，保险事故发生在约定行驶区域以外的，增加免赔率10%。

3）投保时指定驾驶人，保险事故发生时为非指定驾驶人使用被保险机动车的，增加免赔率10%。

【工作实施】

车上人员责任险赔款理算：

$$车上人员责任险赔款 = \sum 每人赔款$$

公式说明：

1）赔款人数以投保座位数为限。

2）当被保险人扣除交强险已赔付车上人员人身伤亡费用后，按事故责任比例应承担的每座车上人员伤亡赔偿金额未超过保险合同载明的责任限额时：

每人赔款 = 应当承担的赔偿金额

3）当被保险人扣除交强险已赔付车上人员人身伤亡费用后，按事故责任比例应承担的每座车上人员伤亡赔偿金额超过保险合同载明的责任限额时：

每人赔款 = 责任限额

【实操练习】

一、知识拓展

A 车与 B 车相撞，A 车共 5 座，每座均投保了 5 万元的车上人员责任险。A 车车上共有 2 人，驾驶人甲和乘客乙，甲经过抢救后死亡，乙残疾。甲的死亡补偿费为 80000 元，抢救费用 10000 元，乙的残疾赔偿金为 60000 元，医疗费用 10000 元，A 车在事故中负 70% 的责任，计算 A 车车上人员责任险赔偿金额。

解：

1）计算 A 车车上人员甲通过 B 车交强险得到的赔款。

B 车交强险对甲医疗费用赔款 = 10000 × [10000/(10000 + 10000)]元 = 5000 元

B 车交强险对甲死亡伤残费用赔款 = 110000 × [80000/(80000 + 60000)]元 = 62857.1 元

甲通过 B 车交强险得到的赔款 = 5000 元 + 62857.1 元 = 67857.1 元

A 车扣除 B 车交强险已赔付甲赔款后按事故责任比例应承担甲的伤亡赔偿金额 = (80000 + 10000 − 67857.1)元 × 70% = 15500 元 < 50000 元

所以，甲得到的车上人员责任险赔款为 15500 元。

2）计算 A 车车上人员乙通过 B 车交强险得到的赔款。

B 车交强险对乙医疗费用赔款 = 10000 × [10000/(10000 + 10000)]元 = 5000 元

B 车交强险对乙死亡伤残费用赔款 = 110000 × [60000/(80000 + 60000)]元 = 47142.9 元

乙通过 B 车交强险得到的赔款 = 5000 元 + 47142.9 元 = 52142.9 元

A 车扣除 B 车交强险已赔付乙赔款后按事故责任比例应承担乙的伤亡赔偿金额 =

(60000 + 10000 − 52142.9)元 × 70% = 12500 元 < 50000 元

所以，乙得到的车上人员责任险赔款为 12500 元。

A 车车上人员责任险赔款 = 15500 元 + 12500 元 = 28000 元

二、实训步骤（表 2-6）

表 2-6 实训步骤

步骤	内容
第一步骤	M-AI 车上人员责任险模块操作讲解 多媒体（机房）课堂讲解 Flash 实训指导模块引导
第二步骤	M-AI 车上人员责任险模块实操练习 多媒体（机房）操作练习
第三步骤	车上人员责任险案例设计，赔款计算

三、情境设计

1. 案例设计

2013 年 2 月 19 日中午，某女士驾驶标的车沪 C×××××出外办事，过交通岗时，由于前边车辆躲行人，突然停车，女士刹车不及，追尾前边三者车辆，女士受轻伤，经交警处理，标的车全责，保险公司进行查勘定损，标的车投保车上人员责任险，驾驶员座位 20000 元。该女士医疗费 986 元。

2. 工具

M-AI 车险业务综合实训系统、签字笔、A4 纸。

3. 情境考核

（1）车上人员责任险赔款计算

车上人员责任险赔款计算
车上人员责任险公式
车上人员赔款

（2）理算界面，车上人员责任险选择界面（图 2-12）

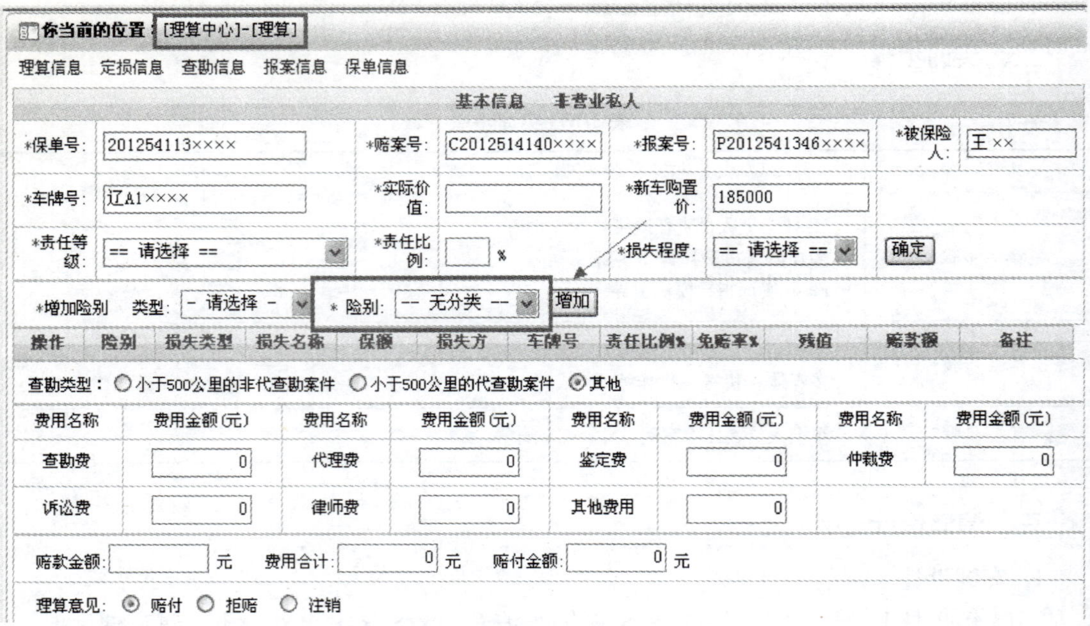

图 2-12 车上人员责任险理算选择界面

任务七 全车盗抢险的赔款理算

【情境案例】

2013 年 2 月 19 日，某先生下班回家，将标的车沪 C××××× 停放在自家楼下的空地上，由于是开放式小区，没人看管，小区人员繁杂，某先生第二天早上上班时，发现车辆不见了，立即报警，并通知保险公司。标的车为 2010 年款捷达，现值 45000 元。

【学习内容】

1）学习全车盗抢险的赔偿方式。

2）学习全车盗抢险赔款理算公式。

【学习目标】

1）能够掌握全车盗抢险赔款理算工作流程。

2）能够熟悉全车盗抢险赔款理算公式。

3）能够确定全部损失和部分损失。

【相关知识】

1. 全损赔偿计算

保险车辆全车被盗窃、抢劫、抢夺，经出险当地县级以上公安刑侦部门立案证明，满

60 天未查明下落。

赔款 = 保险金额 ×（1 – 免赔率之和）

1）保险金额高于实际价值时，以出险当时的实际价值计算赔偿，并实行 20% 的绝对免赔率。

2）保险金额等于或低于实际价值时，按保险金额计算赔偿，并实行 20% 的绝对免赔率。

3）被保险人索赔时未能提供机动车行驶证、机动车登记证书、机动车来历凭证、车辆购置税完税证明（车辆购置附加费缴费证明）或免税证明的，每缺少一项，增加 1% 的免赔率。

4）投保时指定驾驶人，保险事故发生时为非指定驾驶人使用被保险机动车的，增加免赔率 5%。

5）投保时约定行驶区域，保险事故发生在约定行驶区域以外的，增加免赔率 10%。

2. 部分损失

保险车辆全车被盗窃、抢劫、抢夺后，受到损坏或车上零部件、附属设备丢失需要修复的合理费用。

赔款 = 实际修理费用 – 残值

保险车辆发生本条款第一条第（二）、（三）款规定的保险事故需修复的，本公司在保险金额内按实际修复费用赔偿。修理前被保险人应事先会同本公司检验保险车辆的损坏情况，协商确定修理或者更换项目、方式和费用。否则，本公司有权重新核定，因被保险人原因导致损失无法确定的部分，本公司不承担赔偿责任。

保险车辆全车被盗窃、被抢劫、被抢夺，被保险人获得赔偿时，应签具权益转让书。

保险车辆重复投保机动车全车盗抢险的，本公司按照本合同保险金额与重复保险合同保险金额总和的比例承担赔偿责任。

保险受理报案、进行现场查勘、核损定价、参与案件诉讼、向被保险人提供建议以及对相关单证的出具和要求等行为，均不构成本公司对赔偿责任的承诺。

保险车辆全车被盗窃、抢劫、抢夺后找回的：

1）如本条款尚未支付相应的保险赔款，保险车辆归被保险人所有，本公司无须按本条款第一条的规定承担赔偿责任。

2）如本条款已经支付相应的保险赔款，保险车辆可以归被保险人所有，但被保险人应退还相应的保险赔款；如被保险人不愿意接受保险车辆，则保险车辆所有权归本公司所有，被保险人应协助办理相关变更登记手续。

本条款一次赔款金额与免赔金额之和大于或等于保险金额时，本合同自动终止。

被保险人应提供以下证明材料：

1）被保险人出具的机动车辆保险《权益转让书》。

被保险人应按照保险公司提供的《权益转让书》内容填写，字迹要清晰，权益转让金额为保险公司的实际赔款金额，被保险人签章处应加盖具有法人资格的公章。

属家庭用车被保险人（车主）填写的《权益转让书》上，应有被保险人（车主）正确的身份证号码和签章以及详实的联系地址、电话，便于车辆破案后的追偿和返还工作。

2）机动车辆保险单（正本）。

3）机动车行驶证。

4）机动车登记证书。

5）机动车来历凭证是指：

① 在国内购买的机动车，其来历凭证是全国统一的机动车销售发票或者旧机动车交易发票；在国外购买的机动车，其来历凭证是该车销售单位开具的销售发票。

② 人民法院调解、裁定或者判决所有权转移的机动车，其来历凭证是人民法院出具的已经生效的《调解书》《裁定书》或者《判决书》以及相应的《协助执行通知书》。

③ 仲裁机构仲裁裁决所有权转移的机动车，其来历凭证是《仲裁裁决书》和人民法院出具的《协助执行通知书》。

④ 继承、赠予、协议抵偿债务的机动车，其来历凭证是继承、赠予、协议抵偿债务的相关文书和公证机关出具的《公证书》。

⑤ 资产重组或者资产整体买卖中包含的机动车，其来历凭证是资产主管部门的批准文件。

⑥ 国家机关统一采购并调拨到下属单位未注册登记的机动车，其来历凭证是全国统一的机动车销售发票和该部门出具的调拨证明。

⑦ 国家机关已注册登记并调拨到下属单位的机动车，其来历凭证是该部门出具的调拨证明。

⑧ 更换发动机、车身、车架的来历凭证，是销售单位开具的发票或者修理单位开具的发票。

6）车辆购置税完税证明（车辆购置附加费缴费证明）或免税证明。

7）交警部门出具的车辆停驶证明（需注明车辆档案封存时间）。

8）出险地县级以上公安刑侦部门出具的盗抢立案证明。

盗抢险赔偿中应注意的事项：

1）当一次保险事故中，赔款金额与免赔金额之和（不含施救费）达到保险金额，保险合同终止。

2）发生保险事故时，保险车辆实际行驶区域超出保单约定范围的，增加绝对免赔率10%。

3）被保险人索赔时，全车损失未能向保险人提供出险当地县级以上公安刑侦部门出具的盗抢立案证明、车辆已报停手续，部分损失未能向保险人提供出险当地县级以上公安刑侦部门出具的盗抢立案证明，保险人不负责赔偿。

4）侦破奖励费的支付，必须在取回被盗车辆的同时或以后。

【工作实施】

1. 全部损失

$$赔款 = 保险金额 \times (1 - 免赔率之和)$$

实际价值不得超过保险金额，若超过保险金额，代入保险金额进行计算。

2. 部分损失

$$赔款 = 实际修理费用 - 残值$$

赔款金额不得超过此险种保险金额。

盗抢险中被保险人索赔时未能提供机动车行驶证、机动车登记证书、机动车来历凭证、车辆购置税完税证明（车辆购置附加缴费证明）或免税证明等原件，每缺少一项，增加1%

的免赔率。全车盗抢险赔款理算工作流程见图 2-13。

图 2-13　全车盗抢险赔款理算工作流程

机动车登记证书是机动车办理了登记的证明文件，记载《中华人民共和国机动车登记办法》规定的登记事项。这是在 2000 年 10 月 1 日以后开始办理的，因此，在确定此项免赔率时，应充分考虑这种情况，对于 2001 年 10 月 1 日前所购车辆，被保险人确实无法提供的，可以不扣除此项免赔率。

【实操练习】

一、实训步骤

根据实际工作岗位，确定实训步骤，见表 2-7。

表 2-7　实训步骤

步　骤	内　容
第一步骤	M-AI 全车盗抢险模块操作讲解 多媒体（机房）课堂讲解 Flash 实训指导模块引导
第二步骤	M-AI 全车盗抢险模块实操练习 多媒体（机房）操作练习
第三步骤	车损险案例设计，赔款计算

二、情境设计

1. 案例设计

2013 年 2 月 19 日，某先生下班回家，将标的车沪 C××××× 停放在自家楼下的空地上，由于是开放式小区，没人看管，小区人员繁杂。某先生第二天早上上班时，发现车辆不见了，立即报警，并通知保险公司。标的车为 2010 年款捷达，现值 45000 元。

2. 工具

M-AI 车险业务综合实训系统、签字笔、A4 纸。

3. 情境考核（根据实际工作岗位，进行相关单证填写，系统平台应用）

（1）盗抢险赔款计算

盗抢险赔款计算
盗抢险公式   盗抢险赔款计算

（2）理算界面，全车盗抢险选择界面（图 2-14）

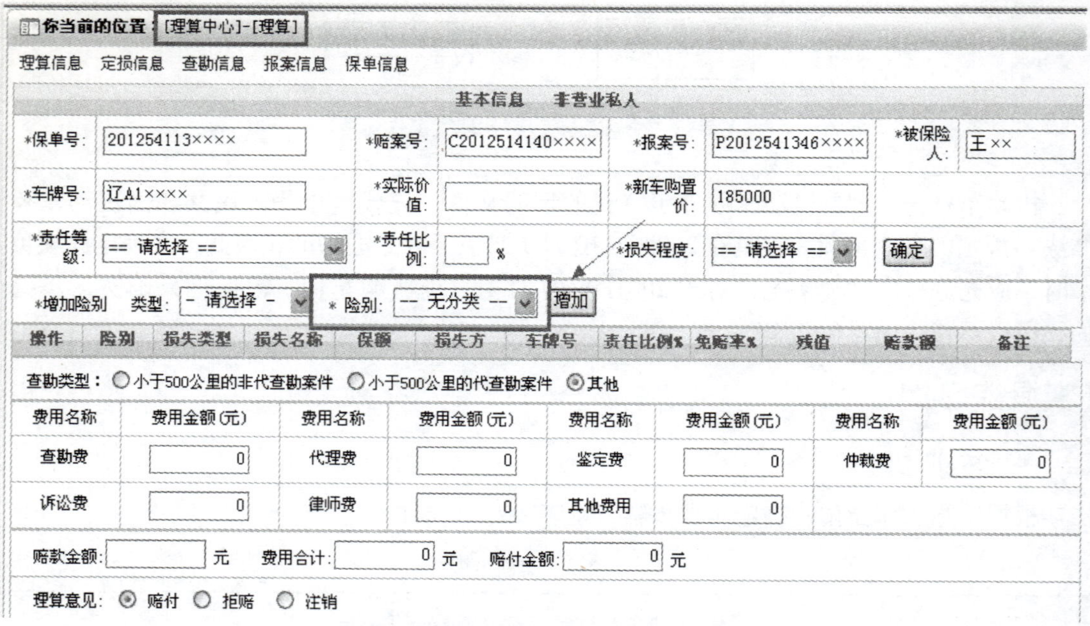

图 2-14 全车盗抢险理算选择界面

任务八 附加险的赔款理算

【情境案例】

2013 年 2 月 19 日 ×时，小王开着一辆奥迪在光明新区根玉路由东往西方向行驶至光明新区根玉路艺和厂路段，前风窗玻璃被飞来石子击破，小王向保险公司报案要求赔偿玻璃。保险公司怎样对赔款进行理算？小王于 2012 年 8 月 19 日在某保险公司投保了车损险、三者险 50 万、车上人员责任险、玻璃单独破裂险和不计免赔险等险种。

【学习内容】

1）学习附加险包括的险种。

2）学习附加险的各个险种如何赔款计算。

【学习目标】

1）能够熟悉附加险赔款理算工作流程。

2）能够对玻璃单独破碎险赔款理算。

3）能够对自燃损失险和车上货物责任险赔款理算。

【相关知识】

附加险

玻璃单独破碎险条款

第一条 投保范围

本保险是车辆损失险的附加险，已投保车辆损失险的车辆方可投保本附加险。

第二条 保险责任

在保险期间内，保险车辆在使用过程中，发生本车风窗玻璃或车窗玻璃的单独破碎，本公司按实际损失赔偿。

投保人在与本公司协商的基础上，自愿按进口或国产玻璃选择投保，本公司根据其选择承担相应保险责任。

第三条 责任免除

保险车辆的下列损失，本公司不负责赔偿：

（一）灯具、车镜玻璃破碎。

（二）安装、维修车辆过程中造成玻璃的破碎。

车辆停驶损失险条款

第一条 投保范围

本保险是车辆损失险的附加险，已投保车辆损失险的车辆方可投保本附加险。

第二条 保险责任

在保险期间内，保险车辆在使用过程中，因发生车辆损失险第一条所列的保险事故，造成车身损毁，致使保险车辆需进厂修理，造成保险车辆停驶的损失，本公司按保险合同规定在赔偿限额内负责赔偿。

第三条 责任免除

本公司对下列停驶损失不负责赔偿：

（一）车辆被罚没、扣押、查封期间的损失。

（二）因车辆修理质量不合要求，造成返修期间的损失。

（三）其他附加险项下发生保险事故时造成车辆停驶的损失。

第四条 赔偿限额

保险金额按照投保时约定的日赔偿金额乘以约定的赔偿天数确定；约定的日赔偿金额最高为300元，约定的赔偿天数最长为60天。

第五条 赔偿处理

（一）在保险期间内，赔偿天数累计计算，累计赔偿的天数以保险单约定的最高赔偿天数为限。

（二）部分损失的，在双方约定的修复时间内，按保险单约定的日赔偿金额乘以从送修并办理交车手续之日起至修复并办理完提车手续之日止的实际天数计算赔偿。

（三）全部损失的，按保险单约定的最高赔偿天数计算赔偿。

（四）本保险每次事故的绝对免赔额为一天的赔偿金额。

新增加设备损失险条款

第一条 投保范围

本保险是车辆损失险的附加险，已投保车辆损失险的车辆方可投保本附加险。

第二条 保险责任

在保险期间内，保险车辆在使用过程中，发生车辆损失险第一条所列的保险事故，造成车上新增加设备的直接损毁，本公司依据保险车辆驾驶人在事故中所负事故责任比例，在保险单该项目所载明的保险金额内负责赔偿。

第三条　保险金额

保险金额按照投保时新增加设备的新设备购置价确定。

第四条　赔偿处理

（一）保险车辆在使用过程中与其他机动车辆发生碰撞造成保险车辆损坏的，对应当由其他机动车辆的交强险赔偿的金额，本公司先予以扣除，再依据保险车辆驾驶人在事故中所负事故责任比例，按照本合同的规定负责赔偿。

（二）根据保险车辆驾驶人在交通事故中所负事故责任比例，新增加设备损失险在符合赔偿规定的金额内实行相应的事故责任免赔率：负全部责任的免赔15%，负主要责任的免赔10%，负同等责任的免赔8%，负次要责任的免赔5%。单方肇事事故的事故责任免赔率为15%。并按主险的约定适用绝对免赔率。

第五条　其他事项

本保险所指的新增加设备，是指除保险车辆出厂时原有各项设备以外的，被保险人另外加装的设备及设施。办理本保险时，应列明车上新增加设备明细表及价格。

自燃损失险条款

第一条　投保范围

本保险是车辆损失险的附加险，已投保车辆损失险的车辆方可投保本附加险。

第二条　保险责任

在保险期间内，保险车辆在使用过程中，因本车电器、线路、油路、供油系统、供气系统发生故障及运载货物自身原因起火燃烧，造成保险车辆的损失，以及被保险人在发生本保险事故时，为减少保险车辆损失所支出的必要合理的施救费用，本公司负责赔偿 。

第三条　责任免除

下列损失，本公司不负责赔偿：

（一）被保险人在使用保险车辆过程中，因人工直接供油、高温烘烤等违反车辆安全操作规则造成的损失。

（二）因自燃仅造成电器、线路、油路、供油系统、供气系统的损失。

（三）运载货物的损失。

（四）被保险人的故意行为或违法行为造成保险车辆的损失 。

第四条　保险金额

本保险的保险金额由投保人和本公司在保险车辆的实际价值内协商确定。

第五条　赔偿处理

（一）在保险单载明的保险金额内，按保险车辆的实际损失计算赔偿。

（二）本保险每次赔偿均实行20%的绝对免赔率。

车上货物责任险条款

第一条　投保范围

本保险是商业第三者责任保险的附加险，已投保商业第三者责任保险的车辆方可投保本附加险。

第二条　保险责任

在保险期间内，保险车辆在使用过程中发生意外事故，致使保险车辆上所载货物遭受直接损毁，依法应由被保险人承担的经济赔偿责任，本公司依据保险车辆驾驶人在事故中所负事故责任比例，在保险单载明的赔偿限额内负责赔偿。

第三条 责任免除

（一）由于以下原因引起的损失，本公司不负责赔偿：

1）货物遭哄抢、自然损耗、本身缺陷、短少、死亡、腐烂、变质。

2）违法载运或因包装、紧固不善，装载、遮盖不当。

3）车上人员携带的私人物品或违章所载货物。

4）由于保险车辆驾驶人的故意行为、紧急制动。

（二）其他不属于保险责任范围内的损失和费用，本公司也不负责赔偿。

第四条 赔偿限额

本保险的最高赔偿限额由投保人和本公司在投保时协商确定。

第五条 赔偿处理

（一）承运的货物发生保险责任范围内的损失，本公司按起运地价格在赔偿限额内负责赔偿。

（二）保险车辆在使用过程中与其他机动车辆发生碰撞，致使保险车辆上所载货物遭受直接损毁，对应当由其他机动车辆的交强险赔偿的金额，本公司先予以扣除，再依据保险车辆驾驶人在事故中所负事故责任比例，按照本合同的规定负责赔偿。

（三）根据保险车辆驾驶人在事故中所负事故责任比例，车上货物责任险在符合赔偿规定的金额内实行相应的事故责任免赔率：负全部责任的免赔20%，负主要责任的免赔15%，负同等责任的免赔10%，负次要责任的免赔5%。单方肇事事故的事故责任免赔率为20%。并按商业第三者责任保险的约定适用绝对免赔率。

车身划痕损失险条款

第一条 投保范围

本保险是车辆损失险的附加险，已投保车辆损失险的车辆方可投保本附加险。

第二条 保险责任

在保险期间内，保险车辆发生无明显碰撞痕迹的车身表面油漆单独划伤，本公司根据本合同的规定按实际损失负责赔偿。

第三条 责任免除

保险车辆的下列损失，本公司不负责赔偿：

（一）被保险人或驾驶人的故意行为造成保险车辆的损失。

（二）他人因与被保险人或驾驶人及其家庭成员发生民事、经济纠纷造成保险车辆的损失。

（三）车身表面自然老化、损坏。

（四）其他不属于保险责任范围内损失和费用。

第四条 赔偿处理

（一）本保险每次赔偿均实行15%的绝对免赔率。

（二）在保险期间内，本公司赔偿金额累计达到赔偿限额时，本附加险保险责任终止。

基本险不计免赔率特约条款

第一条 保险责任

经特别约定，保险事故发生后，按照投保人选择投保的商业第三者责任保险、车辆损失险或车上人员责任险的事故责任免赔率计算的，或按照全车盗抢险的绝对免赔率计算的，应当由被保险人自行承担的免赔金额部分，本公司负责赔偿。

基本险各险种的不计免赔率特约责任彼此独立存在，投保人可选择分别投保，并适用不同的费率。

第二条　责任免除

下列金额，本公司不负责赔偿：

（一）因违反法律法规中有关机动车辆装载规定而增加的免赔金额。

（二）因保险车辆实际行驶区域超出保险单的约定范围而增加的免赔金额。

（三）因投保时指定驾驶人但保险事故发生时为非指定驾驶人驾驶保险车辆而增加的免赔金额，因提供的指定驾驶人信息不真实而增加的免赔金额。

（四）因应当由第三者负责赔偿但无法找到第三者而增加的免赔金额。

（五）保险车辆全车被盗窃、抢劫、抢夺，因被保险人不能提供机动车登记证书、机动车行驶证、购车发票等机动车来历证明、车辆购置税完税证明或者免税凭证而增加的免赔金额；保险车辆全车被盗窃，因原配的全套车钥匙缺失而增加的免赔金额。

（六）根据多次事故免赔特约条款的绝对免赔率计算的应当由被保险人自行承担的免赔金额。

附加险不计免赔率特约条款

第一条　保险责任

经特别约定，保险事故发生后，按照投保人选择投保的附加险的事故责任免赔率和绝对免赔率计算的，应当由被保险人自行承担的免赔金额部分，本公司负责赔偿。

附加险各险种的不计免赔率特约责任作为整体存在，投保人不可选择分别投保。

第二条　责任免除

下列免赔金额，本公司不负责赔偿：

（一）因违反法律法规中有关机动车辆装载规定而增加的免赔金额。

（二）因保险车辆实际行驶区域超出保险单的约定范围而增加的免赔金额。

（三）因投保时指定驾驶人但保险事故发生时为非指定驾驶人驾驶保险车辆而增加的免赔金额，因提供的指定驾驶人信息不真实而增加的免赔金额。

（四）因应当由第三者负责赔偿但无法找到第三者而增加的免赔金额。

（五）根据多次事故免赔特约条款的绝对免赔率计算的应当由被保险人自行承担的免赔金额。

【工作实施】

如图 2-15 所示。

1. 玻璃单独破碎险

计算公式:赔款 = 实际修理费用

投保了本保险的机动车辆在使用过程中，发生本车玻璃单独破碎，保险人按实际损失计算赔偿。投保人在与保险人协商的基础上，自愿按进口风窗玻璃或国产风窗玻璃选择投保，保险人根据其选择承担相应保险责任。

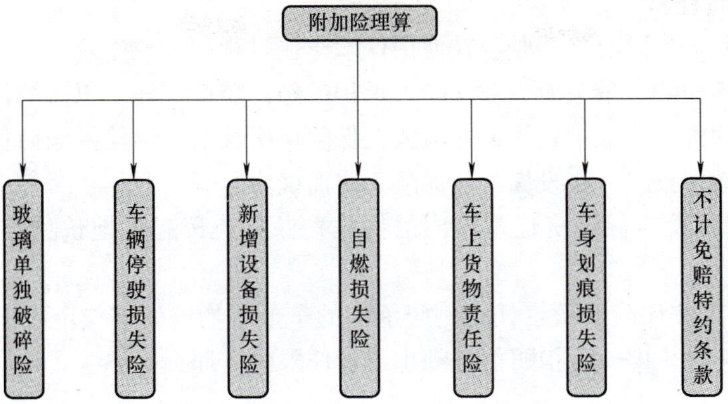

图 2-15　附加险赔款理算工作流程

2. 车辆停驶损失险

（1）全部报失的　投保本附加险时，由保险双方在保险单上约定日赔偿金额和赔偿天数，本保险的最高赔偿天数为 90 天。即：

$$赔款 = 保险合同约定的日赔偿金 \times 约定赔偿天数$$

（2）部分损失的　保险人在双方约定的修复时间内按保险单约定的日赔偿金额乘以从送修之日起至修复竣工之日止的实际天数计算赔偿，即

$$赔款 = 保险合同约定的日赔偿金额 \times 实际修理天数$$

在一个保险期限内，上述赔款累计计算，最高以保险单约定的赔偿天数为限。

3. 新增设备损失险

投保了本保险的机动车辆在使用过程中，发生保险事故造成车上新增设备的直接损毁，保险人在保险单该项目所载明的保险金额内，按实际损失计算赔偿。

$$赔款 = 实际损失(在保险金额内) \times (1 - 免赔率)$$

免赔率与基本险十七条款规定相同：根据保险车辆驾驶员在事故中所负责任，车辆损失险和第三者责任险在符合赔偿规定的金额内实行绝对免赔率：负全部责任免赔 20%，负主要责任免赔 15%，负同等责任免赔 10%，负次要责任免赔 5%；单方肇事事故绝对免赔率为 20%；雷击、暴风、暴雨、洪水、龙卷风和雹灾保险责任事故，免赔率为 0；保险车辆遭受暴雨、洪水后在淹及排气筒的水中启动或被水淹及后因过失操作不当致使发动机损坏，绝对免赔率为 20%。

4. 自燃损失险

由投保人与保险人在保险车辆的实际价值内协商确定，保险人在保险单该项目所载明的保险金额内，按保险车辆的实际损失赔偿；本保险每次赔偿均实行 20% 的绝对免赔率。

（1）全部损失的

$$赔款 = (保险金额 - 残值) \times (1 - 20\%)$$

（2）部分损失的

$$赔款 = (实际修理费用 - 残值) \times (1 - 20\%)$$

（3）施救费用不超过保险金额

$$赔款 = 实际施救费用 \times (保险财产价值/实际施救财产总价值) \times (1 - 20\%)$$

5. 车上货物责任险

被保险人或其允许的合格驾驶员在使用保险车辆过程中，发生意外事故，致使保险车辆所载货物遭受直接损毁，依法应由被保险人承担的经济赔偿责任，以及被保险人为减少损失而支付的必要合理施救、保护费用，保险人在保险单所载明的赔偿限额内负责赔偿。车上承运货物的赔偿限额由投保人在投保时与保险人协商确定。

1）承运的货物发生保险责任范围内的损失，保险人按起运地价格在赔偿限额内负责赔偿。

① 当被保险人按保险事故责任比例应承担的车上货物损失赔偿金额未超过保险合同载明的每人责任限额时，即应承担赔偿金额小于责任限额，那么：

赔款 = 应承担赔偿金额 ×（1 – 免赔率）

其中免赔率规定与基本险十七条款规定相同。

② 当被保险人按保险事故责任比例应承担的车上货物损失赔偿金额超过保险合同载明的每人责任限额时，即应承担赔偿金额大于责任限额，那么：

赔款 = 责任限额

其中免赔率规定与基本险十七条款规定相同。

2）每次赔偿均实行相应的免赔率，根据被保险人在事故中应负的责任比例及应承担的费用计算，公式为

赔款 = 应承担费用 ×（1 – 免赔率）

3）施救费用公式为

赔款 = 实际施救费用 ×（保险财产价值/实际施救财产总价值）×（1 – 免赔率）

免赔率规定与基本险十七条款规定相同。

6. 车身划痕损失险

1）发生条款列明保险责任时，损失费用超过赔偿限额时，那么：

赔款 = 赔偿限额

2）发生条款列明保险责任时，损失费用在赔偿限额之内，那么：

赔款 = 实际修复费用

7. 不计免赔特约条款

赔款 = 一次赔款中已承保且出险的各险种免赔额之和

下列应由被保险人自行承担的免赔金额，保险人不负责赔偿：

1）车辆损失保险中应当由第三方负责赔偿而确实无法找到第三方的。

2）因违反安全装载规定加扣的。

3）同一保险年度内多次出险，每次加扣的。

4）对于家庭自用汽车保险合同中约定驾驶人的，保险事故发生时，由非约定驾驶人驾

车而加扣的。

5）附加盗抢险或附加火灾、爆炸、自燃损失险或附加自燃损失险中规定的。

【实操练习】

一、知识拓展

一辆新购的私人家庭自用车辆，新车购置价 20 万元，投保了车损险，20 万元的第三者责任险，按新车购置价投保自燃损失险。保险车辆在使用过程中，供油系统发生故障引起自燃，造成车辆损失 2 万元，残值 100 元，车上物品价值 2 万元，为减少车辆损失所支出的必要合理的施救费用 2000 元，保险公司应如何赔付？

解：修理费用赔款 =（实际修理费用 − 残值）×（1 − 20%）=（20000 − 100）元 ×（1 − 20%）= 15920 元

施救费用赔款 = 实际施救费用 ×（保险财产价值/实际施救财产总价值）×（1 − 20%）= 2000 ×（200000/（200000 + 20000））×（1 − 20%）元 = 1454.5 元

保险公司共赔偿金额为 17374.5 元。

一投保机动车辆第三者责任保险（责任限额为 10 万元）及其附加车上货物责任险（责任限额为 5 万元），并就上述两个险种约定不计免赔特约条款的车辆，发生事故，分别造成第三者损失 5 万元，车上货物损失 2 万元。驾驶人在事故中负全部责任，免赔率为 20%，经交警部门现场查勘，认定其违反装载规定，增加免赔率 10%。则：

第三者责任赔款 = 5 万元 ×［1 −（20% + 10%）］= 3.5 万元

车上货物责任赔款 = 2 万元 ×（1 − 20%）= 1.6 万元

不计免赔特约条款赔款 = 5 万元 × 20% + 2 万元 × 20% = 1.4 万元

二、实训步骤

根据实际工作岗位，确定实训步骤（表 2-8）。

表 2-8 实训步骤

步骤	内容
第一步骤	M-AI 附加险模块操作讲解 多媒体（机房）课堂讲解 Flash 实训指导模块引导
第二步骤	M-AI 附加险模块实操练习 多媒体（机房）操作练习
第三步骤	附加险案例设计，赔款计算

三、情境设计

1. 工具

M-AI 车险业务综合实训系统、签字笔、A4 纸。

2. 场地

车险理赔综合实训道场。

3. 情境考核

附加险赔款计算
附加险公式
附加险赔款 玻璃单独破碎险
车辆停驶损失险
新增加设备损失险
自燃损失险
车上货物责任险
车身划痕损失险

学习情境三 赔案审核与归档

赔案理算之后在系统内提交核赔人，核赔人在授权范围内独立负责理赔质量，按照保险条款及保险公司内部有关规章制度对赔案进行单证审核、保险责任核定、车辆损失及赔款核定、其他财产损失赔款核定、施救费用核定、赔付计算审核。结案后将案卷整理归档。

【知识目标】

1）学习审核单证，核定保险责任。

2）学习核定车辆损失及赔款，核定其他财产损失赔款。

3）学习核定施救费用，审核赔付计算。

4）学习案卷装订归档。

【能力目标】

1）能够掌握保险标的出险原因、损失情况，对重大案件能现场查勘，能审核、确定保险责任。

2）能够核定损失，能审核赔款计算。

3）能够将案件单证资料整理装订归档。

【工作流程】

核赔操作流程如图 3-1 所示。

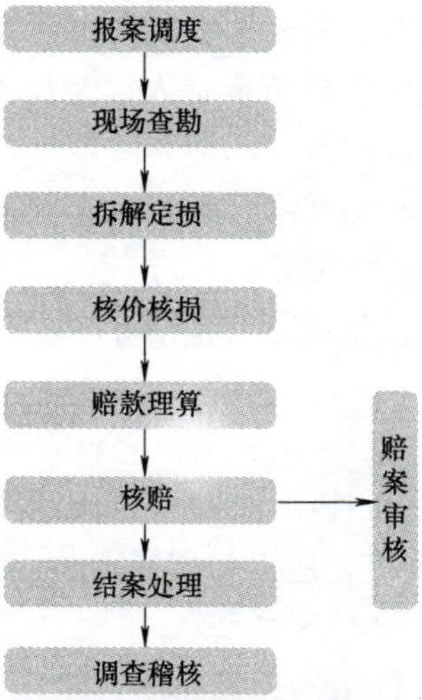

图 3-1　核赔操作流程

任务一 赔案审核

【情境案例】

2013 年 2 月 19 日 ×时，下暴雨，小王开着一辆奥迪在光明新区根玉路由东往西方向行驶至光明新区根玉路艺和厂路段，由于驾驶操作不慎，车身左侧同路中央的路肩发生碰撞，造成奥迪车部分损坏及路肩损坏和车上一乘客受伤的道路交通事故。小王未按操作规范安全驾驶，负事故的全部责任。保险公司怎样对赔款进行理算？小王于 2012 年 8 月 19 日在某保险公司投保了车损险、三者险 50 万、车上人员责任险和不计免赔险等险种。

理算平台收到已核损通过案件，对赔款进行理算。核赔平台收到理算平台发来的案件，进行审核。

【学习内容】

1）审核理赔材料和赔款计算的完整性、准确性，详细出具核赔意见并在核赔意见栏中明确备注。

2）对缮制人员遇到的疑难问题给予指导和处理意见。

3）定期汇总在工作中发现的问题并及时与理赔各环节负责人以及相关的核保、业务部门进行沟通，规避风险，堵塞漏洞。

4）对所有的特殊赔案、垫付赔案、预付赔案等案件进行认真审核并给出意见。

5）参与各项理赔赔付标准的制定，包括工时费定额标准、施救费标准、常见物损标准、人伤赔偿标准等。

6）对各岗位流程和工作质量进行监督指导。

7）核实善制理算录入财务支付账户信息准确性。

【学习目标】

1）能够掌握核赔内容及其流程，并对赔案的各项内容进行核赔。

2）能够发现问题并及时与理赔各环节负责人以及相关的核保、业务部门进行沟通，规避风险，提出建议。

3）能够对所有的特殊赔案、垫付赔案、预付赔案等案件进行认真审核并给出意见。

4）能够参与各项理赔赔付标准的制定。

5）能够对各岗位流程和工作质量进行监督指导。

【相关知识】

核赔是对整个赔案处理过程进行控制。核赔师对赔案的处理过程，一是及时了解保险标的出险原因、损失情况，对重大案件，应参与现场查勘；二是审核、确定保险责任；三是核定损失；四是审核赔款。

（属本级公司核赔权限的，经核赔人员签字后，报经理室/主任审批；属上级公司核赔的，核赔人员提出核赔意见，由经理室/主任签字后，报上级公司核赔。）

【工作实施】

核赔操作细则与技术要求如图 3-2 所示。

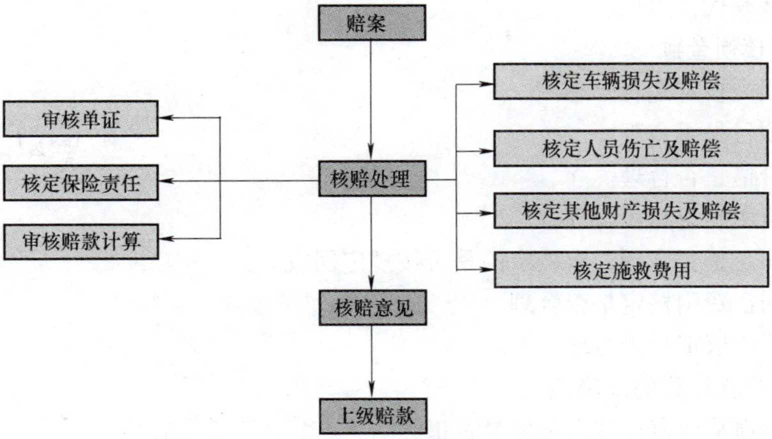

图 3-2　核赔工作流程

1. 车险案件所需单证

车险案件所需单证有一部分是每个赔案都需要的必要的基本单证，但根据赔案性质、受损标的、出险险种等因素的不同所需其他单证也有所不同。

2. 车险案件审核的基本要求

1）按照赔案时效处理要求进行赔案审核，并提出审核意见。

2）对于不符合要求的案件应及时退回，并一次性提出整改意见，不得多次提出不同问题。

3）认真按照核赔时效及时完成本职工作，对每日新增案件及时审核，不得积压，保证案件结案时效。

3. 车险案件审核的方法步骤

（1）审核单证资料　对赔案单证进行审核，主要有以下几项：

1）审核所有索赔单证是否严格按照单证填写规范填写。

2）审核确认被保险人按规定提供的单证、证明及材料是否齐全有效，有无涂改、伪造。

3）审核各理赔经办人员是否规范填写赔案有关单证并签字，必备单证是否齐全。

4）重要信息涂改是否加盖修正章。

5）签章是否齐全，赔案单证是否按规定次序摆放。

6）对不齐全、不合格的单证提出补充、整改、调查意见。

（2）审核保险责任

1）确定被保险人是否有可保利益。

2）确定出险标的是否与保险标的符合。

3）出险原因是否属保险责任。

4）出险时间是否在保险期限内。

5）事故责任划分是否合理。

6）赔偿责任是否与承保险别相符。

7）有无涉及违反被保险义务或特别约定规定的情况。

8）是否涉及代位追偿。

（3）审核核损金额

1）财产损失核定是否合理。

2）更换项目是否合理。

3）配件价格是否合理。

4）施救费用确定是否合理。

5）残值确定是否合理，未确定的是否按规定回收。

6）人员伤亡费用核定是否合理。

7）其他费用核定是否合理。

（4）审核赔款计算的准确性

1）通过核损平台审核核损金额是否正确。

2）通过配件系统审核更换配件价格是否合理。

3）残值是否扣除。

4）赔偿比例确定是否正确。

5）责任比例确定是否正确。

6）免赔率（额）使用是否正确。

7）计算公式是否正确。

8）计算结果是否正确。

9）理算报告是否规范。

（5）各环节工作质量监控　对接报案、查勘、定损、核损、理算等岗位工作质量进行监控。做好日常工作记录，要求对所退回案件的退回原因、差错责任人、落实回复时效进行详细登记，定期向各片区负责人提交所辖机构赔案工作质量报告及整改建议。

如果上级公司对下一级进行核赔，应侧重审核：普通赔案的责任认定和赔款计算的准确性；有争议赔案的旁证材料是否齐全有效；诉讼赔案的证明材料是否有效；保险公司的理由是否成立、充分；拒赔案件是否有充分证据和理由等。

结案时“机动车辆保险赔款计算书”上赔款的金额必须是最终审批金额。在完善各种核赔和审批手续后，方可签发“机动车辆保险赔款通知书”通知被保险人。

【实操练习】

一、实训步骤（表3-1）

表3-1　实训步骤

步　骤	内　容
第一步骤	M-AI 核赔模块操作讲解 多媒体（机房）课堂讲解 Flash 实训指导模块引导

（续）

步　骤	内　容
第二步骤	M-A 核赔模块实操练习 多媒体（机房）操作练习

二、情境设计

1. 工具

M-AI 车险业务综合实训系统。

2. 场地

车险理赔综合实训道场。

3. 情境考核

核赔平台操作界面，如图 3-3 所示。

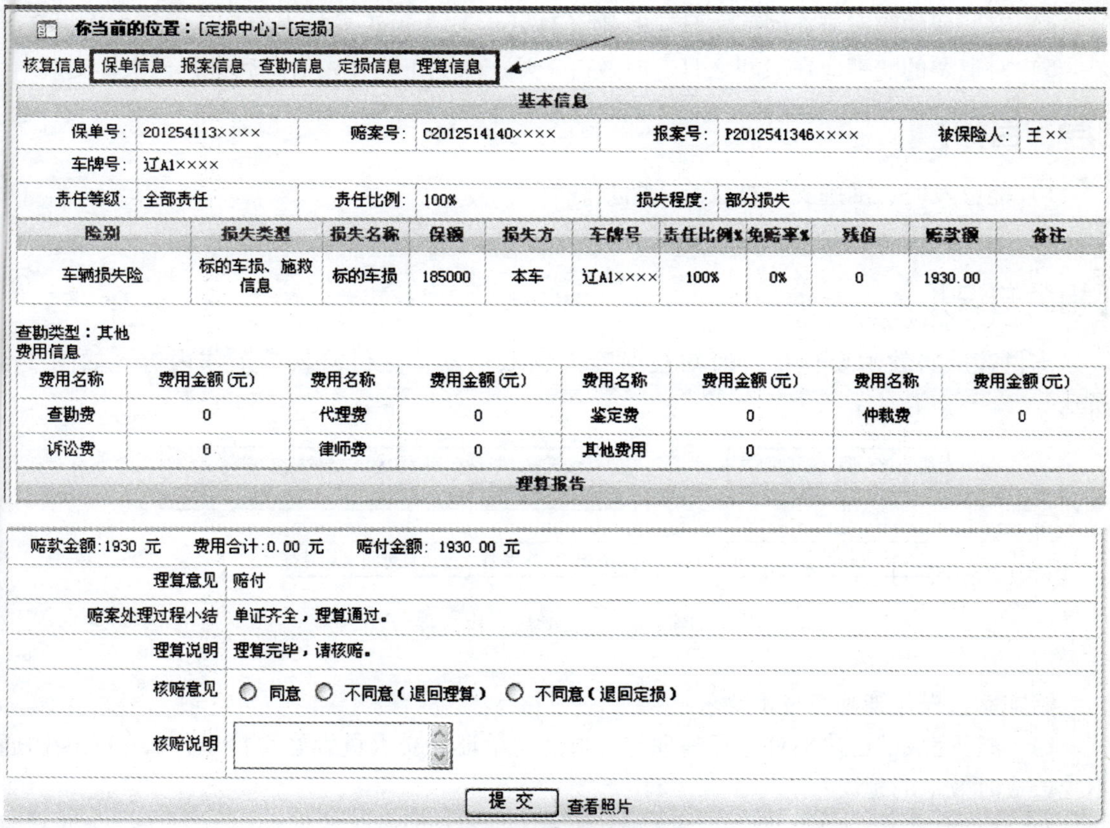

图 3-3　核赔操作界面

任务二　支付赔款

【情境案例】

2013 年 2 月 19 日 × 时，下暴雨，小王开着一辆奥迪在光明新区根玉路由东往西方向行驶至光明新区根玉路艺和厂路段，由于驾驶操作不慎，车身左侧同路中央的路肩发生碰撞，造成奥迪车部分损坏及路肩损坏和车上一乘客受伤的道路交通事故。小王未按操作规范安全驾驶，负事故的全部责任。保险公司怎样对赔款支付？小王于 2012 年 8 月 19 日在某保险公司投保了车损险、三者险 50 万、车上人员责任险和不计免赔险等险种。

【学习内容】

1）收集客户资料、与客户沟通。

2）赔案系统中赔案信息的填写和提交；核算业务系统传输过来的客户支付账户信息的真实性。

3）将相关纸质材料传递至机构财务审核（权益转让书、赔款计算书、授权委托书、客户有效证件等要件必须齐全后传递财务近期清理未决过程中，个别赔案先结案后收集资料，各理赔内勤必须保证所有资料均收集齐全后方在通赔系统中提交）。

4）对驳回的赔案应在驳回之日起时效（24 小时）内更正或补入信息后进行再次提交。

5）对退票的赔案应在驳回之日起时效（3 天）内更正或补入信息后进行再次提交。

【学习目标】

1）能够及时、准确支付被保险人赔款。

2）能够正确地保存赔款已付证据。

【相关知识】

支付客户赔款主要包括：通知被保险人领取赔款、支付赔款等工作内容，如图 3-4 所示。

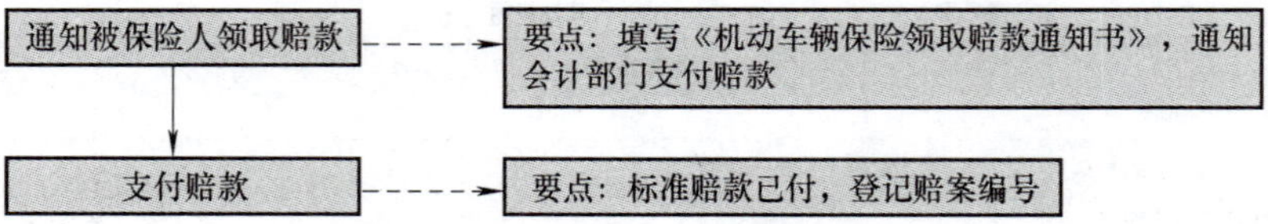

图 3-4　支付赔款工作流程

赔款支付操作细则与技术要求：

1）对已完成的已决案件进行整理与支付。与单证提交人员做好交接工作，避免因沟通不善造成时效上的延误。

2）认真检查相关纸质材料，包括理赔材料是否齐全、发票金额是否正确、账号是否提供等必要支付条件。若收到材料后发现材料不齐，影响支付，则应尽快联系客户，取得所需材料。

3）预赔案件应在规范材料的基础上注意时效，按照总公司财务规定在通赔系统中进行录入，并把相关电子、纸质资料交接机构财务。

4）对于委托第三方收款的案件，应严格按照财务要求，做好委托上报与财务交接。

5）拆分案件由支付岗在通赔中逐条录入，交予理赔财务逐条审核；存在正负数抵充的赔款，不准录入通赔系统，统一交予财务部门进行机构处理。

6）认真解答客户疑问，对退票案件与待录入案件及时处理。

【实操练习】

一、实训步骤（表 3-2）

表 3-2 实训步骤 3

步 骤	内 容
第一步骤	M-AI 结案模块操作讲解 多媒体（机房）课堂讲解 Flash 实训指导模块引导
第二步骤	M-A 结案模块实操练习 多媒体（机房）操作练习

二、情境设计

1. 工具

M-AI 车险业务综合实训系统。

2. 场地

车险理赔综合实训道场。

3. 情境考核

结案平台操作如图 3-5 所示。

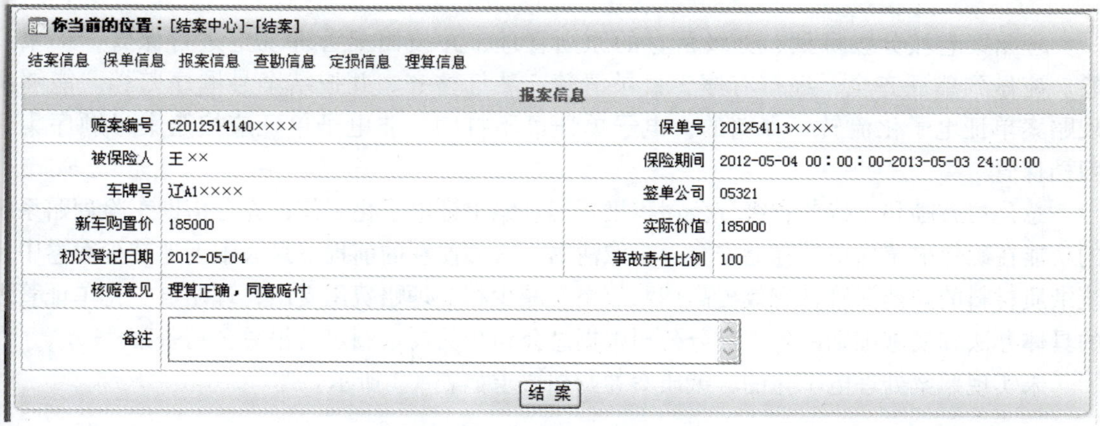

图 3-5 结案平台操作界面

任务三 结案归档

【情境案例】

2013 年 2 月 19 日×时，下暴雨，小王开着一辆奥迪在光明新区根玉路由东往西方向行驶至光明新区根玉路艺和厂路段，由于驾驶操作不慎，车身左侧同路中央的路肩发生碰撞，造成奥迪车部分损坏及路肩损坏和车上一乘客受伤的道路交通事故。小王未按操作规范安全驾驶，负事故的全部责任。保险公司赔偿完后还要做哪些工作？小王于 2012 年 8 月 19 日在某保险公司投保了车损险、三者险 50 万、车上人员责任险和不计免赔险等险种。

【学习内容】

1）逐笔审核预归档已决赔案资料的完整性。

2）按要求收集、整理、编写卷内目录；对新的档案记录编件号、档案号，分配档案盒号。

3）对通过审核并编写好规定内容的赔案归档。

4）按公司要求管理档案调阅。

5）档案保存。定期检视档案，做好防霉防蛀防潮工作。

6）根据要求向上级机构移交档案。

7）严格保密制度，遵守保密纪律，对密级档案内容不泄露、不失密，确保档案的安全。

【学习目标】

能熟练进行各类案卷的单证清分和案卷管理，掌握案卷借阅的工作流程。

【相关知识】

理赔案卷按分级审批、分级留存的原则管理，并按档案管理规定进行保管，一单一卷。应做到单证齐全，编排有序，目录清楚，装订整齐，并按结案号顺序归档。能够实现赔案单证电子化流转、存储的，电子单证可不打印，非电子单证应按赔案号顺序集中归档保管。

总公司鼓励和支持各省级分公司积极开展理赔单证电子化工作，充分借助车险理赔系统的功能在确保电子化单证存储安全、影像清晰、查阅便利的前提下最大限度地减少案卷中传统纸质材料的归档保管，有效提高理赔效率，减少相关理赔费用支出，理赔电子化单证管理的具体办法和实施细则由各省级分公司根据总公司相关要求制定后报总公司备案。

未实现赔案处理电子化的，纸质案卷归档要求如表 3-3 所示。

表 3-3　纸质卷宗归档要求

性　质	单证名称	来　源	归档要求
确定责任类	报案记录（代抄单）	内部	必备
	索赔申请书	外部	必备，被保险人签章
	保险事故现场查勘记录	内部	必备（5000 元以下案件使用《快捷案件处理单》，为索赔申请、查勘报告、损失情况确认书三证合一）
	事故照片	内部	必备（可不打印）
	事故责任认定书、事故调解书、法院判决书等证明文件	外部	必备（单方事故经查勘可免提供）
	机动车行驶证、肇事人驾驶证	外部	必备（复印或拍照）

（续）

性质		单证名称	来源	归档要求
确定损失类	车辆损失	损失情况确认书及修换件清单	内部	必备，被保险人签章（5000 元以下案件使用《快捷案件处理单》）
		保险车辆增加修理项目申请单	内部	增补定损时必备
		车辆修理发票	外部	必备（5000 元以下可按车险简易案件要求或根据当地相关部门的要求处理）
		施救费用发票	外部	必备（需要施救时）
	财产损失	财产损失确认书	内部	必备（至少有二者之一）
		购置、修复受损财产的费用单据或路政、交管部门的过款凭证	外部	
	人员伤亡	伤残人员医疗跟踪调查表	内部	医疗跟踪用，可不打印
		人员伤亡费用清单或医疗费用审核表	内部	必备。医疗审核用，可不打印
		伤者入院、出院证明，医院诊断证明	外部	涉及人员伤亡案件相关赔偿时必备
		医疗费用报销凭证及费用明细（处方及检查、治疗、用药明细单）	外部	
		伤者需要护理的医院证明，护理人员误工及收入证明	外部	
		伤者、残者，亡者处理事故人员误工证明、收入损失情况证明	外部	
		交通费、住宿费用报销凭证	外部	
		残者法医伤残鉴定书	外部	
		亡者医学死亡证明/户籍注销证明/火化证明	外部	
		残者、亡者家庭情况证明、户籍证明、被扶养人丧失劳动能力证明	外部	
	盗抢	县级公安刑侦部门盗抢案件立案证明	外部	必备
		车辆停驶手续	外部	
		机动车来历凭证	外部	必备（原件，缺项加扣免赔率）
		机动车行驶证	外部	
		机动车登记证书	外部	
		车辆购置税完税证明或免税证明	外部	
赔款理算类		赔款计算书	内部	必备
		其他有关证明、费用单据、过款凭证及材料	外部	涉及相关赔偿时必备
预付赔款类		预付赔款申请书	外部	预付赔款时必备
		预付赔款审批表	内部	
交强险支付/垫付类		抢救费用支付/垫付通知书	外部	支付/垫付抢救费用必备
赔款手续类		被保险人身份证明	外部	必备（复印件）
		赔款收据	外部	必备（被保险人签章）
		领取赔款授权书，被委托人身份证明	外部	代索赔、代领款时必备
		权益转让书	外部	盗抢险、推定全损等涉及追偿案件必备

【工作实施】

理赔案卷管理主要包括清分单证、案卷的整理与装订、案卷的登记与保管、案卷借阅等，如图3-6所示。

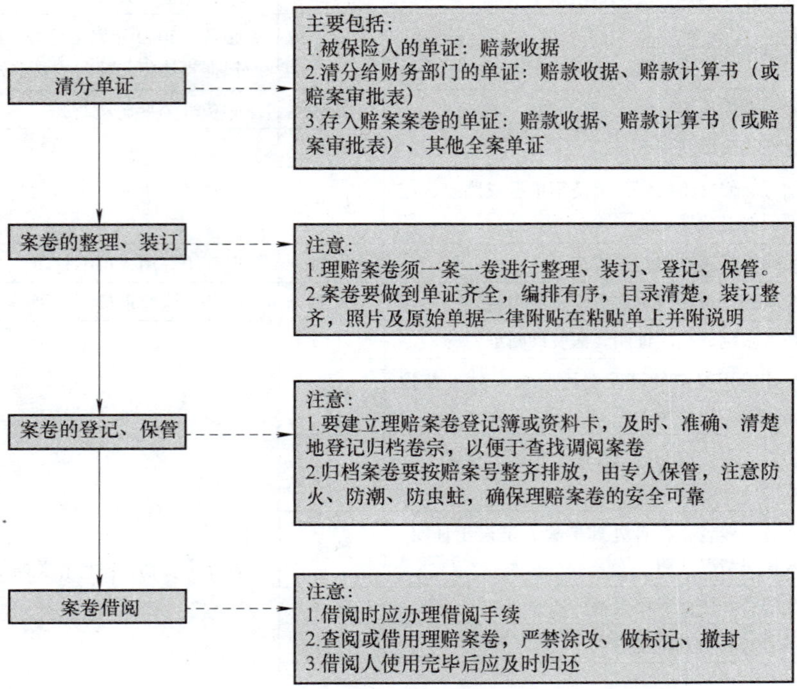

图3-6 理赔案卷工作流程

赔案归档操作细则与技术要求：

1. 逐笔审核已决赔案资料的完整性

1）出险通知书或索赔申请书。

2）查勘报告。

3）交通事故责任认定书（或事故证明）。

4）保险单抄件。

5）交通事故损害赔偿调解书。

6）三者的赔偿收据及损失清单。

7）修车发票。

8）施救费票据。

9）行驶证复印件。

10）驾驶证复印件。

11）被保险人营业执照或身份证复印件。

12）医疗费收据等。

13）赔案需要的其他材料，如伤病诊断证明、病历、医疗费用单据、交通事故评残证明、抚养证明、赡养证明、死亡证明、误工证明或护理证明、车辆购置附加费原件、购车发票原件、被盗车钥匙、盗抢车辆未侦破证明、养路费停缴证明、车辆丢失登报证明、机动车登记证书原件、停车场发票、权益转让书、盗抢车辆封档证明、火灾证明、暴风或暴雨等证明。

14）发票页需在本页空白处标明发票名目、张数、总金额。如多张发票可盖骑缝章。

15）总、分公司已决岗对案卷进行审核后如无问题需在目录页下方签字确认。

16）不符合要求的予以退回并限期补齐材料重新归档。

2. 按要求收集、整理、编写卷内目录

对新的档案记录编件号、档案号，分配档案盒号、编号规则由总公司统一编制。

3. 归档移交

1）移交档案时所有应归档的案卷材料，均须经交接双方当面清点、核对。

2）交接完毕，交接双方和监交人在移交清册页数以及需要说明的问题和意见，并在赔案接收表上共同签字确认。移交清册应填写一式两份，交接双方各执一份。

4. 档案调阅

1）公司内部调档及业务调档，填写调档登记表，报经分公司总经理室审批后，予以调档。

2）阅档必须在阅档室进行，各类档案资料一律不得带出室外。阅档人员不得对借阅的档案资料涂改、污损、撕毁和私自摘抄，更不得拆卷抽取原件。

3）如需摘抄复制档案内容的，需经分公司总经理室批准后进行。复印档案资料，由管理人员负责押档前往，不得交与他人自行处理，摘抄复制的档案内容需经档案管理人员复核加盖审核章后生效。

4）因工作需要借调档案的，需填写档案借阅单，经分公司总经理室审批后打签报方能借出。档案管理人员必须对所借出的档案进行件数、内容等情况的登记，履行借阅签字手续。

5）借出的档案必须按时归还（最长实效为一个月）。档案室管理人员要当面清查，无误后再注销登记。如发现损毁、遗失、私自改动等情况，要当即追查，及时处理。

5. 档案保存

1）每季度检视档案，做好档案的防盗、防火、防尘、防霉、防鼠、防虫、防光等工作，确保档案材料完整无缺和安全，做好各种设备的维修和使用。

2）对保管期满经鉴定无保存价值的档案及时进行登记和销毁，并及时进行档案统计工作。

【实操练习】

情境设计

1. 工具

赔案卷宗资料。

2. 内容

模拟保险理赔部门上年至今的理赔档案按照下列整理分类：零结销案，未决案件，涉诉讼案件未决。

已决案件：5000 元快赔案件，5000 至 1 万金额案件，1 万至 5 万案件，5 万以上案件，涉诉讼案件。

3. 情境考核

熟悉赔案归档流程和操作规则。

学习情境四 保险欺诈与反欺诈

保险欺诈骗赔是指投保人或被保险人通过虚构保险标的，或伪造、虚构保险事故，或故意扩大、夸大责任事故损失程度等手段，以骗取保险赔款为目的，欺骗保险人，以假象致使保险人错误地支付赔款，获取不当利益的行为。

保险理赔疑案调查是对保险公司承办保险标的发生保险事故损失后进行赔偿情况的实情核实。核查定案估损是否准确，责任确定是否符合条款规定。核查赔款计算情况是否正确、合规。核查审批手续是否齐全。核查拒赔案件的拒赔理由是否充分，有无该赔不赔的现象，是否以赔谋私。

【知识目标】

1）学习保险调查相关法律法规。

2）学习疑案调查的工作方法及流程。

【能力目标】

1）能够掌握疑案调查的要求。

2）能够熟练应用相关法律法规。

3）能够熟练进行调查审核工作。

任务一　保险欺诈骗赔因果分析

【情境案例】

2013 年 2 月 19 日 × 时，下暴雨，小王开着一辆奥迪在光明新区根玉路由东往西方向行驶至光明新区根玉路艺和厂路段，由于驾驶操作不慎，车身左侧同路中央的路肩发生碰撞，造成奥迪车部分损坏及路肩损坏和车上一乘客受伤的道路交通事故。小王未按操作规范安全驾驶，负事故的全部责任。该案是否有欺诈行为？小王于 2012 年 8 月 19 日在某保险公司投保了车损险、三者险 50 万、车上人员责任险和不计免赔险等险种。

【学习内容】

1）学习保险欺诈成因。

2）学习保险欺诈形式。

3）学习车辆保险欺诈骗赔特征与防范措施。

【学习目标】

1）调查工作应依据国家各项法律法规、监管机构及公司颁布的各项经营管理制度进行。

2）能够坚持客观、实事求是的原则，不夸大问题，不回避矛盾。

3）能够了解保险欺诈的特征和防范措施。

【工作流程】

防范欺诈工作流程如图 4-1 所示。

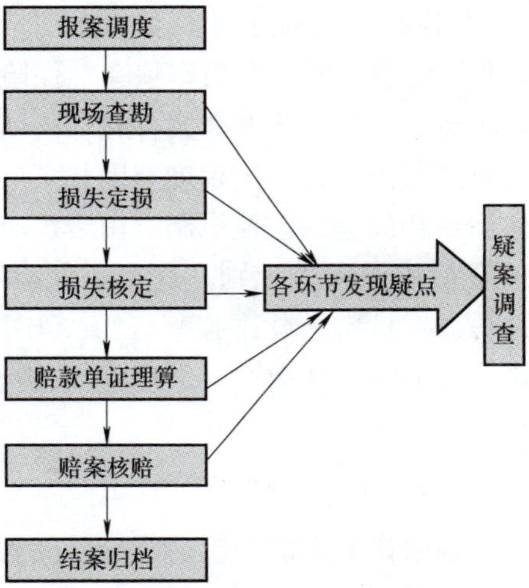

图 4-1　工作流程

【相关知识】

自从保险行业诞生之日起，保险欺诈行为就与保险业务孪生共存至今，成为困扰着保险行业健康发展的一大毒瘤。为铲除这一痼疾，有效地防范车险欺诈骗赔行为的滋生和蔓延，有必要对车险欺诈骗赔的成因进行剖析。从宏观角度看，其原因主要可以分为历史方面、社会方面、投保人方面，也有保险公司自身方面的。

一、历史原因

从人类历史上看，伴随着人类社会早期的经济活动，欺诈行为作为一种不当谋利的手段已经出现。初期的欺诈谋财现象是伴随着 6000 多年前买卖合同的出现而出现的。当保险出现后，从事欺诈骗赔活动的人把眼光转移到了保险领域，产生了保险欺诈骗赔。

众所周知，保险合同规定的双方权利义务关系是不对等的。当没有发生合同规定的保险事故时，投保人履行了缴纳保险费给保险人的义务，同时储备了索赔的权利。保险人实现了收取保险费的权利却尚未履行赔偿的义务。此时，双方的权利义务是不对等的。当发生保险事故时，保险人须偿付比保险费高得多的赔款给投保人，此时双方的权利义务更是处于不对等的状态。如此看来，保险合同的实施带有一定的赌博色彩，保险人与投保人非赢即输，不可能成为平手。

由于保险合同具有如上所述的特点，尤其是当发生赔付时保险人给投保人的赔款比保险费高得多的特点，构成了保险欺诈骗赔的基础条件。长期以来，引诱了一些道德低下、唯利是图的人通过铤而走险获取额外利益。

二、社会原因

由于我国保险业的起步较晚，行业宣传力度不够，相关法律法规不够健全，加之公众的法制观念淡漠，社会上很多人将保险欺诈骗赔视作一种可以原谅的过错。对于这种过错，整个社会道德体系没有给予应有的谴责。之所以形成这种局面，大致有两个方面的原因。

首先，我国的相关法律对保险欺诈的惩罚力度不够。近年来我国有关保险方面的法制建设正在逐渐完善，但司法部门在执行中，对于“保险欺诈罪”仍然以“结果犯”而不以“行为犯”来对待。只以“结果”治罪，即只有当诈骗者把保险金拿到手了，“罪”才能成立，而不看其动机和行为。这导致大量的车险欺诈案件在保险实践中得不到有力的惩罚，从而使保险欺诈行为没有受到应有的打击，在一定程度上助长了欺诈心理的滋生。

其次，整个社会缺乏诚信体系和健全的监控机制。由于没有相应的个人资信等级管理机制，造成每一个社会自然人的资信等级无法识别。这也是保险欺诈心理得以立足的因素之一。在一个依靠信誉管理的社会，一旦实施欺诈骗赔行为，当事人的信用就会有不良记录，其个人信誉程度、社会地位均受到影响，从而在一定程度上遏制欺诈心理的产生。

三、投保人方面的原因

1. 参与欺诈的人员构成

根据欺诈案例的统计，在实施欺诈的人群中包括部分投保人、被保险人、驾驶人或其他人员。其中，不良修理厂的人员占大多数。

2. 欺诈人群的心理

前面曾提到，保险合同带有一定的赌博色彩，赌博的一种结果就是可能获得比前期本金投入大的回报。而对保险而言，单个投保人向保险人交纳保费后若在保险期限内发生保险事故，就有可能获得远远超过其所付保费的赔款。也就是说，购买车险存在着以较少的成本投入在保险事故发生后可获得较高回报的可能性，这一特点是造成保险欺诈的重要现实基础。因此，部分投保人、被保险人、驾驶人或其他人员在赌博心理的支配下冒险实施欺诈骗赔行为。

3. 对保险缺乏正确的认识

随着汽车保险行业的发展，车主的保险意识不断增强，越来越多的车主尤其是私家车主为自己的爱车投保了诸多商业险种，缴纳了一笔数额不小的保费。由于部分车主对车辆保险的认识存在偏差，心态不平衡，他们从个人的投资、回报和利益角度来看待保险，认为投保车险支出保费后，得不到保险赔偿就是自己白白送钱给保险公司，因而产生“吃亏”心理。为了不让自己的钱“白白浪费”，他们不惜采取欺诈手段来骗取保险赔偿金。

四、保险公司方面的原因

保险欺诈现象的日趋增多，与保险公司方面也有相当的关系。由于保险公司对自身的监管力度不足，导致其自身在承保、理赔等环节出现问题。

首先，承保把关不严。在激烈竞争的车险市场上，保险公司为了扩大本公司的业务在市场上的占有率，对业务质量往往不加选择，或者有承保规定未得到有效执行。这就为车险欺诈埋下了隐患。

其次，理赔把关不严。当车辆出险后有时不能立即到现场调查，等待理赔材料送上门后再进行审查，失去了许多第一手资料，事后又不能做深入调查，给一些作案者以可乘之机。

再者，对欺诈人员的处理过于宽松。即使发现了欺诈行为，为了维护保险业务的需要，也往往委曲求全，仅满足于追回被骗取的赔款或由保户主动撤案，而不去追究欺诈者的民事责任。更不愿意向有关部门揭发、检举，以追究他们的刑事责任。长此以往，保险人的这种做法，无异于对犯罪分子的放纵，间接地助长了保险欺诈行为的发生。

还有，理赔人员的素质偏低、保险行业信息交流不畅。个别理赔人员素质偏低是保险欺诈频繁发生的又一重要原因。大量的车险欺诈案件表明，犯罪分子的作案手段并不高明。大部分保险欺诈案件如果经过认真勘察、仔细审核就可以发现破绽，但由于理赔人员的疏忽或技能低下，个别人员禁不住诱惑，内外勾结导致欺诈行为屡禁不止。而保险公司之间信息交流不畅，很少互相通报骗保骗赔的情况，也是使居心不良的骗赔者屡屡得手的原因之一。

五、保险欺诈骗赔的常见表现形式与特征

保险欺诈骗赔者为达到骗取赔款的目的，常通过伪造的事故形态迷惑保险公司的查勘人员，其行为往往具有很大的隐蔽性。但是，在真理面前，假的就是假的，造假者百密总有一疏。对欺诈骗赔的方式进行分析，让查勘定损人员掌握欺诈骗赔案件的特征，可以有效遏制、减少欺诈骗赔行为的发生，提高保险公司规避、防范道德风险的能力。现将车辆保险欺诈骗赔的常见形式与特征分为以下七个方面进行阐述。

1. 先险后保

即所谓“倒签单”。指车辆发生事故时投保人尚未投保，出险后补投保险，并将出险日期向后推，报案时谎称是在“保险期内”出险。

案件特点：出险时间距保单生效时间很接近，且投保的险种一般均保全保足。车险领域此类案件往往涉案金额较高，当事人多通过修理厂、“保险掮客”等中间人联系保险公司内部人员，内外勾结达到诈骗目的。

采取先险后保的保险欺诈形式时，通常有两种手段：一是伪造出险日期，二是伪造保险起止日期。由于近年来保险公司的出单系统全部改为电脑管控，保险起止日期已经不可能伪造，只有出险日期存在虚假的可能性。这类案件一般在出险后暂不报案，待投保后再按正常程序报案索赔。

2. 谎报出险

本来没有发生事故，投保人或被保险人却无中生有，臆造事故，谎称发生了险情。这类情况往往投保人需要采用证人作伪证，制造虚假事故现场、提供伪造的证明材料等手段。

提供虚假索赔材料，按照虚假材料的种类可以分为伪造或变造修车发票、伪造公安交警部门交通事故责任认定书等；按照虚假材料的来源又可以分为被保险人（车主）伪造、修理厂人员伪造以及被保险人（车主）与修理厂人员串通伪造等。以下是一个骗保人私刻公安机关的公章，私自制作虚假的事故证明材料，骗取保费的典型案例。王先生先主动来到保险公司为其车辆投保了车损险、第三者责任险、玻璃单独破碎险及不计免赔特约险。在其后

的四个月内，他连续三次以不同的理由向保险公司提出索赔。这引起了保险公司核赔人员的警觉，立即对相关事故材料进行进一步审核。结果，在审核王先生提供的事故现场照片时发现了问题，核赔人员对王先生的几次赔案卷宗进行了仔细对照，发现了诸多疑点。例如，他修车虽在不同城市，但三张维修发票的字迹却似乎出自同一人：三次事故现场的照片中均没有出现第二个人和第二辆车，与真正的交通事故现场明显不符，而且其自拍的事故现场照片太过“完美”。经与交警部门和修理厂进一步核实，得知王先生提供的事故证明材料全部是自己做的，公章则是私刻的。

3. 一险多赔

这类诈骗方式在机动车保险理赔工作中是比较常见、比较普遍的现象。通常是一次事故先由事故责任者给予赔偿，然后再向保险公司索赔。还有就是一次事故向多个保险人索赔的情况。

1）一次事故先由责任方给予赔偿，然后再向保险公司索赔的情况多见于被追尾或被别人碰撞后，通过“私了”已经得到了对方的赔偿，再谎称倒车发生碰撞事故，向保险公司报案，提出索赔。对于此类事故，尤其是尾部损坏的单方事故在查勘时要特别注意，仔细勘察往往能有效地防止一险多赔企图的得逞。

2）一次事故向多个保险人索赔的类型属于重复投保的情况。由于重复保险行为多是蓄意为之，且隐蔽性极高，再加上保险公司之间信息没有交流，理赔时如果保险公司不做深入调查，一般很难识破。因此欺诈的成功率较高。

3）“一单保多车”。车主将多辆车套用一个车牌，将一车投保后达到一单保多车的目的。即“真车”正常投保车险，在套牌车出险后，依据真车的保险合同索赔。此类情况在货运车队中较多见。

4）伪造事故现场。这种手段是实施车险诈骗最常见的手法。主要表现为被保险人（车主）与修理厂人员勾结，或修理厂在被保险人（车主）不知情的情况下，用待维修车辆或无现场的事故车辆伪造虚假交通事故现场后向保险公司报案申请理赔。伪造事故现场可大致分为伪造“小”事故、“大”事故和一次事故多次索赔三种情形。

伪造“小”事故多发于划痕险、玻璃险、车损险、交强险等险种，相当多的修理厂或多或少都存在此种诈骗行为。可谓“遍地开花”，虽然个案涉案金额较小，但积少成多，最终蚕食了大量保险赔款。

如伪造划痕事故，用2000 号的粗砂纸将车体表面擦伤，报案后通常定损 200 元以上，修理时只需用 200 号的细砂纸打磨后再抛光就可以，几乎没有成本。再如，伪造玻璃险的事故，高档轿车一块副厂风窗玻璃仅 600 ~ 800 元，故意砸碎后报案，保险公司在定损时如以原厂价定损通常在 5000 元以上。

伪造“大”事故主要发生在车损险、商业三者险领域。诈骗者通常采取以旧件、副厂件安装到车辆上人为制造事故，或是将已发生事故车辆未受损零部件换成旧件、副厂件扩大损失等手段实施诈骗。有的修理厂专门收购 4S 店的废旧件，在遇到“合适”车型发生事故后，在定损环节实施上述行为。由于废旧件和副厂件的价格远低于新品原厂件，一些修理厂及车主利用差价大做文章。

例如，奥迪 Q7 发动机舱盖如购买非正常渠道件只需 3 万元，人为伪造事故后，保险公司定损通常在 15 万元以上；将破损保险杠进行修复后安装，然后以第三者的身份制造事故，标的车全责就得按真件、原厂件赔偿；将旧气囊洗干净，充上气，用火药等制造气味，然后安装在事故车上报案索赔；还有一些人专门购买高档二手旧车后投保高额车损险，人为制造事故后向保险公司索赔，投保车辆购置价较低，维修费用较高，此类诈骗多有修理厂人员参与。伪造大的事故现场虽然不像伪造小事故现场那么普遍，但个案诈骗金额较高，危害很大。

5）一次事故多次索赔。事故车在第一次出险并获得理赔后，没有对事故车进行修复，在事隔一段时间后再制造小的事故并向保险公司报案理赔。这种情况在一些不诚信的保险代理维修点容易发生。

4. 冒名顶替

这类保险欺诈可以分为两方面的冒名顶替行为，一种是驾驶人的冒名顶替，另一种是保险标的的冒名顶替。

驾驶人冒名顶替的欺诈行为在机动车辆保险事故中最为常见。广为熟知的现象就是肇事驾驶人酒后驾驶或者驾车人属于无照驾驶发生事故时，为了获得保险公司的赔偿，谎称是其他驾驶人驾车肇事。

保险标的的冒名顶替是指未投保的车辆发生交通事故，诈骗人采取偷梁换柱的手法，假借其他投保车辆的名义，顶替未保险的车辆向保险公司索赔，企图骗取赔款。

5. 低险高赔

这类欺诈行为多为不良修理厂的惯用手法。

事故的原始状态损失很小，欺诈者却将机动车辆上未损坏的零部件拆下，使用同型号的损坏件进行替换，以获取高额赔偿。

6. 虚假理赔

这种类型的骗赔案件不同于前面所说的谎报出险，主要是保险公司内部的工作人员或者是保险代理机构利用职务之便，勾结投保人，故意编造未曾发生的保险事故，伪造事故单证材料，包括伪造事故照片，以此骗取保险赔款。

7. 假险骗赔

这类案件主要是指使用低值高保的车辆向保险公司恶意骗赔的情况。与低险高赔有所区别。低险高赔指的是人为扩大损失程度以骗取高额赔款；假险骗赔则泛指利用实际价值不高的老旧车型高额投保，再人为制造全损的事故。如坠崖、自燃或火灾、严重碰撞导致全损等，以此虚假手段向保险公司骗取高于实际价值的赔款。

这类案件往往具有车型陈旧、低值高保、出险时间和地点精心选择且标的损失金额一般较高的特征。此类案件查处的难度较大，有的时候，尽管已经怀疑这是一起骗赔案件，由于证据不足难以定性。保险公司如果再怠于深入调查，很可能使欺诈者的骗赔行为实施成功。

【工作实施】

一、车辆保险欺诈骗赔的防范措施

近些年来，针对保险欺诈骗赔日益增多的趋势，整个保险行业都加大了反欺诈工作的力度。通过对欺诈骗赔现象产生原因的分析，根据各类骗赔案件不同的特点，再加上以往赔案中的经验和教训，分别制定出台了很多行之有效的防范措施。归纳起来，主要有以下方面。

1. 加大正面宣传力度，普及保险知识，争取社会舆论支持

在过去较长一个时期以来，由于保险公司主动宣传力度不足，致使社会公众不能正确地认识保险的作用。保险公司应该加大保险知识和相关法律法规的宣传，增强公民的保险知识和法制意识。使广大公民充分认识到保险不是福利事业，减少对保险认识的误区。同时，通过新闻媒体将部分典型的欺诈骗赔案例予以曝光，分析欺诈骗赔的社会危害性，明确实施保险欺诈应该承担的法律责任。以达到提高全民保险意识，有效遏制欺诈犯罪的目的。

2. 加强与有关部门的合作

保险公司应该加强与警方、政法部门、司法鉴定部门的合作。

保险公司作为社会经营实体，面对欺诈行为，只有与上述部门联手合作，发挥各自的特长，配合有关部门对涉嫌欺诈的行为进行查处，才能实现对于保险欺诈骗赔行为的实质性的打击。对于构成犯罪的，要一抓到底，绝不姑息迁就。

3. 加大反欺诈工作的投入

保险公司要提高对反保险欺诈骗赔工作的认识，加大对反欺诈工作的投入。既要在人员、物质上加大投入，同时须注意对反欺诈骗赔方面的专业人才的培养。对反欺诈人员进行专业技能培训，如在人伤知识、车辆知识、痕迹鉴定知识等方面，聘请相关专家授课，以提高反欺诈的技能水平。从国内保险行业得到的数据看，反欺诈投入的力度越大，得到的反欺诈效果就越好。根据国外保险业统计的数据看，通常反欺诈的投入最终可得到 3 ~6 倍的回报。

4. 加强承保管控，提高承保质量

防止保险欺诈，要从承保抓起。提高承保质量要从几方面入手：加强对承保人员素质和业务能力的培训；加强承保实务标准的执行力度，严格按照承保业务操作规程对投保车辆进行风险评估；严格执行标的检验与标的核保工作，不能流于形式。

5. 加强理赔环节管理，提高理赔人员技能

理赔环节是反欺诈工作的关键岗位，理赔人员的水平是反欺诈工作的保证。培养一支高水平的理赔队伍是做好理赔工作、识别保险欺诈的基本保证。加强查勘定损、核损人员的专业技能培训，应该是所有保险公司常抓不懈的一项工作内容。还可以组建车险方面的专家组，以提高对疑难案件、专业程度高的案件的处理能力。

另外，加快对索赔案件的反应速度，切实遵循“主动、迅速、准确、合理”的原则。经验告诉我们，很多保险欺诈骗赔案件的当事人并未作特别充分的准备，保险公司理赔人员如果反应迅速，有些骗赔案件是可以在现场发现疑点，当场揭穿其图谋，成功避免保险公司的损失。

6. 保险公司之间应加强行业合作

面对目前保险市场严峻的反欺诈形式，各保险公司应该意识到反欺诈信息沟通的必要。因此，各公司应该在不泄露商业秘密的前提下，在一定范围内进行反欺诈合作。在保险行业协会的框架下，建立必要的、可以共享的信息数据库。比如，为避免重复投保，可以在承保信息方面进行共享；为使涉嫌欺诈的车辆、人员在行业内曝光，可将欺诈骗赔信息进行共享等。

另外，保险行业协会应成为各保险公司信息交流的纽带。在加强行业监管的同时，定期提供相关信息，发布各公司的反欺诈工作状况，对反欺诈工作提供相应的指导等。

以上从六个方面对防范措施进行了分析。除此之外，还有如完善保险公司内部监控机制、加强政府监管、规范市场行为、建立举报制度、实行奖励措施等保险公司内部与外部环节的行之有效的反欺诈防范措施。

二、现场查勘环节反欺诈技能介绍

反欺诈工作伴随理赔工作流程的各个环节，包括接报立案、现场查勘、人伤跟踪、车辆定损、单证审核到核赔理算。由于赶赴现场的查勘人员是最早接触事故、最了解事故原始状态的理赔人员，很多问题、疑点都是现场查勘人员发现的。因此，从反欺诈的角度讲，现场查勘环节是非常重要的环节，其作用不可低估。

现场查勘的过程，实际上是一个事故原因、损失情况调查、核实、取证的过程。通常对现场查勘工作要求很多，如将现场查勘、调查的过程归纳为“问、闻、看、思、摄”的五字基本方法等。

在事故处理的实务中，通过大量反欺诈案例积累的经验看，现场查勘最有利于发现问题的还是理赔人员的反应速度，即对事故处理的时效要求，同样重要的是相应的查勘技能。主要有以下三点：

1）对时效的要求，突出一个“快”字。第一时间到达现场，及时查验现场痕迹，及时展开现场调查。通过拍照及笔录保存相关信息。现场查勘做到“快”即可掌握大量的原始事故信息。

2）对当事人的询问要求，注意一个“细”字。包括驾驶人、乘车人、装载货物、乘车人数、出车事由、行驶路线、往返时间等。

3）对现场痕迹的查勘要求，强调一个“思”字。“思”指思索、思考。即把了解到的、观察到的各种现象，包括状态、痕迹进行认真分析，通过各种现象的相互佐证，运用掌握的专业知识，分析事故形成的真实原因。

三、损失确定环节反欺诈技能介绍

在对事故车辆的损失进行确认的过程中，也会遇到形形色色的欺诈骗赔现象。欺诈者的手段也是多种多样，比如，使用损坏配件冒充事故车配件的移花接木手法、将配件人为损坏的扩大损失手法、旧件喷漆冒充新件的欺骗手法等。其中尤以利用损坏配件冒充事故车配件的移花接木手法最为常见。

识别定损环节的骗赔行为要依靠扎实的车辆知识与丰富的定损经验，掌握事故碰撞损坏的规律并以此进行分析判断。车辆发生碰撞事故，受到碰撞的部位发生的损坏变形是有规律可循的。比如，根据事故车辆碰撞部位的塑性变形量可以推算出车辆行驶速度；车身若出现内凹应该在被撞物体找到相对应的外凸点；应注意区分转动部件与非转动部件损坏痕迹的不同等。

在对车辆定损时，应询问车辆行驶的方向、轨迹、速度，观察被撞物体的变形情况，尤其要注意观察碰撞变形的痕迹特点。这些因素对于正确分析车辆的碰撞角度、准确推断碰撞力度，结合碰撞损坏变形的规律，合理确认车辆损失是十分有价值的

（1）火烧车骗赔的特征　火烧车骗赔者要想达到骗取巨额赔偿金的目的，总要挖空心思地在投保、火烧车、报案、索赔等各个环节进行欺骗和伪造。一般说来，火烧车骗赔行为有以下特征（简称“十看”）：

1）从车辆运营条件看。被保险人近期购车根本不具备经营能力或无明确使用指向。被火烧车辆多为个体运输的轿、客、货车，获得保险利益者多为个人；个别车辆为廉价收购的进口报废车、来历不明的黑车或无牌照的拼装车。

2）从车况看。车辆焚毁前多为破旧不堪（使用年限在5年以上，或行驶里程在10万km以上）、经营不力，却低值高保、私车公保，甚至向多家保险公司巨额投保。

3）从起火的季节看。虽然从理论上来说，任何一个季节都有发生自燃的可能性，但是，根据火灾实际发生的情况统计，汽车夏季自燃的发生概率远远大于其他季节。这是因为夏季气温高，油气蒸发多，汽车的散热又相对困难，在同等条件下，更容易发生自燃。

4）从起火的时间看。出险车辆多在临近保险有效期满或迫近车辆年检截止日期前被焚，有的则在投保后不久即被焚毁。火烧车时机多在不利于有关人员及时到场查勘和进行现场保护的夜晚（夜晚9点至次日凌晨5点之间）、恶劣天气、节假日。

5）从起火的地点看。火烧车的地点不是在人口稠密的市区，也不是在车水马龙的主要道路上，而是在城乡接合部相对偏僻、人迹稀少的小路上，不易被他人发觉、发现，不利于消防扑救。

6）从起火点的位置看。汽车的烧损程度非常严重，整车呈现出面目全非的概貌，甚至出现不止一处的严重烧损地方，令人难以判断出最初的起火位置，不符合汽车自燃的一般规律。

7）从车上人员情况看。火烧车时车内一般无乘客，或驾乘人员神态自然，没有遭遇突发事件后的紧张、焦虑、恐怖感，也没有私人财务遭受重大损失后的心疼感。

8）从车上物品情况看。火烧车时车上一般无货，或者驾乘人员的个人物品，尤其是贵重物品均被及时地从燃烧着的汽车车厢内“抢救”了出来，没有造成任何损失，或者个人物品虽有个别损失，但无足轻重。

9）从被保险人活动表现看。火烧车前多有预谋准备，火烧车过程中多有同伙策应，火烧车后急迫索赔。车主或驾驶人随身携带保单，向保险公司索赔的资料基本齐全，而且未曾遭遇任何过火损失，对赔付规定和索赔流程基本熟悉。索赔过程中对知情人威胁恐吓，对保险理赔人员殷勤备至，伺机请客送礼。坚决反对查勘人员要以汽车的实际价值赔付，而要求按照投保价值进行赔付，态度坚决而强硬。

10）从驾驶人员看。属于车主亲自驾车的现象居多，起火以后，车主或驾驶人首先选择向投保的保险公司报案，而不是拨打110或119求救电话请求救援，有违常规。按照一般规律，人们记住110或119求救电话的可能性远比记住保险公司报案电话的可能性要大，发现火灾险情以后，首先想到向110或119报案的做法也符合人们的常规思维习惯。

（2）火烧车骗赔的识别方法 火烧车骗赔的关键在于伪造火烧车现场，即变纵火烧车为车辆“自燃”。现场伪造成功的关键取决于编造的“火因”是否合理。既然是伪造的现场，那么其现场痕迹必然在时间发展的次序和空间排列的条理性上与真实情况不相符。正常出险的现场，其发案经过顺理成章，痕迹物证的分布排列也符合客观规律。而骗赔案件，不仅出险情节反常，而且现场布设离奇，并常伴有顾此失彼的破绽出现。具体来说，查勘火烧车赔案现场时应特别留意以下几点。

1）注意车辆停放姿势和“肇事”前行驶的轨迹。车辆停放的位置与姿势反映了机动车行驶的最后状态。不同速度、不同路线行驶的汽车遇突然情况紧急停车后的状态是不同的。

如果车辆行驶中突然起火，那么车辆应体现出慌不择路的随意停放并可能伴有较重的制动痕迹。而某火烧车案的车辆避开了可能被火损坏的建筑、运输线路、公路设施等，稳妥地停在路边又无制动痕迹；另一撞树“起火”的车辆选择了由地势平缓的岔道口驶下公路将小树撞倒的路线。上述情况均应视为诈骗疑点。

2）注意车辆的燃烧情况是否正常。从起火三要素即火源、可燃物、空气的条件去分析判断起火原因是否合理，找出起火点，进而根据可燃物的燃烧速度看当时扑救的可能。

自燃事故的起火点，基本上都发生在仪表板内、发动机舱电线处，主要由于电线短路引起火灾。起火原因大致有三种情形：

一是起动发动机的点火开关失灵引起火灾。

二是行驶状态中由于调节器损坏造成大电流、电线仪表接头松动、遇振动摩擦形成脉冲高压大电流产生电火花后，遇助燃物引发火灾。

三是静止状态下一方面由于电线接头处磨损，电线交错老化严重，日久产生铜绿（遇水导电）；另一方面汽车电路没有总开关，停车后电路只在点火开关处断开，遇到雨天或洗车，铜绿导电，形成不经点火开关的闭合短路引起火灾。

车辆自燃事故无论何种状态起火，都反映出火势强度小、烧毁部位特定、燃烧程度浮表的特点。一般表现为车体两侧及后身玻璃窗完好，发动机、门锁、后排座位完好，油路无损，车内烟熏严重，有由前向后、由下至上、窗缝烟迹由内向外的火路走向反映；车内仪表板、发动机上部、前排驾驶座椅后背及座垫表面会烧毁。勘验时，在电路总成可寻找到短路电线，断头有触点，电线由于受大电流通过发热，护皮有内焦现象，是由内向外烧。

纵火案件由于是外部引燃，其损坏特征是，被烧毁的电线呈焦煳状，电线护皮由外向内烧，特别是在尚未烧完的电线上更为明显。纵火案件的起火点一般都在车辆底部或表面部位，并且有助燃物，如汽车底盘、车头发动机下部、车内的座垫等。

任何车辆上的可燃物的数量都是一定的、有限的。如果车内没有助燃物，那么出现一般的火灾现象后，由于其燃烧速度并不是很快，火势并不是很猛，完全可以马上扑灭，而不应迅速燃起不可救治的熊熊烈火。另外，火势一般是以火源为中心向四外扩散的，如果有风，则随风的指向蔓延。车辆在定型设计时就已充分考虑了防火的多种可行性，因此即便偶尔有个别部位电线短路引燃起火，也绝不可能没有主次地全部烧毁。

某案例在起火的车头部位烧损不重，而无电无油无火的两排座椅却被严重烧毁，这种燃烧情况没有相当数量的高能燃料助燃是不能形成的，它说明该车在燃烧的轻重程度和火势蔓延方向上均有问题。

3）注意痕迹的形成有无反常，鉴别现场是否伪造。应当根据有关痕迹物证是否出现，以及它们出现的次序是否合理加以判定。例如，急速行驶中焚毁的汽车驾驶台残骸中是应当有点火钥匙的。如果发现高温变形的车门烧结在车体门框上不能开启，车内又无点火钥匙时，现场无声的物证已揭穿了当事人“行驶中起火”和“一直从车门泼水救火”的谎言。

对于涉嫌火灾骗赔的案件可以抓住要害问题，运用不同门类的技术手段核实、甄别案情的真伪，及时发现破绽，突破疑难案件。

如通过金相分析，判断现场物证受热时的燃烧强度和持续时间；通过热分析，确定起火部位；通过气相色谱分析，判定有无汽油助燃；通过文检鉴定，甄别单证材料真伪；通过识别编号检验，判断车辆来源等。

进行火灾检验样品采集要掌握要领、讲究方法。比如，现场采集油脂检材，一般应尽可能选择有可能附着油脂的部位。起火点在地面的纵火现场，要提取比较潮湿、有油气的下层土，特别是对汽油、煤油等极易挥发的油，表层干土和下层土要分别收集，做好标记。提取有可能盛装油品的可疑容器时应封好口尽快送检，以免挥发丧失检验条件。在查验涉嫌变车架号码的火烧车案件时要注意，制造厂铭牌识别编号与车辆底盘识别编号两者相同，犯罪分子在改动车辆底盘识别编号的同时，也要将车辆制造厂铭牌标志揭掉，因此被改动或锉掉了识别编号的机动车辆多无制造厂铭牌标志，而仅剩下另一类发动机编号。更改后的识别编号字迹在字体、位数、笔画、粗细凹陷度、间距、倾斜角度上均会有差异；改动部位无防锈底漆，其油漆表面光亮度、质感和颜色也有差异；由于承受客体原有编号部位被破坏，被打磨加工的部位表面粗糙，擦划痕迹杂乱。若将车辆识别编号用细砂纸磨光，借助不同角度的光线可以观察到被打磨掉的原号码。对打磨较深的车辆，可采用化学腐蚀法来显现被打磨掉的号码。

【实操练习】

一、案例分析

在对一行驶中“撞树”着火的日本丰田小货车进行检验时发现，该车的发动机号码被破坏，经显现处理观察到发动机号为0904477，而投保人所持的车辆行驶执照记载的发动机号为12112422990，据此确认被火烧车辆不是保险单注册车辆。保险公司立即做出拒赔决定，从而使这起以廉价购买报废黑车，借用另一报废车行驶执照为手段高额投保、火烧车骗赔案件被揭穿。

下面介绍一个通过现场查勘，在现场发现冒名顶替疑点，涉嫌欺诈的案例。

1. 现场查勘时根据座椅状态发现疑点

某公司承保的一辆家用轿车于某日20点在某路段发生碰撞路桩的单方事故，车辆前部损坏不能行驶。查勘员及时到达现场查勘，拍照了现场，查验了驾驶人证件并查看了损坏部位。现场查勘的结果是：碰撞损坏痕迹非常吻合。

但查勘人员在查验车辆时观察到一个细节，驾驶人座椅的位置非常靠前，与转向盘的距离很近，而驾驶人身高超过1.8m。这样的座椅位置，该驾驶人能坐进去吗?

对于这个疑问，查勘人员亲自上车进行体验，体验的结果更加深了疑问。查勘员不露声色地对当事驾驶人做了询问笔录。在询问驾驶人是谁、发生事故后是否移动过座椅时，该驾驶人坚称是自己开车，没有移动过座椅，并对驾车所经过的路线做了描述。

事故现场查勘到此，查勘员已经对此事故的驾驶人产生怀疑。当即告知驾驶人此案需要调查。

经过调取交管部门沿途道路的监控录像显示，该时段没有此车经过的影像记录。

在取得确凿的证据之后，查勘人员再次约谈驾驶人，告知调查结果，讲清涉嫌保险诈骗的法律后果。

在事实面前，该驾驶人自知理亏，承认冒名顶替，主动要求放弃索赔。

此案调查结果：经查实此事故肇事驾驶人因酒后驾驶发生单方碰撞事故，为了得到保险赔偿，采用其他驾驶人冒名顶替虚假报案。此案通过现场查勘发现疑点，依据有力证据迫使其放弃索赔，挫败了当事人涉嫌保险诈骗的不良图谋，也保护了保险人的合法权益。成为现场查勘环节运用驾驶常识反欺诈成功的典型案例。

此案之所以反欺诈成功，靠的是查勘人员做到了现场查勘要求中的三个方面，即：

赶赴现场反应快：由于到达现场及时，现场状态（座椅位置）还没有来得及改动。

现场查勘观察细：由于现场查勘仔细，从看似正常中（座椅位置与驾驶人身高不符）发现疑点。

合理分析善思考：针对疑点认真分析，并通过亲身试验来验证自己的判断，从而得出正确结论。

此案点评：

1）现场查勘及时认真，调查取证措施得当。

2）及时作询问笔录，记录出行时间、起始地点、行驶路线以锁定证据。

3）通过渠道调看监控录像，查明该时段无此车行经记录，取得有效证据。

这个案例是通过在事故现场观察到驾驶人座椅位置不正常这个不起眼的疑点，运用类似生活常识的简单方法进行判断，取得突破再通过进一步调查成功识破保险欺诈。说明了现场查勘的重要性与善于思考的必要性。

2. 根据现场遗留痕迹发现疑点

2010 年 6 月某天，我公司投保的一辆陕汽 SX4254NT294C 牵引汽车满载货物行驶在某山区路段时发生交通事故。

驾驶人报案称：车辆在下山时由于没有踩制动踏板冲到减速坡沙堆上，本车前部及发动机受损，无人员受伤。车辆报损 176800 元。

保险公司接到报案立即调派人员赶现场查勘。查勘人员及时到达现场，了解情况、拍照取证，并协助施救。事故现场如图 4-2 和图 4-3 所示。

图 4-2 事故车现场

图 4-3 事故车后部地面的油迹

车辆在冲向减速坡直到碰撞沙堆以前，没有与外界物体接触，却在事故现场后方的道路上发现了散落在后轮处的发动机内部零件，如图 4-4 和图 4-5 所示。

车辆经过拆解，抬下发动机后发现，发动机底部的油底壳并没有损坏，而两侧缸体的中下部呈现多处破裂，破碎痕迹均呈由内向外膨出，如图 4-6 和图 4-7 所示。

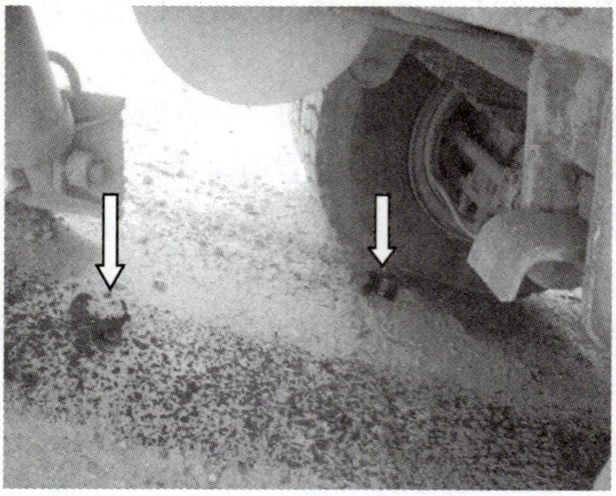

图 4-4　地面油迹及遗留的配件

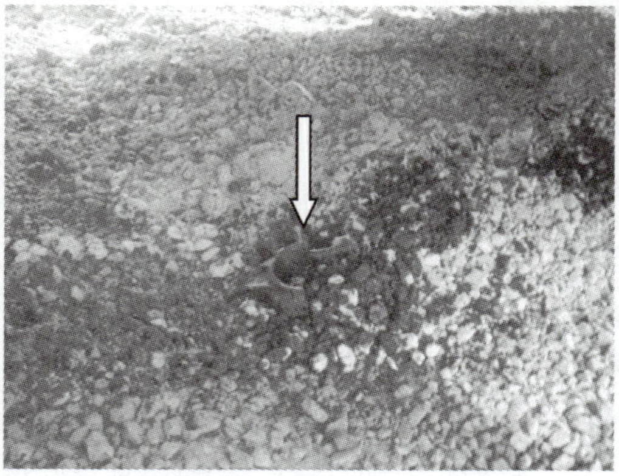

图 4-5　遗留在地面的发动机连杆

图 4-6　发动机前部及油底壳没有碰撞

图 4-7　发动机缸体右侧由内向外损坏

进一步拆解发动机发现，曲轴严重烧蚀，活塞三个破碎，连杆三只折断，如图 4-8 和图 4-9 所示。修理厂将发动机的损失一并提出 176800 元索赔要求，定损人员对发动机的损失提出疑问。

图 4-8　活塞、连杆损坏状态

图 4-9　曲轴严重烧蚀状态

对于现场查勘到的信息，定损员引发以下疑问：

1）该车辆为什么在沿途几十米长的路面留下机油喷洒痕迹？

2）发动机连杆为什么会遗留在车辆后方？

3）油底壳完好机油喷洒从何而来？

4）缸体两侧没有碰撞到为什么破裂？痕迹为什么呈现由内向外？

5）连杆、活塞为什么折断、破碎？

事故现场留下的移动状的机油喷洒痕迹非常重要，现场查勘时应该高度关注。因为根据现场机油喷洒痕迹，结合发动机的外观可以分析出发动机在碰撞以前的技术状态。

事故经过分析：

经过实地测量，此车辆总长度大约20m，地面喷洒的油迹长度大大超过车辆自身的长度，大约为60m。

从现场拍摄的照片看，车辆在碰撞点（沙堆）以前的一段道路上，留有较长距离呈喷洒状机油痕迹，且在该车辆的后轮处留有已经折断残损的发动机连杆。这一现象说明该车发动机在距离停车点（沙堆顶部）以前已经出现故障，在距碰撞点（沙堆）60m以外机油已经向外喷洒，说明缸体已经破裂，发动机内部零件已经抛落在途中。

分析结论：

根据事故现场的遗留物、遗撒物等痕迹综合分析可以判断，该车辆在冲撞到减速坡沙堆以前，发动机即已发生杵缸（或称捣缸）的机件事故，发动机连杆折断、活塞破碎并非由碰撞事故导致。因此，发动机缸体及内部机件的损坏不属于保险责任赔付范围。

这个判断结果从现场照片中保险杠、拆解照片中油底壳均呈完好状态也可以得到验证。说明沙堆没有造成发动机的损坏。

在定损实务中，要识别这类发动机内部损坏的事故，保险公司面临两方面的困难。

一个是修理厂的不配合。在大多数情况下，修理厂的技术人员明知发动机杵缸不是碰撞造成的，出于利益方面考虑，认为由保险公司赔偿比让车主自负容易，宁愿装糊涂也不愿讲真话。

再一个是查勘定损人员专业技能的欠缺。对于这类事故的原因没有相应的分析判断能力。

针对这类事故，最有力的识别手段就是现场查勘。现场查勘最关键的就是观察、拍照现场的状态。就像飞机上的黑匣子，通过分析现场的整体状态、遗撒物体能够如实地反映事故发生前车辆的状态。因此，查勘现场时，对事故车辆遗留在现场附近的痕迹尤应引起注意。

3. 根据零部件安装位置发现疑点

在事故车辆的定损过程中，定损人员除了应该具有高度的责任心，还应该懂得汽车零部件的结构知识，了解一些零部件在车上的安装特点与要求，对反欺诈工作具有积极意义。

被保险车辆豫SF2025于2011年11月17日在陕西省商洛市商州区141号桥路段行驶时发生单方事故，车辆翻到桥底下。

经过拆解，报损项目除更换车身钣金件，还要求更换右前悬架、元宝梁、转向机等配件。事故现场如图4-10所示。

在定损过程中发现，转向机的损坏情形不符合翻滚事故碰撞损坏的规律（图4-11），且转向机拉杆球头的锈迹程度与车辆的新旧程度不一致。

图 4-10　事故现场

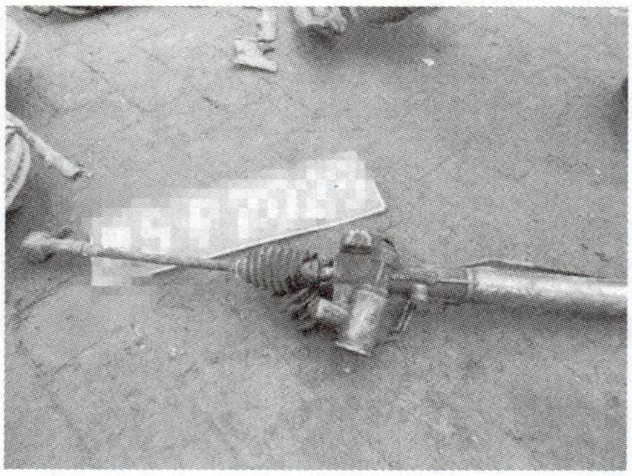

图 4-11　转向机损坏状态不正常

但是，仅有怀疑还不能成为认定欺诈的依据。

由于各种原因所限，在多数情况下，定损员不能够在现场监督拆解过程，在拆解落地的配件中容易出现道德风险。辨别真伪的方法有很多种，比如，新旧件形状、尺寸对比，花纹对比、功能型号对比、装配方式对比及安装位置对比。

不同类型配件适用不同的辨别方法。在没有新件可以对比时，可以使用装回去的办法验证。有时需要使用一种以上的辨别方法相互佐证。

在此案中，对于转向机使用安装位置和新旧件对比的方法效果比较明显，如图 4-12 和图 4-13 所示。

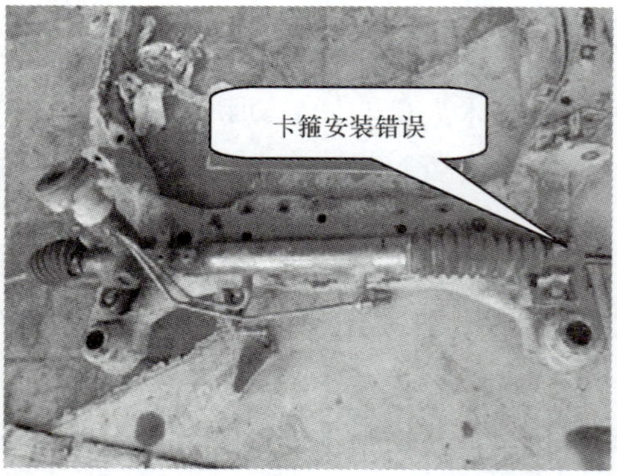

图 4-12　转向机卡箍安装位置不正常

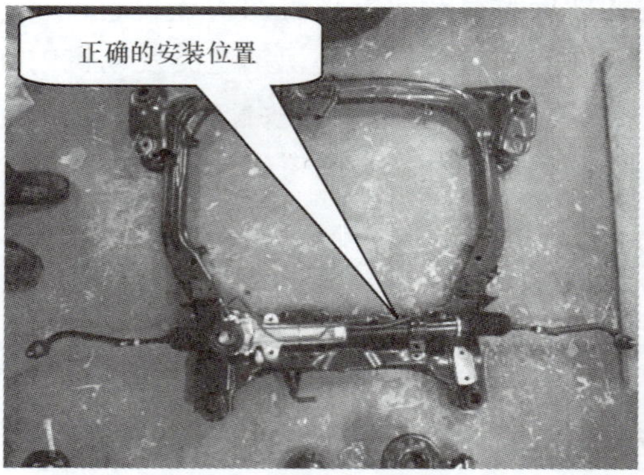

图 4-13　卡箍正确的安装位置

从图 4-12 中可以看出，转向机卡箍没有卡在外壳上，而是卡在转向拉杆上面，欺诈骗赔人员犯了一个低级错误。

使用新旧件对比的方法，则可以很容易看出转向机安装螺孔不同，如图 4-14 和图 4-15 所示。

总结分析：

修理厂使用移花接木骗赔的手法，企图用其他车辆的转向机冒充原车配件，骗取额外赔款。定损人员使用恢复安装位置的办法轻松地识破欺诈，成功地维护了保险公司的利益与形象。通过本案例，可见在事故车损失鉴定工作中，理赔人员不仅需要相当的汽车专业知识和丰富的定损经验，还要具备与不良修理厂的骗赔人员斗智斗勇的技巧。

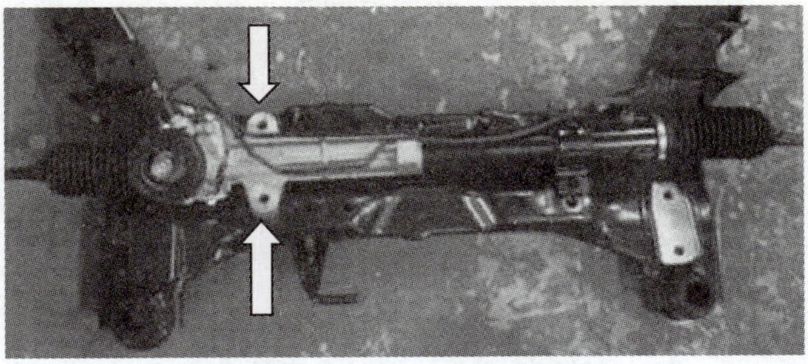

图 4-14 原车转向机外壳固定螺孔位置

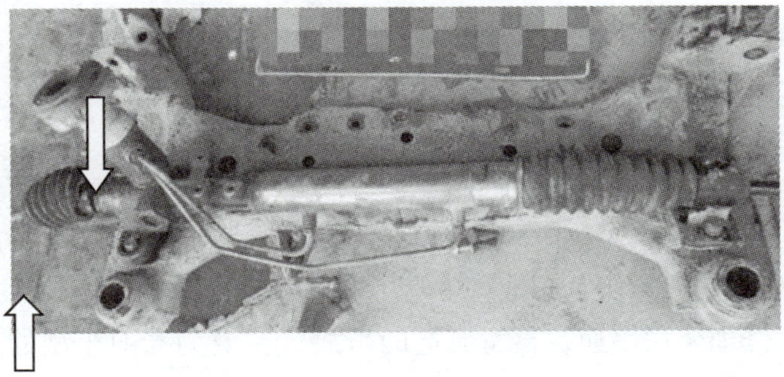

图 4-15 非原车转向机外壳固定螺孔位置与原车明显不同

任务二 疑案调查

【情境案例】

2013 年 2 月 19 日 × 时，下暴雨，小王开着一辆奥迪在光明新区根玉路由东往西方向行驶至光明新区根玉路艺和厂路段，由于驾驶操作不慎，车身左侧同路中央的路肩发生碰撞，造成奥迪车部分损坏及路肩损坏和车上一乘客受伤的道路交通事故。小王未按操作规范安全驾驶，负事故的全部责任。该案是否有欺诈行为？怎样核实？小王于 2012 年 8 月 19 日在某保险公司投保了车损险、三者险 50 万、车上人员责任险和不计免赔险等险种。

【学习内容】

1）学习理赔案件虚假案件种类。

2）学习案件真实性调查方法。

【学习目标】

1）调查工作应依据国家各项法律法规、监管机构及公司颁布的各项经营管理制度进行检查。

2）能够坚持客观、实事求是的原则，不夸大问题，不回避矛盾。

3）能够对调查工作内容、检查过程、检查结果对外保密，减少受到不必要的干扰或影响，避免遭受到打击报复。

4）能够根据调查工作计划和任务，应坚持普查与重点检查相结合，科学规划，确保调查真实性。

5）能够定期将调查结果及整改情况向有关领导及部门报告。

【相关知识】

虚假嫌疑的案件是指：保险责任事故中，标的与受害者的损失、损伤在时间、地点以及原因、范围，超出通常的认识和碰撞损失规律，有恶意欺骗、欺诈，以便获得不正当利益的保险理赔案件。

一、虚假案件的分类

虚假案件按其特征和性质，可分为如下几类：

1）未发生真实事故，由人为编造的虚假事故。

2）出险时间不在保险期限内的案件。

3）涉及人伤案件虚开医疗费用发票，提供虚假病例、证明、鉴定、户籍资料等以延长误工或护理时间，夸大伤残等级，骗取抚养费或死亡赔偿金等。

4）客户与汽车修理公司串通，蓄意制造的事故（主要为老旧车型的碰撞事故、火烧车事故）。

5）汽车修理公司为谋求非正当利润，维修人员利用他人正在维修的车辆制造事故，蓄意扩大车损范围，或改变事故性质，例如，两车事故中的无责方，报称单车事故；单车小事故，蓄意碰撞制造较大事故等。

6）理赔人员未切实掌握车险条款、车险条款解释，未正确使用免责条款，例如，机械事故或正常使用损坏，按保险事故处理；损失扩大部分，未剔除等。

7）非盗抢车事件，报称盗抢（需公安刑侦部门介入）。

8）套牌车出险，即“真车”正常保险，在套牌车出险后，用真车保险手续申请保险理赔，骗取车辆保险理赔金。

9）伪造虚假的公安交巡警部门交通事故责任认定书，或者向交巡警隐瞒事实真相，骗取警方的事故证明，从而达到骗取赔款的目的。

10）交通事故发生后，隐瞒无证驾驶或酒后驾驶等违法行为，或由他人顶替违法驾驶人，以规避保险条款中相对应的责任免除。

11）同一台车辆在多家保险公司同时进行投保，对发生的同一起伪造的交通事故，向几家保险公司分别报案要求理赔。

12）利用二手名牌车辆，购买高额的车辆保险，换上旧的部件或者已经报废不能再用的部件，然后在路上故意违章撞车，自己负全责，向保险公司索赔。

13）同一被保险人（代理人、修理厂）有规律地领取赔款。

14）赔款资金流向过于集中的账户，尤其具有一定规律，有一定集中度的要集中审核。

15）单方事故，多次出险，且无充分有效证明的，对其保单项下的事故要严格审核。

16）发生在偏远地区、人迹罕至的单方事故。

17）火烧车的起火部位不在碰撞中易起火的部位，或有多个起火点；火势偏大，燃烧迅速，有使用引火剂的嫌疑。或火烧车上缺少应有的、价值比较高的配件和物品或有明显拆除一些价值较高的加装件的痕迹，如音响、CD 机、功放。

二、审核有虚假嫌疑案件采取的方法

1）通过易保系统审核理赔案件，通过上传的单证以及系统中案件的一些信息，分析案件存在的疑点，并对问题案件进行标记，将疑点问题记录在案。

2）调取问题案件的卷宗并分析案件，通过翻阅案件卷宗材料进一步分析疑点问题。

3）对通过易保系统或通过翻阅案件卷宗材料发现有虚假嫌疑的案件，如成功拒赔还需补充其他相关证据的，还要到事故现场、事故处理机关、事故涉及的相关人员等处调查取证。

【工作实施】

疑案调查流程如图 4-16 所示。

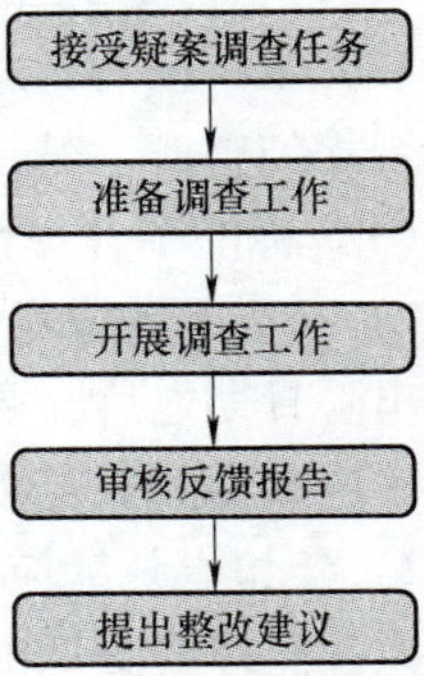

图 4-16　疑案调查流程

虚假嫌疑案件的表现形式、对应判断点及审核要点：

（1）需审核案件中的基本信息

1）出险时间。从出险时间上可以发现以下几类虚假案件：

① 实际出险时间早于或晚于保单生效时间，一般对出险日期在保单生效后 15 天内或保单止期前 15 内的案件要重点审核。

② 客户错过了及时报案时间，一段时间后以当时时间报案。

③ 客户将不属于赔偿责任的事故，编造出险时间和出险原因，重新报案索取赔偿。

以上几类案件通过审核报案抄单、索赔申请书、查勘报告、事故证明、事故现场及损失照片，确认以上材料中出险时间是否一致，如不一致应对此深入调查，了解出险时间不一致的原因；出险时间距离报案时间如大于 48 小时，根据条款应视为未及时报案，因未及时报案造成损失无法确定或扩大部分，保险公司不承担赔偿责任；照片的拍摄日期如果早于报案时间和出险时间应列为有虚假嫌疑案件进行深入调查。

2）出险地点。在审核案件时，要根据抄单显示的报案信息、查勘照片反映的现场环境、索赔申请书上反映的客户确认的出险地点、事故证明上的出险地点等信息来确认出险的真实地点。出险地点在郊区或偏僻的道路上、现场无车辆损失痕迹、出险地点在客户指定的修理厂附近的单方事故、有乱石、路卡、钢材或者形状比较特殊的物体以求碰撞痕迹的吻合的几类出险地点要重点审核。

3）出险经过。在审核案件时，对抄单上报案经过、索赔申请书上的事故经过、查勘报告上的事故经过以及事故证明上的出险经过进行审核，如发现出险经过不一致的地方要对此案重点审核，找出案件中的疑点。同时通过对车损照片或现场照片做碰撞痕迹比照，也可以全面、多角度反映碰撞情况以确认事故真实性。

4）被保险人名称。着重审核索赔申请书与保单抄件上的被保险人是否一致。个人客户：索赔申请书上的被保险人填写与保单上的必须一致；团体客户：索赔申请书被保险人签章与保单上的被保险人应相符。如不一致应重点核实保险标的是否转让，保险标的转让是否办理批改手续，以及什么时间办理的转让批改手续。保险标的转让未办理变更批改手续，或保险标的已转让变更批改之前的事故都应按拒赔处理。

（2）标的身份确认需审核的信息

1）车牌号。保单抄件、车损照片、事故证明及行驶证等上所有车牌号应一致，如有不一致的应上传批单，如没有批单且确认属于录单错误的，应有出单人员的说明；新车无正式牌照的，出险索赔时需提供临时牌照、临时移动证，重点审核有效期，如过期或超出临时移动证行驶区域则拒赔；注意对比牌照颜色，多次出险的与以前的事故中牌照进行对比，防止套牌。

2）车架号、发动机号。保单抄件、车损照片及行驶证等上所有车架号或发动机号须完全一致，如有不一致的应上传批单，如没有批单且确认属于录单错误的，应提供出单人员说明；车架号或发动机号不一致，分为完全不一致和部分不一致，如果只是少了一位或者多了一位，一般属于录单错误，予以认可；如果车架号或发动机号有多位不一致或者完全不一致则一定要调查说明情况，并且出批单才予以认可；涉及车架号完全不同的，涉及车架号或发动机号完全不同的，必须先出批单；从照片看标的车、三者车的发动机号或车架号的字母数字是否均匀整齐，是否规则，以防止套牌车骗取赔款。

（3）标的车合规性的确认需审核的信息

1）行驶证的发证日期应在出险日期之前，同时保证字体清晰完整，如行驶证的发证日期在出险日期之后，要审核出险时标的车有无合法的临时号牌或临时移动证。否则，如保单无关于这方面的约定按拒赔处理。

2）年检有效期应包含出险日期，同时保证字体清晰完整，通过审核上传易保系统的行驶证原件照片或案件中的行驶证正副证复印件，已确认出险日期是否超出年检有效期。

（4）可保利益的确认需审核的信息　主要核实出险时的行驶证车主与保单抄件显示的投保时记录的行驶证车主是否一致，核实索赔人与被保险人的关系，确认标的车是否转卖或转让。

（5）驾驶人信息的确认

1）首先核对报案记录上、索赔申请书、查勘报告、事故证明等上的驾驶人姓名是否一致，如不一致应调查是驾驶人信息填写错误，还是由于出险时标的车驾驶人酒后驾驶或无证驾驶等被替换。

2）审核驾驶证的有效性，出险时间应在驾驶证的有效期内；驾驶人的违章扣分值应低于12分；驾驶证为A证、B证的需提供体检回执，或驾驶证副证上要有体检记录；驾驶证的审验不得超过正本的有效期，若超过有效期需提供新证；2004年5月以后看驾证有效期，驾驶的车辆在两种准驾车型之内；如果是特种车辆，需审验国家有关部门核发的操作证；驾驶营运性客车需提供从业资格证；军警驾照按其相应准驾车型，按地方驾照审核办法处理。

3）审核确认案中的标的车驾驶人是否是被保险人允许的，如驾驶人未经单位同意开公车出险，或未经被保险人同意私自驾驶标的车出险。

（6）审核案件中相关单证资料及事故照片，确认事故真实性、损失真实性及损失的合理性需审核的信息

1）审核事故的现场照片、事故损失照片，确认车辆损坏痕迹与现场是否相符、标的车与三者车的碰撞痕迹是否相符，包括碰撞高度、碰撞力度、残留颜色、周围环境以及碰撞的

连贯性、合理性。

2）一些价值较高的零配件，特别是一些旧车上的零部件，要仔细审核是否是本次事故造成的，如安全气囊要核对其编码是否正确，气囊颜色显示是否为新打开的，有无污点、血迹等。

3）涉及人伤案件要对医疗费发票、诊断证明、出院小结、伤者及护理人员的误工时间、收入证明、伤残鉴定、户籍证明、抚养人及被抚养人等资料进行审核，确认各项损失的真实性、合理性。

4）盗抢案件中，审核行驶证车主与被保险人、使用人是否一致，防止监守自盗；保险起始日期或终止日期，与盗抢时间接近，盗抢险投保金额异常高要仔细审核；车辆的行驶证、购车发票、购置附加费凭证如随车同时被盗走的要仔细审核。

5）同一标的车多次出险的，通过查看损失照片、损失清单等材料核实本次出险与历史案件中的出险过程或性质、事故部位及损坏配件等是否相似。

6）注意审核行驶证上车辆的发证日期及登记日期，对老龄车过户频繁或一年之内刚过户的、特别是使用时间超过12年的老旧车型（正厂配件价格高昂，配件市场能提供便宜的拆车件）要重点审核是否存在道德风险，核实事故真实性，对一些损失金额较大的事故及多次出险的，注意调查标的车是否在其他公司投保，损失金额较大的，比较是否超过标的车出险时的实际价值。

7）提供的单证多处修改，且签字时间比较集中，要核实单证的真实性，如索赔申请书、事故证明等材料。单证模糊或有明显涂改，证明材料、赔偿收据及其他相关材料，签名应该一致的不一致，应该是不同人员签字的反而一致，影响判断单证有效性、保险责任的确定以及保险损失的确定。

8）审核事故证明、法院出具的判决书或调解书以及仲裁机构出具的裁定书等材料，确认事故责任划分是否合理，被保险人承担的损失是否合理。

9）按非营运性质投保的标的车，要根据行驶证上车辆使用性质、运输合同、查勘报告上记录的标的车出险时的使用性质，以及事故证明、查勘报告、询问笔录上的事故经过的表述，来确认出险时标的车是否营运，如是则应按拒赔处理。

10）根据索赔申请书上客户提供索赔资料的时间以及事故结案时间确认是否超过索赔时效。

11）营运性货车要注意审核查勘报告、询问笔录、货单等，确认标的车出险时是否超载。

（7）标的车损失确认需审核的信息

1）用与标的车型相同或相近的损坏的车辆配件替换标的车在事故中没有损坏但在理论上可能损坏的配件，对此要仔细查看损坏配件与其他配件的新旧程度是否一致，螺栓、螺孔以及其他安装配件的部位是否有新拆下的痕迹。

2）人为扩大损伤范围、非本次事故损失。主要根据报案记录、索赔申请书等材料上的事故经过来确定出险时事故车辆的碰撞位置、碰撞力度，以此来确定可能造成的事故损失。

3）非保险责任损失。主要审核哪些损失是车辆本身故障所造成的损失；哪些是车辆正常使用过程中零件自然磨损、老化造成的损失；哪些是使用、维护不当造成的损失；哪些是损伤发生后没有及时进行维护修理致损失扩大造成的损失。

4）可修复配件，谎称损伤严重，要求更换。

5）未发生事故，用其他车辆损失照片代替。要审核照片日期是否一致或被修改，事故照片是否加工而成，一般重新加工的事故照片模糊且照片里的颜色不一致。

（8）三者车物身份确认需审核的信息

1）看三者车行驶证，确认三者车行驶证车主与被保险人名称是否一致，根据查勘记录及案件中的其他资料确认三者财产的所有人或管理人是否与被保险人一致，对于三者车或物和被保险人属于同一被保险人的，按照保险条款不赔三者，标的车按责赔付车损险。

2）车辆的被保险人或者三者车主与在企业内出险的名称相近或者相同的，要核对两者的所有人是否为同一人。

3）查看三者损失照片，对于三者车损车身上面有与被保险人一致的明显标志的，应核实是否属同一被保险人。

（9）审核赔偿金额计算是否准确需查看的信息

1）仔细审核保单抄件，确认保单信息，三者险计算是否按规定扣除交强险应承担部分，确认商业险免赔率的使用是否准确。

2）赔款计算是否需加扣因违反装载、多次出险以及保单其他约定的免赔率。

【实操练习】

知识拓展

2011年6月19日22时30分，北京分公司承保的一辆2002年老款奥迪A8在河北省三河市与一辆长安微型面包车发生追尾事故。事故造成奥迪A8右前部损坏，三者微型面包车左后部损坏。奥迪A8报损8万元。奥迪A8车损如图4-17所示。

根据事故损坏规律发现疑点：碰撞事故造成车辆损坏是有规律可循的。针对此案中三个配件带轮的损坏情形分析，存在以下不正常损坏疑点：

1）旋转物体碰撞时，旋转表面（带轮）与被碰撞物体表面（散热器或风圈）通常应该留下转动摩擦的痕迹。此事故的损坏表面没有相应的转动痕迹。

2）较坚固的转动物体（带轮）与相对较脆弱物体（散热器或风圈）碰撞时，较坚固一方应损坏很轻或无损坏，多数情况会造成较脆弱一方损坏，且会在较脆弱一方留下凹痕。此事故损坏情形与上述损坏规律恰好相反。

根据碰撞损坏规律对此案进行分析以后，认定上述配件的损坏情形难以在本次事故中出现，存在人为故意扩大损失的可能。

由于虚报损坏金额较大，该案被列为存在重大疑点案件，立即通报并建议发起调查。

总结分析：该案通过经侦部门调查后查明，此事故是修理厂人员伙同车主故意制造的一起交通事故，属于假险骗赔案件，已成功拒赔。涉嫌保险欺诈的人员也受到公安机关的处理。

涉嫌保险欺诈骗赔的案件通常具有以下部分特征：

1）涉案车辆车型老旧。

2）涉案车辆档次较高或配件价格昂贵。

3）出险时间多在晚间天黑以后。

4）事故地点多选在偏僻路段。

a) 奥迪A8右前部损坏

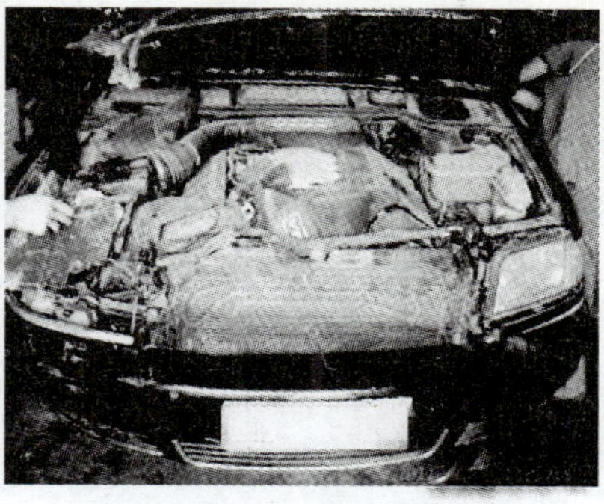

b) 奥迪散热器向后移动变形不大

c) 奥迪风扇造成散热器轻微变形正常

d) 奥迪发电机带轮变形不正常

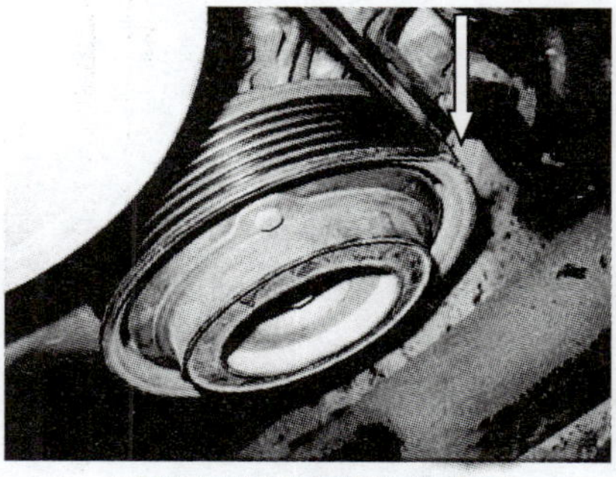

e) 奥迪空调泵皮带轮变形不正常

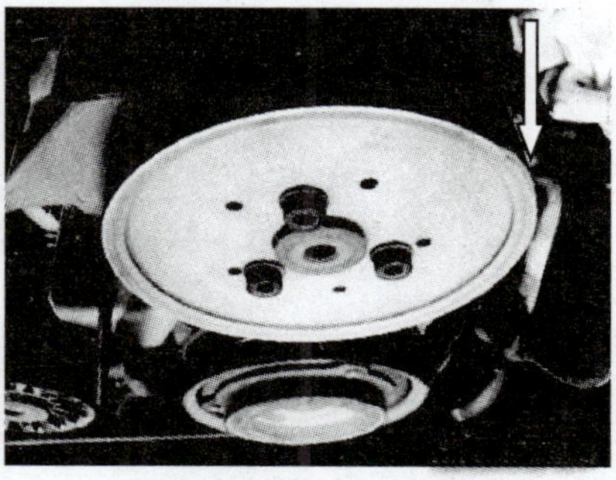

f) 奥迪助力泵带轮变形不正常

图 4-17 奥迪 A8 车损疑点

5）驾驶证、行驶证、事故证明、询问笔录等事故单证过于齐全。

6）损失清单过于简单或者夹杂事故外损失。

7）全责方或者车辆档次较高一方驾驶人一般不是车主本人。

8）涉案驾驶人多为年龄较轻的外地人。